校企合作电子商务专业精品教材

电子商务法律法规

主审　罗明丽

主编　王　慧　夏　霍　徐广辉

教·学
资　源

上海交通大學出版社
SHANGHAI JIAO TONG UNIVERSITY PRESS

内容提要

本书结合大量经典案例对电子商务相关法律法规进行了详细介绍。全书共分 8 个项目，具体内容包括电子商务法，电子签名与电子认证相关法律法规，电子合同相关法律法规，电子支付相关法律法规，电子商务税收与跨境电子商务相关政策法规，电子商务知识产权相关法律法规，特殊形态电子商务相关法律法规，电子商务消费者权益保护相关法律法规。

本书讲解深入浅出、通俗易懂，具有较强的实用性，可作为电子商务专业学生的教材，也可供广大电子商务行业从业者参考使用。

图书在版编目（CIP）数据

电子商务法律法规 / 王慧，夏霍，徐广辉主编. -- 上海 ：上海交通大学出版社，2020（2024 重印）

ISBN 978-7-313-22443-9

Ⅰ. ①电… Ⅱ. ①王… ②夏… ③徐… Ⅲ. ①电子商务－法规－中国 Ⅳ. ①D922.294

中国版本图书馆 CIP 数据核字(2020)第 035396 号

电子商务法律法规

DIANZI SHANGWU FALÜ FAGUI

主　　编：王　慧　夏　霍　徐广辉

出版发行：上海交通大学出版社　　地　　址：上海市番禺路 951 号

邮政编码：200030　　电　　话：021-64071208

印　　制：北京同文印刷有限责任公司　　经　　销：全国新华书店

开　　本：787 mm×1092 mm　1/16　　印　　张：14.25

字　　数：320 千字

版　　次：2020 年 4 月第 1 版　　印　　次：2024 年 8 月第 6 次印刷

书　　号：ISBN 978-7-313-22443-9

定　　价：45.00 元

前言

随着网络信息技术的不断发展与进步，我国电子商务迅猛发展，目前已成为我国经济发展的主力军之一。伴随我国电子商务的持续创新和快速发展，相关法律法规的建设与完善刻不容缓。2018 年 8 月 31 日，十三届全国人大常委会第五次会议表决通过《中华人民共和国电子商务法》（以下简称《电子商务法》），标志着我国电子商务发展进入了一个全新的阶段。

电子商务领域各相关企业、社会组织及（未来的）从业者充分认识《电子商务法》及其他电子商务相关法律法规，把学习、理解和运用该法律体系作为规范电子商务行为、保障自身合法权益、维护行业秩序的基本遵循，用以指导电子商务领域各项工作，对于促进电子商务行业持续健康发展意义重大。为此，我们编写了这本《电子商务法律法规》。

本书以教育部提出的应用型、技能型人才培养目标和电子商务行业职业岗位群的任职要求作为切入点，力求理论讲述紧密联系实际应用，培养学生未来从事电子商务相关工作时预防并解决相关法律问题的能力。具体来说，本书主要有以下特点。

1. 素质引领，铸魂育人

党的二十大报告指出：“育人的根本在于立德。”本书有机融入党的二十大精神，以提高学生的职业技能为显性目标，以培养学生的职业道德为隐性目标，将社会主义核心价值观、以爱国主义为核心的民族精神、以改革创新为核心的时代精神，以及职业道德与职业素养等有机地融入教材当中，将知识、技能的学习与素质教育完美融合在一起，实现“素质引领，铸魂育人”的教学理念。

例如，在每章设置“旗帜引领”“诚信为贵”“以案普法”“规绳矩墨”等体例，使学生能够修德又修业，成为德才兼备的高素质人才。

2. 校企合作，职业引领

本书的编写在一线双师型教师和电子商务企业专职人员的指导与支持下进行，其体例设计充分考虑了教学大纲要求与电子商务企业需求，内容紧密围绕电子商务相关岗位需求“量身定做”，着重提升了全书内容的职业属性，强调内容的实用性和针对性。

3. 理念创新，宜教易学

本书积极践行“以学生为主体，以教师为主导，以能力为根本”的教育理念，坚持以应用为主，不仅传授学生理论知识，还着力突出技能和能力的培养、职业道德和职业意识的塑造，使学生能够在学习知识与技能的过程中形成正确的人生观和价值观。

此外，本书还充分考虑新时代学生的特点，在文中设置了丰富的体例，不仅能帮助教师更好地开展课堂教学，而且能激发学生学习兴趣，提高学习效率。例如，在知识讲解前设置“引导案例”，吸引学生注意力，并让其带着问题去学习；在知识讲解中穿插“课堂互动”“扩展阅读”“相关法规”等栏目，既能调节课堂气氛，又能开拓学生视野，易教易学。

4．内容系统，紧跟时代

本书结合电子商务相关工作实际情况，对相关法律法规进行了详细的介绍，内容系统，重点突出。同时，书中涉及的法律知识均根据国家最新修订的法律法规编写，所有案例均按照最新的法律及其解释进行分析或解答，紧跟时代步伐。

5．通俗易懂，理实一体

本书讲解深入浅出，通俗易懂，注重理论联系实际，书中的重点、难点之处均引入了相应的经典案例，以帮助学生循序渐进地提升结合实际解决问题的能力；每个项目最后都设置了“项目自测”，以帮助学生检验学习效果，学会举一反三。

6．数字资源，平台辅助

本书配备了丰富的数字资源（如教学课件、微课视频等），为广大师生提供了一站式教学资源。读者可以登录文旌综合教育平台“文旌课堂”（www.wenjingketang.com）体验平台式教学及下载相关教学资源包。

此外，本书还提供了在线题库，支持“教学作业，一键发布”，教师只需通过微信或“文旌课堂”App扫描扉页二维码，即可迅速选题、一键发布、智能批改，并查看学生的作业分析报告，提高教学效率、提升教学体验。学生可在线完成作业，巩固所学知识，提高学习效率。

本书由罗明丽担任主审，王慧、夏霍、徐广辉担任主编，张鑫、余云晖、温昊、宋佳、卢美容、张毅春担任副主编。

在编写过程中，我们参阅了大量的文献资料，在此向这些资料的作者表示衷心的感谢。由于编者水平有限，书中难免存在疏漏与不当之处，敬请广大读者批评指正。本书引用了大量案例，其中部分案例来源于互联网和一些非正式出版物，在此也对这些案例资源的作者表示衷心的感谢。另外，本书在正文中没有注明出处的案例均为自编或者根据真实事件改编。

本书编委会

目录

04 项目四　电子支付相关法律法规 /75

05 项目五　电子商务税收与跨境电子商务相关政策法规 /106

06 项目六　电子商务知识产权相关法律法规 /124

项目一

电子商务法

随着计算机网络技术的发展，电子商务依靠开放的市场、便捷的交易手段和强大的物流支持蓬勃兴起并席卷全球。在电子商务飞速发展的过程中，出现了许多传统法律难以解决的新问题，为了规范电子商务市场，电子商务法应运而生。

素质目标

- ☑ 培养实事求是、开拓创新、与时俱进的思想观念。
- ☑ 加强学习，做到学以增知、学以致用、学以修身。
- ☑ 紧跟时代步伐，密切关注电子商务发展的现状。

知识目标

- ☑ 了解电子商务的定义、优势，以及电子商务对传统法律的挑战。
- ☑ 熟悉电子商务法的基本概况及国内外立法情况。
- ☑ 明确电子商务中的直接主体与间接主体。

技能目标

- ☑ 能够判断电子商务活动中的各个主体。
- ☑ 能够掌握电子商务直接主体应当遵守的相关法律法规。

任务一　了解电子商务

引导案例

被雪藏 15 年的“北冰洋”在电商平台收复失地

自 1936 年成立以来，老牌汽水品牌“北冰洋”命途多舛，有过红遍大街小巷、产值过亿的日子，也有过被雪藏 15 年彻底失去自主权的经历。

北冰洋曾是当之无愧的国民汽水，1985 年至 1998 年时产值过亿，利润达到 1 300 多万元。20 世纪 90 年代，随着宝洁、百事可乐等跨国巨头进驻中国市场，北冰洋的好日子到头了。1996 年，北冰洋与百事可乐合资成立了新公司，后者收购了北冰洋 15 年的经营权，这对于北冰洋来说，便是 15 年的雪藏与沉寂。

图 1-1　北冰洋汽水包装图案

2011 年，北冰洋汽水终于恢复了生产，包装上还是那只憨厚的大白熊（如图 1-1 所示），瓶盖还是需要撬开的铁皮盖。几年后，北冰洋又推出了传统瓷罐酸奶，看似一切如旧，实际上销售渠道和方式已经焕然一新。

与消费市场脱节了 15 年，北冰洋以创业者之姿重返失地，借新零售再闯江湖。复出后不久，北冰洋便开始布局与天猫超市等电商平台的合作。2019 年，天猫超市里已有 15 种不同组合的北冰洋汽水在售，价格从 39 元到 132 元不等，口味从橙汁到橘汁再到酸梅汁均有覆盖，月销量最高可以达到几万件。与汽水不同，北冰洋瓷罐酸奶则由于特殊的性质而开辟了新的渠道。由于瓷罐酸奶需要全冷链的低温保存，北冰洋选择入驻具有全程保鲜、快速配送特色的新零售平台盒马鲜生，在保证瓷罐酸奶品质的同时，还通过线上渠道接触到了更多的消费者。进驻盒马门店一个月后，北冰洋瓷罐酸奶的销售额增长了近十倍。

北冰洋的销量还在不断攀升，2018 年年销售收入超过 6 亿。

（资料来源：http://www.iwshang.com/Post/Default/Index/pid/260074.html，有改动）

想一想：什么是电子商务？与传统商务活动相比，电子商务有着怎样的优势？

一、电子商务的定义

20 世纪 90 年代，随着互联网的普及，商务活动对现代信息技术的应用由简单的文字处理和信息交流转向了更广泛的领域，从而开辟了不同于传统商务的新型商务模式——电子商务。

电子商务，是指通过互联网等信息网络销售商品或者提供服务的经营活动。电子商务活动通常会包含电子合同的签订或商品订购、电子支付、商品送达三个主要阶段，只要在三个阶段中的任意一个或几个阶段使用到信息网络，便可视为进行了电子商务活动。电子商务从本质上来说仍是一种商务活动，需要进行商品或服务的交易，而非简单的信息传递。

扩展阅读

2018 中国电子商务发展现状

2018 年，中国电子商务交易规模继续扩大并保持高速增长态势，全年实现电子商务交易额 31.63 万亿元，同比增长 8.5%；网上零售额 9.01 万亿元，同比增长 23.9%；跨境电商进出口商品总额 1 347 亿元，同比增长 50%；农村电子商务交易额 1.37 万亿元，同比增长 30.4%；全国快递服务企业业务量累计达到 507.1 亿件，同比增长 26.6%；电子商务从业人员达 4 700 万人，同比增长 10.6%。

（资料来源：http://www.cece.org.cn/news.html）

二、电子商务的优势

1. 时空优势

在传统商务活动中，交易地点和交易时间相对固定，当人们想要购买商品、享受服务时，必须来到特定的交易场所，在有限的时间里进行交易。而电子商务是在由现代信息技术构建的虚拟市场中进行的，超越了时间和空间的界限，只要能够连接到互联网，便可随时随地进行商品和服务的交易。

2. 速度优势

与传统交易环境相比，电子商务在信息获取、购买、配送等方面都有着巨大的速度优势：① 在电子商务平台中，消费者能够方便快捷地查询到所需商品和服务的相关信息；② 线上售前、售后服务也十分便捷，提高了沟通、磋商与签订合同的效率；③ 有了物流配送等行业的加持，即使买方与卖方相隔千里，商品交换也能够快速完成。非实体商品由于可以直接在线上进行传输，速度优势更加明显。

3. 成本优势

电子商务有着突出的成本优势：① 消费者通过互联网了解商品信息，可以降低信息的获取成本；② 商家只需在交易平台发布商品信息，便可以让广大消费者选购商品，省去了传统市场营销模式中的店铺租赁、办公设备购置、经销代理等费用，可以降低营销成本；③ 买方和卖方直接进行交易，消费者线上购买、线上支付，可以降低交易成本。

2018 中国电商年度发展报告解读（节选）

4. 信息优势

现代信息技术的发展加快了数据的传递速度，信息的搜集变得方便快捷，信息的保存、整理和运用也更加合理、高效。商家能够通过网络快速了解消费者的需求及市场的发展动向，并及时调整营销策略，从而为消费者提供更加个性化的服务。相应地，消费者也可以通过搜集、对比相关信息，购买到称心如意的商品。

扩展阅读

电子商务的类型

电子商务通常可以分为以下几类：

企业对企业的电子商务（Business to Business，简称 B2B），是指企业与企业之间依托互联网等现代信息技术手段进行的商务活动。它在全球电子商务中所占比重最大。

企业对消费者的电子商务（Business to Customer，简称 B2C），是指企业利用计算机网络开展网上销售，而消费者通过浏览企业网站来了解、购买商品的一种商业活动。B2C 是增长最快、发展潜力最大的一种电子商务类型。

消费者对消费者的电子商务（Customer to Customer，简称 C2C），是指个人之间依托互联网进行商品交易的活动，即卖方是个人，买方也是个人。

企业对政府的电子商务（Business to Government，简称 B2G），是指企业与政府机构之间依托互联网进行的商务或业务活动。例如，政府将采购的细节在互联网上公布，通过网上竞价方式进行招标，企业通过电子方式在网上投标等。

消费者对企业的电子商务（Consumer to Business，简称 C2B），是互联网经济时代新的商业模式。C2B 是先有消费者需求产生而后有企业生产，即先有消费者提出需求，后有生产企业按需求组织生产。通常情况为消费者根据自身需求定制产品和价格，或主动参与产品设计、生产和定价，产品、价格等彰显消费者的个性化需求，生产企业进行定制化生产。

（资料来源：http://www.al8856.com/dianshangyunying/67-880.html，有改动）

课堂互动

你有过网上购物的经历吗？在网购过程中享受到了哪些便利？遇到过哪些问题？你是怎样解决这些问题的？

三、电子商务对传统法律的挑战

虽然电子商务有着种种优势，为商务活动的开展带来了便利，但电子商务的虚拟环境不同于传统商务环境，会产生很多传统商事法律难以调整的新问题。

1．电子商务经营者的监管

随着电子商务行业的快速发展，电子商务经营者（如自建网站经营者、电子商务平台经营者、平台内经营者等）的类型和数量不断增多，原有的法律体系中缺少对电子商务经营者的相关规定，如电子商务经营者的经营资质、责任义务等，不利于对电子商务经营者进行监管。

2．电子合同的签订

电子合同的签订是开展电子商务活动的首要环节。与传统合同不同，以电子数据形式形成的电子合同在签名的法律效力及信息安全问题上具有特殊性，且由于电子合同的当事人双方不是面对面进行合同的签署，还会遇到如当事人身份的确认、信息输入错误等问题，这些问题都需要特定的法律法规来进行规范。

3．电子支付的结算

电子支付是电子商务活动的第二个关键环节。电子支付中，付款人申请支付后，网上银行或第三方电子支付机构会将资金从付款方转移至收款方，所有操作均在线上进行，这会涉及支付账户的开设规则、支付指令的发出与接受、资金的安全管理等诸多问题。在这个过程中，如何保障电子支付的安全性是相关法律法规需要加以应对的主要问题。

4．电子商务的税收和跨境业务

电子商务经营者的生产经营地有着不确定性，如服务器的设立地和结算的达成地可能不是同一地点，因此在现行的税收制度下，电子商务税收面临着如何确认管辖权、如何进行征管的问题。跨境电子商务的征税则会涉及国家和地区间的主权和税收利益分配，以及国际间重复征税和避税等问题。

跨境电子商务中同样存在税收征管困难的问题，且跨境电子商务的参与主体数量众多，环节繁杂，通关环节还会涉及政府部门，与一般的电子商务活动相比面临着更大的挑战。为了对跨境电子商务实施有效管控，除了加强对跨境电子商务第三方交易平台的管理、完善跨境支付体系外，还应进一步规范电子报关参与部门的行为，对现有的监管方式进行调整。

5．电子商务的交易保护

电子商务活动中，也存在着知识产权保护、消费者权益保护、反不正当竞争、行业技术标准规范、信用体系建设等问题。对于这些问题，现行法律体系中已有相应的规定，如我们熟悉的消费者权益保护相关法规、版权相关法规等。但对于电子商务活动来说，一方面，现行法律法规是解决此类纠纷的基础；另一方面，仍然需要做出一些针对特殊情况的补充，以弥补对一些特殊情形规范的不足。

6. 特殊形态的电子商务规范

电子商务中还存在一些特殊的形态，如网络广告、垃圾邮件、网上证券交易、网上拍卖等，这些商务活动与我们的生活息息相关。当广告、证券交易等活动发展到电子商务环境中时，势必会遇到一些超出原有法律法规调整范围的特殊情形，这使得我们必须推出新的法律法规来对其进行规制。

7. 电子商务交易的纠纷解决

电子商务的方便和快捷带来了庞大的交易量，也带来了各式各样的纠纷。已有的司法程序对于解决电子商务纠纷仍然是有效的，但由于电子商务的特殊性，纠纷的解决中会出现法律文书送达成本高、异地起诉花费时间长等问题，这促使现行法律应当去探索更加适合电子商务的纠纷解决方式，以降低各方的成本，提高纠纷的解决效率。

经典案例

电商平台价格乌龙　标错价岂能让消费者买单

一款原价 14 500 元的超级平板电脑，因商务公司员工操作失误被标为 1 450 元在网上商城“国美在线”销售，仅 3 个小时就售出 500 余台，商家因此损失约 600 万元。事情发生后，销售商北京某商务公司将其中一名消费者刘先生诉至法院，表示错误的标价是因公司员工操作失误导致的，所以刘先生购买平板电脑的行为属于重大误解，双方建立的买卖合同关系应当撤销。

近年来出现的“价格乌龙”事件中，大多数商家会采取直接取消订单的做法；一部分商家会通过给予一定金额的补偿，与消费者协商取消价格错误的订单；少数商家会选择自掏腰包按照错误价格来履行订单。

评析：此类事件中，虽然网上不乏情绪激动的消费者，但愿意通过法律维权的只有极少数，许多商家正是看准了消费者的这一心理，才敢于单方面撤销订单，甚至状告消费者。而随着电商的发展日趋成熟，无论是真的误标价格还是为了炒作品牌，都会影响消费者与电子商务经营者的利益，双方需要更为具体、更为规范、更为有效的法律法规及相关规范，以便在处理类似事件时有法可依、有据可循，维护各自的合法权益，促进电商的健康发展。

（资料来源：http://sd.people.com.cn/n/2014/1009/c172827-22539604.html，有改动）

任务实施

访问几家你常用的电子商务平台，参与一次网络购物。在购物的过程中，仔细观察并记录下购物的每一个步骤，总结购物时的体验和感受。体验结束后，以小组为单位，分析电子商务与传统商务的区别，并讨论电子商务活动中买方和卖方分别面临哪些风险。

任务评价

请根据表 1-1 对上述任务实施的结果进行评价。

表 1-1 任务实施评价表

评价内容	分值	自评分	小组评分	教师评分	实得分
熟悉电子商务平台的使用方法	20				
能够理解电子商务的优势所在	35				
能够体会电子商务法立法的必要性	35				
小组成员间协作良好	10				

任务二 认识电子商务法

引导案例

快递被冒领 谁该为此负责？

杨某通过互联网从付某处购买了一台价值 15 123 元的电脑，并通过网上银行支付了货款及邮寄费。收到杨某支付的款项后，付某委托“圆通速递”为杨某送货，但快递却被人冒领了。杨某迟迟没有收到购买的电脑，多次要求付某交付货物未果，便将付某和快递公司一同诉至法庭。

法院认为，杨某以网购形式从付某处购买商品，并支付了货款和邮寄费，双方形成了网购合同关系。杨某支付了货款和邮寄费后，即履行了消费者的付款义务；而付某委托快递公司送货时，快递公司未核实收件人身份便将货物交给他人签收，导致付某未完成货物交付义务，付某构成违约，应当向杨某进行赔偿。

（资料来源：https://www.chinacourt.org/article/detail/2015/06/id/1650492.shtml，有改动）

想一想：杨某与付某之间的交易行为是否属于电子商务活动？两人之间的纠纷是否属于电子商务法的调整范围？

一、电子商务法的定义

电子商务法的定义有广义和狭义两个范畴。广义的电子商务法，是指调整电子商务活动中产生的各类社会关系的法律规范的总称。狭义的电子商务法，仅指调整电子交易关系的相关规范。本书采用广义电子商务法的定义。

电子商务法是我国法律体系的组成部分，同时也具有自己的法律体系，包括了各种与电子商务活动有关的法律、规则、协议、示范、规定等，确认了电子商务活动中各方的权利和义务，规范了电子商务的行为。

二、电子商务法的调整对象

电子商务法的调整对象是指电子商务活动的主体在参与电子商务活动中所产生的各类社会关系，包含了交易中平等主体之间的关系，以及管理者和被管理者之间的关系。主要的社会关系有以下几种：

电子商务活动中平等的交易主体之间的各种社会关系。这里所说的平等交易主体是指电子商务活动中的买卖双方，即商品或服务的提供者与商品或服务的接受者，包括生产商、销售商及消费者等。

电子商务活动中交易主体与提供数据电文服务的中间人之间的各种社会关系。数据电文是一种以电、光、磁的形式进行传输的数据信息，提供数据电文服务的中间人有电信运营商、互联网服务提供商、电子认证机构等。

电子商务活动中交易主体与附属服务的提供者之间的各种社会关系。附属服务的提供者主要是指提供配送服务的货物配送机构，以及提供电子支付服务的银行等金融机构。

电子商务活动中被管理者与政府监管部门之间的各种社会关系。其中被管理者主要是指提供数据电文服务的中间人及附属服务的提供者。

电子商务法中不同的调整对象，确认了电子商务法的法律属性。平等主体之间的社会关系属于私法性质，管理者即政府的相关监管部门和被管理者之间的社会关系属于公法性质。因此电子商务法既有私法性质，又有公法性质，是私法和公法的结合。

经典案例

作为证据的QQ聊天记录

杨某与A公司法定代表人王某是商务合作伙伴，两人有通过QQ聊天约定汇款方式、告知汇款账号的交易习惯。2009年12月，杨某与王某以补充协议的形式约定，由杨某将赊欠王某的共计1 100余万元货款于次年4月之前汇给A公司。2010年1月至7月间，杨某陆续向王某指定的A公司银行账号汇入了1 100余万元的货款，而王某却以杨某一直未履行付款义务为由向法院提起了诉讼。

抗辩中，杨某向法院提供了经过公证的其与某QQ号的聊天记录。经过法院调查，可以认定证据中的QQ号确实为王某使用，且聊天记录内容可以证明，王某与杨某在两年前就开始通过A公司银行账户收取款项，账户中的1 100余万元应属杨某按照王某指示汇入的货款。

评析：从表面上来看，本次电子商务活动的参与者只有杨某和王某，但实际上提供了QQ聊天平台的腾讯公司也直接参与了此次活动。王某、杨某和腾讯公司之间的关系是平等主体间的法律关系；腾讯公司需要服从政府监管部门的要求，提供符合技术规范的与案件相关的证据信息，如QQ号使用者的身份、聊天记录内容等，属于管理者与被管理者之间的法律关系。

（资料来源：https://www.66law.cn/laws/102219.aspx，有改动）

三、电子商务法的调整范围

电子商务活动中，在信息传递、物流、资金转移过程中产生的社会关系都属于电子商务法的调整范围。其中，信息传递是指电子商务活动中各个主体之间利用现代信息技术进行信息收集、传递、储存、检索、分析等；物流是指商品从产地到销售地再到消费者手中的转移过程；资金转移是指交易主体之间的资金往来。

之所以需要对上述社会关系进行调整，是为了解决电子商务活动中的如下问题。

1．确认交易主体的身份

在电子商务活动中，交易主体仅在线上进行沟通，使得交易双方无法判断对方的真实身份。为了维护电子商务交易安全和交易公平性，避免欺诈行为的发生，电子商务法需要对主体的身份进行规范。

2．确认交易主体的权利义务

电子商务活动中，交易主体之间的前期沟通、合同签订等环节基本上都是在互联网环境下进行的，全程无纸化或少纸化。数据电文在保存和传输的过程中有遗失、泄露或被恶意修改的可能性，发生纠纷时，对交易主体权利和义务的确认会遇到困难。因此，如何安全、完整地保存并传输数据电文，从而规范和保障交易主体的权利和义务，是电子商务法需要解决的一个重点问题。

3．保障交易行为的有序进行

电子商务的交易行为具有很强的技术性，通过技术来维护虚拟环境下的交易规则和交易安全是一项重要举措，但技术本身也需要法律进行保障。交易活动中，提供技术服务的中间人和交易主体在技术上是不对等的，因此需要相应的监管部门对相关环节进行管理，以确保中间人不会利用自身的技术优势损害电子商务交易主体的利益，从而保障电子商务活动合法、安全、有序地运行。

电子商务法的调整范围及要解决的问题如图1-2所示。

需要特别注意的是，金融类产品和服务，以及利用信息网络提供新闻信息、音视频节目、出版及文化产品等内容方面的服务，由于性质特殊且会对社会发展产生重大影响，不属于电子商务法的调整范围，而是由专门的法律法规予以规范。

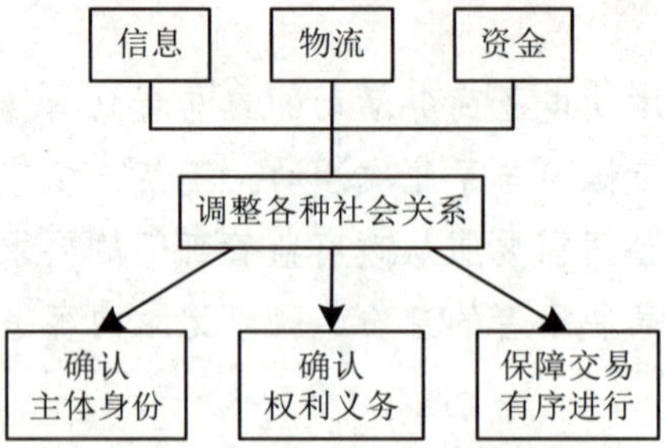

图 1-2　电子商务法的调整范围及要解决的问题

四、电子商务法的特征

电子商务法主要具有以下特征。

1. 技术性

与传统交易方式不同，电子商务交易活动的开展依赖现代技术。交易中数据电文的传递、交流、存储都具有很强的技术性，电子签名的确认、电子认证、电子支付、网络安全等环节也要凭借相应的技术才能实现。因此，电子商务法中必然会提及技术术语，并需要对一些技术标准做出规定，这是其他法律所不具有的特征。

2. 安全性

正因为使用了大量的现代信息技术，电子商务活动会面临很多传统商务中所没有的风险，如技术使用中的差错可能会导致安全风险，而黑客入侵、计算机病毒等计算机网络犯罪行为则加剧了这一风险。对安全性的强调，也是电子商务法不同于其他部门法的一项特征。

3. 开放性

科技的发展变化日新月异，电子商务法需要以开放的姿态来适应这些变化。在世界各国的电子商务立法中，都会设立一些开放性的规则，确保能够促进电子商务发展的新兴技术得以发挥作用。因此，与其他法律相比，电子商务法应当是一种“柔性”法律，会随着信息技术和电子商务业务的发展而不断更新。

五、电子商务立法

（一）国际电子商务立法

1. 联合国的电子商务立法

1996 年 12 月 16 日，联合国国际贸易法委员会第 85 次全体大会通过了《联合国国际贸易法委员会电子商务示范法》（以下简称《电子商务示范法》）。《电子商务示范法》的重点在于对数据电文和电子签名的规范，内容包括了数据电文适用的法律要求、数据电文和电子签名的效力、电子证据、数据电文发出与接收的时间地点、数据电文的确认收讫等问题。《电子商务示范法》是世界上第一部关于电子商务的统一法规，为世界各国提供了一套国际公认的立法规则，供各国立法部门在制定本国电子商务法时参考。

2001 年 12 月 12 日，联合国国际贸易法委员会通过了《联合国国际贸易法委员会电子签名示范法》（以下简称《电子签名示范法》），对电子签名的定义、技术特征、行业适用等内容做出了规定，内容更加具体，可操作性更强。《电子签名示范法》奠定了电子商务立法中关于电子签名的基本框架，尤其是其中确立的"技术中立"等原则，对世界各国的电子商务立法都有着重要的指导意义。

2. 美国的电子商务立法

1997 年，美国总统克林顿颁布了《全球电子商务纲要》，纲要中提出了一系列关于电子商务发展的原则和政策的实施方案，为电子商务国际协约的订立打下了基础。《全球电子商务纲要》是目前主导全球电子商务发展的一部举足轻重的文件。

同年，美国众议院法制委员会通过了《国际与国内商务电子签名法（草案）》。2000 年，克林顿政府签署通过了草案，使之成为正式法案，这是美国第一部统一的电子签名法。《国际与国内商务电子签名法》也遵循"技术中立原则"，认定只要是符合技术标准的电子签名都具有法律效力。

扩展阅读

技术中立原则

技术中立原则，是指法律应当对电子商务交易使用的技术手段一视同仁，不应把对某一特定技术的理解作为立法基础，从而歧视其他新兴技术，即既不能要求或采用某一种特定的技术，亦不能阻碍未来技术的发展。技术中立原则是目前世界各国和国际组织在电子商务立法中共同遵守的基本原则之一，在电子商务中的一个重要表现是广泛应用于电子签名。

（资料来源：https://wiki.mbalib.com/wiki/技术中立原则，有改动）

3. 欧盟的电子商务立法

欧盟委员会在 1997 年发布了《欧洲电子商务行动方案》，次年通过了《关于信息社会服务的透明度机制的指令》，紧接着在 1999 年颁布了《关于建立有关电子签名共同法律框架的指令》，这部指令文件是欧盟对电子签名立法的基本建构，也是各成员国重要的立法基础。

4. 亚洲各国的电子商务立法

新加坡政府在 1998 年颁布了《电子交易法》，主要内容有电子签名的效力、电子合同的签订规范、认证机构的设立规则及义务等。韩国在 1999 年颁布了《电子商务基本法》，其中包括电子通信信息、电子商务安全、电子商务促进、消费者保护几部分内容，涉及面很广，具有重要的参考意义。

（二）我国电子商务立法

1. 《中华人民共和国电子商务法》

2013 年 12 月 27 日，全国人民代表大会财政经济委员会召开电子商务法起草组成立暨第一次全体会议，标志着电子商务法立法工作的正式启动。历经全国人大常委会四次审议，2018 年 8 月 31 日，第十三届全国人民代表大会常务委员会第五次会议审议通过了《中华人民共和国电子商务法》（以下简称《电子商务法》），自 2019 年 1 月 1 日起施行。

《电子商务法》的立法目的是保障电子商务各方主体的合法权益，规范电子商务行为，维护市场秩序，促进电子商务持续健康发展。《电子商务法》分为七章，共八十九条，确立了电子商务经营者的相关责任义务，明确了电子合同的订立和履行，规范争议解决来保障消费者权益，促进引领全球电子商务发展，在责任条款的设置中力求体现罚当其则，妥善处理了保障权益、规范秩序和持续健康发展之间的关系。

《电子商务法》使得电子商务活动中一些新出现的问题能够有法可依。例如，将微商、海外代购、网络直播购物等纳入电子商务经营者范畴，以及购买机票时搭售服务应以显著方式提示消费者注意等。

扩展阅读

《电子商务法》立法历时五年　过程值得总结

2018 年 8 月 31 日下午，第十三届全国人民代表大会常委会第五次会议在京闭幕。此次会议以 167 票赞成、1 票反对、3 票弃权表决通过了备受业界期待的《中华人民共和国电子商务法》。

根据《中华人民共和国立法法》，我国法律一般是三审通过，但是《电子商务法》从提出到表决通过前后历时五年，经过了两届全国人大常委会四次会议的审议。《电子商务法》的立法过程有三个特点：① 这是一部由全国人大财经委员会牵头起草的法律；② 审议中充分发扬民主，广泛听取了各方意见，包括召开过两次国际研讨会；③ 根据科学立法的要求，草案进行了多次修改。

《电子商务法》第三十八条的第二款曾引起了社会的广泛关注。对于关系消费者生命安全的商品或者造成消费者损失的服务电商平台应该承担什么样的责任，数次审议中，“连带责任”改为了“相应的补充责任”，最后又改为了“相应的责任”。消费者一方通常更希望电子商务平台能承担“连带责任”，对所有商品、服务质量问题做出事实上的优先赔付，但这对于电子商务平台是不公平的，会大大扼杀电商发展的动力，修改为“相应的责任”体现出了一种“折中立法”。

（资料来源：http://industry.people.com.cn/n1/2018/0901/c413883-30265485.html，有改动）

2. 电子商务相关法律法规的立法

2004 年 8 月 28 日，第十届全国人大常务委员会审议通过了《中华人民共和国电子签名法》（以下简称《电子签名法》），2005 年 4 月 1 日起施行，这是我国第一部正式立法的电子商务实体法。《电子签名法》旨在规范电子签名的技术、效力、认证等问题，赋予了电子签名与手写签名、盖章同等的法律效力，明确了电子认证服务的市场准入，是我国电子商务发展的里程碑。

《中华人民共和国合同法》（以下简称《合同法》）中也有关于电子商务的内容，规定合同可以是数据电文的形式，对数据电文的到达时间、合同成立的条件和时间地点也都有明确的叙述。《中华人民共和国刑法》（以下简称《刑法》）在修订中增加了计算机犯罪的罪行，包括非法侵入计算机系统罪、破坏计算机系统功能罪、破坏计算机数据罪等。

在行政法规方面，我国的相关立法工作开始于 20 世纪 80 年代。国务院关于电子商务的行政法规有《互联网信息服务管理办法》《中华人民共和国电信条例》《中华人民共和国认证认可条例》《计算机软件保护条例》《关于促进跨境电子商务健康快速发展的指导意见》《中华人民共和国著作权法实施条例》等。

涉及电子商务活动的部门规章也有很多，包括《电子认证服务管理办法》《电子银行业务管理办法》《非金融机构支付服务管理办法》《关于跨境电子商务零售出口税收政策的通知》《互联网域名管理办法》《互联网广告管理暂行办法》《网络购买商品七日无理由退货暂行办法》《网络交易管理办法》等。

另外，涉及电子商务的司法解释有《最高人民法院关于审理扰乱电信市场管理秩序案件具体应用法律若干问题的解释》《最高人民法院关于审理买卖合同纠纷案件适用法律问题的解释》《最高人民法院关于人民法院网络司法拍卖若干问题的规定》等。

任务实施

案例分析：全国首例电商平台起诉售假卖家案

2016 年 6 月，淘宝网通过大数据打假系统发现平台内某店铺销售的“施华洛世奇”手表存在售假嫌疑，遂以神秘购买的方式在疑似售假店铺购买了一块施华洛世奇女表。经品牌方鉴定，该店铺销售的商品包装与正品不符，做工粗糙，确实是假货。

由于涉嫌侵权商品的市值较高，淘宝网将相关线索提供给了警方。2016 年 8 月，深圳市罗湖区警方在该网店店主刘某及妻子陈某的租住处将两人抓获，缴获假冒施华洛世奇手表 125 块，假冒施华洛世奇公章 2 枚等。2017 年 5 月，罗湖区法院作出一审判决，认定刘某、陈某的行为构成了销售假冒注册商标的商品罪。

刘某与陈某被公安机关查获后，淘宝网以“违背平台不得售假约定、侵犯平台商誉”为由将两人告上法庭。这是全国首例电商平台利用民事诉讼手段起诉售假卖家的案件。

网络售假是危害电商行业诚信的“毒瘤”，不法分子利用网络售卖假冒名牌产品，不仅损害了消费者利益，还严重扰乱了市场秩序。在打击利用网络进行售假的犯罪上，需要政府监管部门、网购平台、消费者、商家联合发力，对症下药，综合施策，重拳出击，遏制此类违法犯罪行为的发生。

（资料来源：http://news.ifeng.com/a/20180330/57204254_0.shtml，有改动）

阅读上述材料，结合所学知识及自己的实际经历，回答以下问题：

（1）案例当事人之间的社会关系属于电子商务法调整对象中的哪一类？

（2）本案属于电子商务法调整范围的哪一部分？解决了哪方面的问题？

任务评价

请根据表 1-2 对上述任务实施的结果进行评价。

表 1-2　任务实施评价表

评价内容	分值	自评分	小组评分	教师评分	实得分
理解电子商务法的调整对象	40				
掌握电子商务法的调整范围	40				
能够灵活运用所学知识对现实事件进行分析	20				

任务三　熟悉电子商务主体

引导案例

浙江查处首个无照经营淘宝店

“网上开店也要经过工商部门核准登记吗？”2008 年，浙江海宁的王先生在淘宝网上开设了一家小店，店内出售的商品有手机、MP3、手机挂件、手机充值卡等。但由于王先生没有进行过工商注册，当地的工商部门依法对店铺进行了查处。这是浙江省内开出的第一张网络无照经营的罚单。

海宁工商局的有关人员表示，《国务院无照经营查处取缔办法》明确规定，任何单位和个人不得违反法律、法规规定从事无照经营；《浙江省取缔无照经营条例》中也再次重申，从事生产、经销、服务等经营活动的单位和个人，应依法向工商部门申请登记、注册，领取营业执照后方可从事经营活动。

（资料来源：http://tech.163.com/08/0719/11/4H797OHJ000915BF.html，有改动）

想一想： 王先生是否在从事生产、经销、服务等经营活动？你认为网店需要办理工商注册吗？

一、电子商务主体的定义

电子商务主体，是指电子商务法律关系的参与者，是电子商务法律关系中享有权利和承担义务的个人或组织。对电子商务主体的确认，是讨论电子商务活动中电子签名的认证、电子合同的签署、电子支付的效力等具体行为的前提。

从主体的法律属性上来看，电子商务主体可分为自然人、法人和非法人组织。从主体在电子商务活动中的参与度来看，又可分为直接参与了电子商务活动的直接主体和为直接主体提供辅助服务的间接主体。直接主体是指电子商务消费者及电子商务经营者，其中电子商务经营者又分为电子商务平台经营者、电子商务平台内经营者和通过自建网站、其他网络服务销售商品或者提供服务的电子商务经营者。间接主体则是指货物配送机构、银行等金融机构及电子认证机构等。

二、电子商务直接主体

电子商务直接主体是指电子商务交易的当事人双方，即电子商务消费者及电子商务经营者。

（一）电子商务消费者

电子商务消费者是通过互联网等信息网络购买商品或者接受服务的自然人、法人和非法人组织。其中自然人是指在线自然人用户，法人和非法人组织则是指包括企事业单位、政府机构在内的购买商品或服务的组织。

《电子商务法》第四十八条规定，电子商务中推定电子商务的当事人具有相应的民事行为能力。民事行为能力是民事行为主体独立实施民事法律行为的能力或者资格，《民法总则》规定，法人是具有民事权利能力和民事行为能力的组织，非法人组织是不具有法人资格但是能够依法以自己的名义从事民事活动的组织。但对于自然人而言，民事行为能力必须具备一定的年龄和精神状态才能取得：成年人为完全民事行为能力人，16 周岁以上的未成年人，以自己的劳动收入为主要生活来源的，视为完全民事行为能力人；年满 8 周岁的未成年人和不能完全辨别自己行为的精神病人属于限制民事行为能力人；不满 8 周岁的未成年人和不能辨别自己行为的精神病人属于无民事行为能力人。

网络教育的普及和信息技术的发展，使得很多限制民事行为能力人甚至无民事行为能力人能够参与到电子商务活动中，尤以社交网络和网络游戏领域为甚。由于经营者无法准确获知虚拟市场中消费者的真实情况，当此类消费者购买商品或服务时，如何认定其法律行为的效力便是一个至关重要的问题。《电子商务法》第四十八条第二款规定，虽然电子商务活动中推定当事人具有相应的民事行为能力，但有相反证据足以推翻的除外，对当事人民事行为能力的举证责任在于消费者。

经典案例

00后女孩打赏男主播65万　其母起诉直播平台要求退钱

2016年3月，北京的刘女士在购买机票时发现自己银行卡里的钱不翼而飞，询问了在加拿大留学的女儿后，刘女士得知，未成年的女儿在留学期间迷上了“映客直播”，以母亲的身份信息注册了映客号，三个月内打赏男主播共花掉约65万元人民币。刘女士委托朋友与映客直播的经营企业北京蜜莱坞网络科技有限公司（以下简称“蜜莱坞公司”）进行了沟通，以律师函的形式告知对方此账号的真实使用者为未成年人，并请求退还打赏的款项，但遭到了拒绝。退款未果，刘女士便以女儿的名义将蜜莱坞公司告上法庭，请求确认买卖合同无效，并要求蜜莱坞公司返还657 734元交易款项及利息。一审法院认为，虽然刘女士称映客号是女儿偷偷开设，并通过刘女士名下的微信、支付宝私自消费，但刘女士提供的证据并不足以证明其主张。刘女士不服判决，提起上诉，二审法院调查后认为，蜜莱坞公司与刘女士女儿签订的合同是有效的，因此无须返还交易款项。但蜜莱坞公司收到刘女士的律师函后，理应知晓账号真实使用者是未成年人，故蜜莱坞公司应返还收到律师函之后与该映客号之间产生的部分交易款项。

评析：刘女士的女儿与被告蜜莱坞公司签订的是电子合同，双方并非面对面签约，蜜莱坞公司只能通过对方的网络信息确认建立合同关系，即按照刘女士的身份信息认定对方为具有完全民事行为能力的成年人。刘女士诉称账号为女儿偷偷开设，便应用相关证据证明蜜莱坞公司已提前知晓账号实际使用人是未成年人的情况，否则双方的合同应当是有效的。交易前期，蜜莱坞公司对映客号的真实使用者毫不知情，但收到律师函后，理应暂停交易，并对账号的真实身份进行核实。但是蜜莱坞公司并没有采取相应措施，而是继续放任未成年人进行网络消费交易的风险发生，未能履行其作为网络消费服务提供者的责任，因此应当退还收到律师函后产生的款项。

（资料来源：http://www.bjcourt.gov.cn/cpws/paperView.htm?id=100851066935&n=1，有改动）

（二）电子商务经营者

电子商务经营者，是指通过互联网等信息网络从事销售商品或者提供服务的经营活动的自然人、法人和非法人组织，包括电子商务平台经营者、平台内经营者，以及通过自建网站、其他网络服务销售商品或者提供服务的电子商务经营者。

电子商务平台经营者，是指在电子商务中为交易双方或者多方提供网络经营场所、交易撮合、信息发布等服务，供交易双方或者多方独立开展交易活动的法人或者非法人组织。平台内经营者，是指通过电子商务平台销售商品或者提供服务的电子商务经营者。

1．电子商务经营者的市场准入

➢ 市场主体登记

电子商务经营者须依法办理市场主体登记。但个人销售自产农副产品、家庭手工业产品，个人利用自己的技能从事依法无须取得许可的便民劳务活动和零星小额交易活动，以及依照法律、行政法规不需要进行登记的除外。

福鼎市颁发电子商务经营者营业执照

➢ 取得行政许可

电子商务经营者从事经营活动，依法需要取得相关行政许可的，应当依法取得行政许可。例如，经营业务中涉及食品，即需要办理《食品经营许可证》。

➢ 公示相关信息

电子商务经营者应当在其首页显著位置，持续公示营业执照信息及与其经营业务有关的行政许可信息等信息，或者上述信息的链接标识。信息发生变更的，还应当及时更新公示信息，自行终止从事电子商务的，应当提前三十日在首页显著位置持续公示有关信息。

相关法规

市场监管总局关于做好电子商务经营者登记工作的意见

2018 年 12 月，国家市场监督管理总局发布了《市场监管总局关于做好电子商务经营者登记工作的意见》。意见中指出，电子商务经营者申请登记成为企业、个体工商户或农民专业合作社的，依照现行市场主体登记管理相关规定向各地市场监督管理部门申请办理市场主体登记。

电子商务经营者申请登记为个体工商户的，允许其将网络经营场所作为经营场所进行登记。对于在一个以上电子商务平台从事经营活动的，需要将其从事经营活动的多个网络经营场所向登记机关进行登记。允许将经常居住地登记为住所，个人住所所在地的县、自治县、不设区的市、市辖区市场监督管理部门为其登记机关。

以网络经营场所作为经营场所登记的个体工商户，仅可通过互联网开展经营活动，不得擅自改变其住宅房屋用途用于从事线下生产经营活动并应作出相关承诺。登记机关要在其营业执照“经营范围”后标注“(仅限于通过互联网从事经营活动)”。

（资料来源：http://www.samr.gov.cn/djzcj/zyfb/zjfb/201812/t20181225_282250.html）

经典案例

湖州个体网上经营者未公示证照信息案

2018 年 7 月，糕点店店主卢某为了开拓市场，开始在微信朋友圈内售卖自己店内制作的饼干、蛋糕等糕点类食品。2019 年 1 月 2 日，浙江湖州南浔区市场监管局执法人员发现，虽然卢某能够提供合法有效的个体工商户营业执照和食品经营许可证，但在线上进行经营活动时却没有公示相关信息，涉嫌违反《电子商务法》的相关规定，于是依法予以立案查处，责令卢某改正上述违法行为，并处以 2 000 元人民币的罚款。卢某在案发后积极配合调查，及时在微信朋友圈的显著位置公示了营业执照和食品经营许可证信息。

评析：卢某在朋友圈销售食品时，属于法律规定的通过自建网站、其他网络服务销售商品或者提供服务的电子商务经营者，根据《电子商务法》的规定，应当在朋友圈的显著位置公示相应的营业执照和行政许可信息。

在朋友圈销售商品的卢某其实就是我们耳熟能详的"微商"。微商是一种利用互联网平台的直销或分销模式，采取无店铺销售商品或服务的商业行为，双方的交易过程缺乏监管，消费者在购买微商销售的商品后可能会遇到事后维权难的问题。《电子商务法》将微商纳入了电子商务经营者的范围，便是为了加强对此类电子商务经营者的治理，进一步规范市场。

（资料来源：http://www.samr.gov.cn/wljys/wlscjg/201902/t20190218_290069.html，有改动）

2．电子商务平台经营者的监管义务

电子商务平台经营者，应当依法设立电子商务交易平台，并对平台内的电子商务活动有着管理和监督的义务。

➢ 电子商务网站的设立

国家对经营性互联网信息服务实行许可制度。从事经营性互联网信息服务，应当符合《中华人民共和国电信条例》规定的要求，且还要有业务发展计划及相关技术方案，以及健全的网络和信息安全保障措施。

对于非经营性网络信息服务，国家实行备案制度，即应向国务院信息产业主管部门或者省、自治区、直辖市电信管理机构办理备案手续。

无论是经营性还是非经营性的网络信息服务，从事新闻、出版、教育、医疗保健、药品和医疗器械等互联网信息服务，依照法律、行政法规及国家有关规定须经有关主管部门审核同意的，在申请经营许可或者履行备案手续前，应当依法经有关主管部门审核同意。

➢ 审查平台内经营者身份资质

电子商务平台经营者应当要求申请进入平台销售商品或者提供服务的经营者提交其

身份、地址、联系方式、行政许可等真实信息，进行核验、登记，建立登记档案，并定期核验更新。还应当按照规定向市场监督管理部门报送平台内经营者的身份信息，提示未办理市场主体登记的经营者依法办理登记，并配合市场监督管理部门，针对电子商务的特点，为应当办理市场主体登记的经营者办理登记提供便利。

➢ 制定平台服务协议及交易规则

电子商务平台经营者应当遵循公开、公平、公正的原则，制定平台服务协议和交易规则，明确进入和退出平台、商品和服务质量保障、消费者权益保护、个人信息保护等方面的权利和义务，并在其首页显著位置持续公示。

修改平台服务协议和交易规则时，应当在其首页显著位置公开征求意见，采取合理措施确保有关各方能够及时充分表达意见，修改内容应当至少在实施前七日予以公示。平台内经营者不接受修改内容要求退出平台的，电子商务平台经营者不得阻止，并按照修改前的服务协议和交易规则承担相关责任。

电子商务平台经营者不得利用服务协议、交易规则及技术等手段，对平台内经营者进行不合理限制或者附加不合理条件，或者向平台内经营者收取不合理费用。电子商务平台经营者依据平台服务协议和交易规则对平台内经营者违反法律、法规的行为实施警示、暂停或者终止服务等措施的，应当及时公示。

扩展阅读

京东成首个电子营业执照亮照平台　信息实时更新不可篡改

2019年6月，市场监管总局正式上线了电子营业执照亮照系统。通过该系统，申领了电子营业执照的经营者能够更加便利地展示自己的电子执照内容，且亮照信息真实权威，实时更新，不可随意篡改。京东宣布成为该系统首家应用单位，为平台商家提供亮照服务。

《电子商务法》明确规定，电子商务经营者应当在其首页显著位置持续公示营业执照信息，并及时更新公示信息；电子商务平台经营者应当定期核验入驻平台经营者公示信息的真实性。

但电子商务的亮证亮照在实际操作中存在很多困难。对商家来说，纸质营业执照容易丢失，商家经营信息发生变化后需要重新上传。电商平台查验商家入驻时提交的纸质营业执照时也要投入很大的工作量，经营信息变化后如果不及时更新还会对平台的管理造成阻碍。

市场监管总局2018年底出台了《电子营业执照管理办法（试行）》，推进电子营业执照的应用。根据该办法，电子营业执照相当于企业的“电子身份证”，与纸质执照具有同等法律效力，各类企业、个体工商户和农民专业合作社都可以通过手机领取、下载和使用电子营业执照。

京东与市场监管总局电子营业执照亮照系统对接后，商家可将从市场监管部门领取到的电子营业执照直接展示在京东中，且证照信息实时更新、不可篡改，从根本上解决了电商经营者信息变更必须再次公示、电商平台信息核验困难、消费者对于公示信息真实性存疑等诸多问题。

（资料来源：http://www.chinaeclaw.com/show.php?contentid=23857，有改动）

课堂互动

“威客”是英文 Witkey（由 wit 智慧、key 钥匙两个单词组成）的音译，是指在网络上凭借自己的智慧完成他人委托的任务从而获得报酬的一群人。威客平台中，委托方发布任务并公布价格，威客们则通过投标获得任务，完成任务后，委托方通过电子支付的方式向威客们支付相应报酬。威客任务十分多样，包括起名、LOGO 设计、问卷调查等。大学生小王常常利用课余时间，在威客平台上为企业做平面设计，获得了上千元的报酬。

（1）小王是否在进行电子商务活动？属于哪一类电子商务主体？

（2）除小王、委托方、威客平台外，威客活动中还有哪些电子商务主体的参与？

三、电子商务间接主体

1．货物配送机构

在电子商务的实体货物交易中，货物的转移仍然需要沿用过去的送货方式，即通过货物配送机构来进行。现代物流企业会对运输、仓储、包装、装卸搬运、配送、信息处理进行科学的集成式管理，降低总成本，为客户提供更好的服务。在现代物流的辅助下，电子商务呈现出更加繁荣的景况，而电子商务的发展需要更加发达的物流配送系统，这反过来又促进了物流配送业的发展。

2．银行等金融机构

银行及与银行有关的金融机构是电子商务活动的重要参与者。电子商务中，银行除了与传统商务活动中一样承担资金转移的任务外，还能够提供网络服务和电子货币服务，甚至可以提供客户的信用信息，是电子商务活动中不可或缺的服务提供者。除银行外，一些新兴的第三方支付机构为促成电子商务活动参与者与传统银行之间的交易支付提供了便利，在电子商务的支付环节发挥着越来越重要的作用。

3．电子认证服务机构

商务活动中，交易双方对彼此的信任是达成交易的前提。为了防止交易中的欺诈等不法行为，电子商务活动需要第三方的电子认证服务机构来为签名人的身份和资信状况提供证明。电子认证服务机构负责对电子商务中交易各方的电子签名及签名人身份的真实性进行验证，同时也要对文件的完整和不可更改进行确定，是具有法律意义的服务机构。

电子商务交易模式图直观地展示出了电子商务直接主体在电子商务活动中的参与情况及间接主体所提供的辅助服务，如图 1-3 所示。

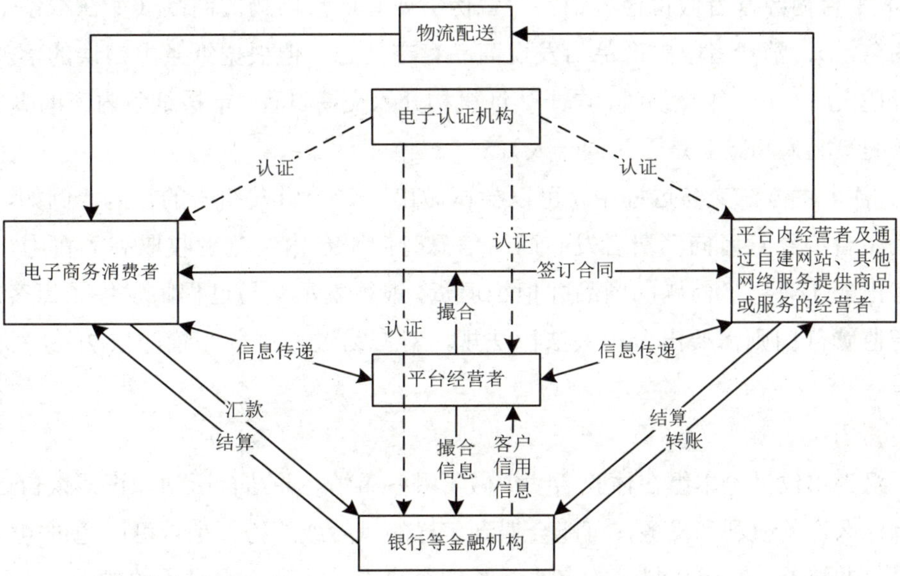

图 1-3　电子商务交易模式图

任务实施

电子商务活动体验

活动目的：

体会电子商务活动中的各个主体及政府监管部门的职责，加深对电子商务主体及电子商务法的理解。

角色安排：

同学们分为七个小组：第一组扮演电子商务平台内经营者；第二组扮演电子商务消费者；第三组扮演电子商务平台经营者；第四组扮演货物配送机构；第五组扮演银行等金融机构；第六组扮演电子认证机构；第七组扮演政府监管部门。

模拟情境：

（1）消费者向经营者购买商品，双方不进行面对面交流，而是通过传纸条的形式沟通交易细节、完成合同签署。银行等金融机构为双方提供交易的支付服务，货物配送机构为双方提供物流配送服务。

（2）消费者想要购买某种商品，依次向市场内的各个经营者写纸条询问，发现操作过程费时费力，此时平台经营者出现，邀请经营者进入销售平台，收集经营者出售的商品信息，分类汇总后展示给消费者，并帮助消费者与平台内经营者进行沟通、签订合同。平台经营者还需要审核平台内经营者的身份信息，检查经营者出售的商品是否合规。

（3）平台内经营者假冒他人销售假冒伪劣或有质量问题的商品（如在纸条上签署别的同学的名字），消费者收到商品后发现商品存在问题，但根据纸条上错误的落款信息无法找到责任人。在下一轮交易时，电子认证机构介入交易过程，审核纸条内容的真实性（如核实纸条的签名人和签名是否为同一人）。

（4）各个主体在交易过程中，可以尝试做出一些会引发纠纷的行为。例如，平台经营者帮助平台内经营者向消费者发布商品信息时向平台内经营者收取高额费用，经营者向消费者出售了有质量问题的商品并拒绝退货，银行表示交易过程中发生了黑客劫持等。此时政府监管部门则需要出台相关法律法规，对交易过程进行监管，依法保障交易的有序进行。

体验感悟：

以小组为单位讨论本组在体验活动中做了哪些事情，并结合所学知识谈谈自己扮演的角色拥有什么样的权利和义务，可能会遇到怎样的风险或纠纷，是否可以通过电子商务法来维护自己的权益。小组内推选一名小组长向全班同学分享小组讨论的成果。

任务评价

请根据表 1-3 对上述任务实施的结果进行评价。

表 1-3　任务实施评价表

评价内容	分值	自评分	小组评分	教师评分	实得分
了解电子商务活动中有哪些重要的主体	20				
了解电子商务中各个主体的职责所在	25				
体会电子商务中各个主体有着怎样的权利和义务	30				
小组成员间协作良好	15				
分享自己的见解时表达清晰，观点明确	10				

素质园地——旗帜引领

谱写电子商务高质量发展新篇章
——《“十四五”电子商务发展规划》

党的十九届五中全会指出，要发展数字经济，坚定不移建设数字中国。电子商务作为数字经济中规模最大、表现最活跃、发展势头最好的新业态新动能，是新发展格局蓝图中非常重要的一环，必将在畅通国内大循环，促进国内国际双循环中发挥重要作用。

一、电子商务发展现状

“十三五”时期，我国电子商务取得了显著成就。电子商务交易额从 2015 年的 21.8 万亿元增至 2020 年的 37.2 万亿元；全国网上零售额 2020 年达到 11.8 万亿元，我国已连续 8 年成为全球规模最大的网络零售市场；2020 年实物商品网上零售额占社会消费品零售总额的比重接近四分之一，电子商务已经成为居民消费的主渠道之一；电子商务从业人员规模超过 6 000 万，电商新业态、新模式创造了大量新职业、新岗位，成为重要的“社会稳定器”。

这些数据充分说明，电子商务已经全面融入我国生产生活各领域，成为提升人民生活品质和推动经济社会发展的重要力量。

与此同时，我国电子商务发展仍然面临不规范、不充分、不平衡的问题，如平台企业垄断和不公平竞争问题凸显，企业核心竞争力不强，外部宏观环境发生复杂深刻变化，这些都使电子商务高质量发展存在一定的机遇和挑战。

二、电子商务发展方向

《“十四五”电子商务发展规划》紧密围绕电子商务在服务构建新发展格局的重要作用，设定“十四五”时期我国电子商务发展战略框架。

（1）在促进形成强大国内市场方面，以电子商务引领消费升级、推进商产融合、服务乡村振兴，推动服务业、制造业、农业等产业数字化；从深化创新驱动、优化要素配置、统筹发展安全入手，深度挖掘数据要素价值，推动 5G、大数据、区块链、物联网等先进技术的集成创新和融合应用，实现电子商务高质量发展。

（2）在推动更高水平对外开放方面，更好统筹两个市场两种资源，依托“丝路电商”，深化数字经济国际合作，积极推动跨境电商发展，加强数字产业链全球布局；推进跨境交付、个人隐私保护、跨境数据流动等数字领域国际规则构建，倡导开放共赢的国际合作新局面。

（资料来源：
http://www.gov.cn/zhengce/2021-11/01/content_5648151.htm，有改动）

知行合一

一、名词解释

电子商务　电子商务法　电子商务经营者

二、单选题

1. 电子商务法是指调整（　　）活动或行为的法律规范的总称。

A. 跨境交易　　B. 互联网交易

C. 国内交易　　D. 电子商务

2. 下列不属于电子商务法的特征的是（　　）。

A. 技术性　　B. 开放性

C. 交易性　　D. 安全性

3.《中华人民共和国电子商务法》于（　　）起施行。

A. 2018 年 8 月 31 日　　B. 2018 年 11 月 1 日

C. 2019 年 1 月 1 日　　D. 2019 年 8 月 31 日

三、简答题

1. 简述电子商务的优势。

2. 简述电子商务法的调整范围。

3. 电子商务活动中有哪些主体？你曾经以这些主体的身份参与过电子商务活动吗？

四、案例分析

在“大众创业、万众创新”的时代背景下，刚毕业的大学生李琦积极响应国家号召，自主创业成立了一家面向广大农民的电子产品公司。经过市场考察，李琦在淘宝网开设了一家网上电子产品专卖店，网店的销售额节节攀升。

结合所学知识回答以下问题：

1. 李琦开设的网店属于电子商务主体中的哪一类？

2. 开设网店时需要遵守哪些规定？

项目二

电子签名与电子认证相关法律法规

电子商务活动中，由于交易各方不是面对面交流，一方会难以确认另一方的身份信息是否可靠，且通过互联网传输的交易数据也存在被篡改的风险。为了解决这些问题，人们通过电子签名技术和第三方电子认证服务机构将交易主体与交易中的电子记录联系起来，以此来确认交易各方身份的真实性和数据传输的安全性，从而保障了电子商务活动的正常进行。

素质目标

- ☑ 强化诚信意识，践行诚信行为。
- ☑ 培养诚信守法、遵纪守则的职业操守。
- ☑ 增强法律意识，涵养契约精神，强化守约观念，树立诚信守法的价值观。

知识目标

- ☑ 了解数据电文和电子签名的定义及法律效力。
- ☑ 掌握电子认证服务机构、电子签名认证证书相关法律法规。
- ☑ 掌握电子认证中的法律关系。

技能目标

- ☑ 能够在工作中正确使用数据电文和电子签名。
- ☑ 能够在工作中正确使用电子签名认证证书。

任务一 认识数据电文与电子签名

引导案例

《电子签名法》第一案：短信作证赢得官司

2004年1月，杨某结识了女孩韩某。同年8月27日，韩某发短信给杨某，称自己因眼睛手术无法出门，想要借5 000元人民币应急，杨某随即将钱汇给了韩某。一个多星期后，杨某再次收到韩某请求借款的短信，于是又汇给韩某6 000元。因是通过短信交流，两次汇款杨某都没有向韩某索要借据。杨某多次催促韩某还款未果，便将韩某诉至法院，但韩某却称此前的转账是杨某在归还以前欠她的欠款。

庭审中，杨某向法院提交了两张银行汇款单存单及自己使用的手机，手机中保存的部分短信内容如下："那就借点资金援助吧。""你怎么这么实在！我需要五千，这个数不大也不小，另外我昨天刚回北京做了个眼睛手术，现在根本出不了门口，见人都没法见，你要是资助就得汇到我卡里！"。

对杨某提供的一系列数据电文证据进行核实后，法院认为本案中的手机短信是真实有效的证据，证明了韩某未偿还欠款的事实，对杨某要求韩某偿还11 000元的诉讼请求予以支持。

（资料来源：http://www.chinaeclaw.com/show.php?contentid=19353，有改动）

想一想： 什么是数据电文？什么样的数据电文才可以认定为真实有效的证据？

一、数据电文的定义

数据电文，是指以电子、光学、磁或者类似手段生成、发送、接收或者储存的信息，也可以称为电子信息、电子数据、电子文件等。

数据电文一词最早出现在联合国制订的《行政、商业和运输电子数据交换规则》中，该文件指出，贸易数据电文是指当事人之间为缔结或履行贸易交易而交换的贸易数据。美国《国际与国内商务电子签名法》中规定，电子记录是指由电子手段创制、生成、发送、传输、接收或者存储的合同或其他记录。韩国《电子商务基本法》中则规定，电子信息是指有信息处理能力的电子装置或系统以电子形式生成、发送、接收或者储存的信息。

数据电文具有数据性和虚拟性，以图像、文字、音频、视频等形式存储、传输和使用，与传统书面形式相比容易被删除，也容易被修改甚至篡改。因此，如何对待数据电文的这一特征，是一个重要的法律问题。

二、电子签名的定义与相关概念

什么是电子签名

1. 电子签名的定义

签名，是指在文件上亲笔署名或画押。传统商务活动中，书面合同或文件要由当事人签名或盖章，用以保证签名人对所载内容的认可，承认其法律效力。而电子商务活动中，合同或文件是以电子数据的形式表现并传递的，无法进行传统的签名、盖章，这时便需要新的技术手段来替代这一步骤，即电子签名。

电子签名，是指数据电文中以电子形式所含、所附用于识别签名人身份并表明签名人认可其中内容的数据。简单来说，电子签名就是通过技术手段对电子文件进行的电子形式的签名，是一种电子代码，而非简单地将手写签名转化为图像。通过电子签名，收件人可以验证发件人的身份，并确保文件在传输过程中保持完整。

国际组织通过立法对电子签名进行了严格规定。联合国《电子签名示范法》规定，电子签名是指在数据电文中，以电子形式所含、所附或在逻辑上与数据电文有联系的数据，它可用于鉴别与数据电文相关的签名人和表明签名人认可数据电文所含信息。欧盟《电子签名指令》规定，电子签名是指以电子形式附于其他电子数据之上或逻辑上与其他电子数据关联的数据，起着身份鉴定和验证的作用。

2. 与电子签名相关的概念

《电子签名法》中对一些与电子签名相关的重要概念做出了规定。

（1）电子签名人，是指持有电子签名制作数据并以本人身份或者以其所代表的人的名义实施电子签名的人。

（2）电子签名依赖方，是指基于对电子签名认证证书或者电子签名的信赖从事有关活动的人。

（3）电子签名制作数据，是指在电子签名过程中使用的，将电子签名与电子签名人可靠地联系起来的字符、编码等数据。

（4）电子签名验证数据，是指用于验证电子签名的数据，包括代码、口令、算法或者公钥等。

扩展阅读

第三方电子签名行业：马太效应初显 区块链技术加持

2018 年 7 月 24 日，“引领与变革——电子签名行业研究报告发布会”在杭州顺利举行，会上发布了《2018 年第三方电子签名行业研究报告》，对国内第三方电子签名行业的发展进行了梳理和总结。

目前，电子签名最主要的应用场景是电子合同的签署。在第三方电子签名服务业中，服务商一旦占据了核心的头部客户资源，通常会辐射带动周边的其他客户，使得行业集中度逐渐增加，形成“马太效应”。简单来说，当你的客户或上下游合作伙伴都在使用A签名平台签署合同，即使你习惯B平台，也会被逐渐拉到A平台上。具备完备资质认证和可提供全生态闭环服务的大型企业深受头部客户的青睐，优势地位明显。

火热的区块链技术也为电子签名的发展提供了可靠的技术支持。区块链是一种公开透明且不可篡改的数据存储结构，目前在电子签名领域的应用主要在于电子存证，目的是为了实现电子签名的可溯源、防抵赖和防篡改。其去中心化的特点能够与中心化的公有密钥加密技术形成互补，逐渐成为第三方电子签名服务的标配。

（资料来源：http://www.ebrun.com/20180726/288497.shtml，有改动）

三、数据电文与电子签名的法律效力

（一）数据电文和电子签名的法律效力范围

理论上来说，电子签名的法律效力范围应当和手写签名的法律效力范围一致，即能够使用手写签名签署的文件，也应允许通过电子签名签署。但对于一些涉及伦理价值、社会公共产品提供等问题的交易活动，由于性质特殊、操作复杂，则不适于使用电子签名。

《电子签名法》第三条规定，民事活动中的合同或者其他文件、单证等文书，当事人可以约定使用或者不使用电子签名、数据电文。当事人约定使用电子签名、数据电文的文书，不得仅因为其采用电子签名、数据电文的形式而否定其法律效力。

上述规定不适用下列文书：

第一，涉及婚姻、收养、继承等人身关系的。

第二，涉及停止供水、供热、供气等公用事业服务的。

第三，法律、行政法规规定的不适用电子文书的其他情形。

（二）数据电文的法律效力

1. 数据电文的书面形式问题

我国很多法律中都有对法律文件的书面形式要求。例如，《中华人民共和国仲裁法》第十六条规定，仲裁协议包括合同中订立的仲裁条款和以其他书面方式在纠纷发生前或者纠纷发生后达成的请求仲裁的协议；《中华人民共和国海商法》第一百二十八条规定，船舶租用合同，包括定期租船合同和光船租赁合同，均应当书面订立。

根据《合同法》的规定，当事人订立合同，有书面形式、口头形式和其他形式，书面形式是指合同书、信件和数据电文（包括电报、电传、传真、电子数据交换和电子邮件）等可以有形地表现所载内容的形式。

关于数据电文的书面形式，《电子签名法》第四条规定，能够有形地表现所载内容，并可以随时调取查用的数据电文，视为符合法律、法规要求的书面形式。从这一规定中可以看出，当数据电文的内容可以以某种形式表现出来，并能够在一定的时间内稳定存在，以供查看，即符合法律法规要求的书面形式。

2．数据电文的原件形式问题

原件，即原始文件，是指信息内容首次用手写或印刷的形式固定于其上的纸质或其他有形的媒介物。这个定义并不适用于数据电文形式的文件，因为我们很难界定数据电文该如何固定在媒介物上，收件人收到的也不是文件的原件，而是对原件的拷贝。

《电子签名法》第五条对数据电文的原件形式做出了规定，符合下列条件的数据电文，视为满足法律、法规规定的原件形式要求：

第一，能够有效地表现所载内容并可供随时调取查用。

第二，能够可靠地保证自最终形成时起，内容保持完整、未被更改。但在数据电文上增加背书及数据交换、储存和显示过程中发生的形式变化不影响数据电文的完整性。

此处应注意的是，在数据电文上增加背书及数据交换、储存、显示过程中发生的形式变化，并不意味着数据电文中所载内容的变化。例如，使用 WPS 文字处理软件编辑了一段文档，当用 Word 或其他类似软件打开该文档时，可能会出现页面设置、版式设计上的差别，在这种情况下，虽然数据电文的形式发生了变化，但这种变化不会影响文档中所包含的信息内容。

3．数据电文符合法定文件保存要求

《电子签名法》第六条规定，符合下列条件的数据电文，视为满足法律、法规规定的文件保存要求：

第一，能够有效地表现所载内容并可供随时调取查用。

第二，数据电文的格式与其生成、发送或者接收时的格式相同，或者格式不相同但是能够准确表现原来生成、发送或者接收的内容。

第三，能够识别数据电文的发件人、收件人及发送、接收的时间。

数据电文的法定文件保存要求中，数据电文首先需要满足法律法规规定的书面形式要求；其次，电子文件的格式有时无法原封不动地保存，数据电文的格式可以不同，但原始内容要能够准确表现出来；最后，除了保存数据电文本身的内容外，还要保存发件人、收件人及收发时间的信息。

经典案例

被篡改的电子邮件记录

2000 年 7 月到 2001 年 7 月间，A 公司的员工庄某与姚某两人以个人名义向 A 公司借了 15 万元人民币。2002 年 7 月，A 公司要求庄某和姚某还款，但两人拒绝归还，A 公司

遂将两人告上法庭。

在一审诉讼中，庄某承认向A公司借款的事实，但声称此笔借款是A公司支付其用于并购某网站的款项。为证明自己的说法，庄某提供了自己笔记本电脑中的一封电子邮件作为证据，并对笔记本电脑中电子邮箱的现状进行了公证。A公司则提供了庄某、姚某在借款后出具的借据原件进行反驳。一审法院认为，在没有相反证据的情况下，邮件的真实性可以认定，且证明力大于借据。

一审过后，A公司查找了与庄某、姚某之间所有的电子邮件往来记录，发现并没有这封所谓的邮件。A公司随即提起上诉，并在法庭上展示了内容可公正的但与庄某所持观点完全相反的电子邮件，以此证明庄某提供的电子邮件是杜撰的。

二审法院经过调查后认为，电子邮件记录易被篡改，其证明力明显低于借据这一原始凭证，结合A公司并购某网站时的协议内容等相关信息，可以确认案件中的15万元并非庄某所称的并购款，而是A公司借给庄某和姚某的借款，原判决有误，庄某和姚某应当向A公司返还15万元人民币及逾期利息。

评析：本案的争论焦点在于对电子邮件真伪的判断。庄某提供的证据中，公证机构并没有对该电子邮件的发送时间和发件人等信息进行公证，因此只能证明该电子邮件来自庄某的笔记本电脑，而不能证明邮件为A公司发送且内容未被更改过。该电子邮件在技术上的可篡改性使得人们可以对其内容提出质疑，其证明力应低于A公司提供的借据原件。

（资料来源：http://www.baidajob.com/article-187306.html，有改动）

4. 数据电文的归属问题

数据电文的归属，是指对数据电文发出者的确认。《电子签名法》第九条规定，数据电文有下列情形之一的，视为发件人发送：

第一，经发件人授权发送的。

第二，发件人的信息系统自动发送的。

第三，收件人按照发件人认可的方法对数据电文进行验证后结果相符的。

当事人对上述规定的事项另有约定的，从其约定。

数据电文的发送人可能是本人，可能是被授权人，也可能是会自动发送信息的计算机系统“电子代理人”。此外，在发件人签名信息被盗用的情况下，如果收件人正确地按照当事人双方事先约定的方法对数据电文进行了验证，数据电文可以被视为是发件人发送的；而如果收件人明知或应知所收到的数据电文不是发件人发送的，则无权认定数据电文是发件人发送的。

5. 数据电文的收讫及收发的时间和地点

传统文件的接收，通常以签字或盖章的形式来确认，并产生法律效力。而数据电文的发送和接收通常由计算机自动处理，在一些特殊情况下，需要对收件人是否收到了数据电文进行确认，即数据电文的收讫。《电子签名法》第十条规定，法律、行政法规规定或者当事人约定数据电文需要确认收讫的，应当确认收讫。发件人收到收件人的收讫确认时，数据电文视为已经收到。

数据电文收发的时间和地点关系到要约、承诺的生效，合同的成立，交易是否完成等问题，也有着重要的法律意义。《电子签名法》第十一条规定，数据电文进入发件人控制之外的某个信息系统的时间，视为该数据电文的发送时间。收件人指定特定系统接收数据电文的，数据电文进入该特定系统的时间，视为该数据电文的接收时间；未指定特定系统的，数据电文进入收件人的任何系统的首次时间，视为该数据电文的接收时间。当事人对数据电文的发送时间、接收时间另有约定的，从其约定。其中“发件人控制之外的某个信息系统”是指收件人的信息系统或中间人的信息系统；“进入”时间是指数据电文进入该信息系统内可加以处理的时间，而非收件人读取信息内容的时间。例如，邮件投入收件人信箱时即为送达，收件人是否打开了邮件则不在考虑范围内。

《电子签名法》第十二条规定，发件人的主营业地为数据电文的发送地点，收件人的主营业地为数据电文的接收地点。没有主营业地的，其经常居住地为发送或者接收地点。当事人对数据电文的发送地点、接收地点另有约定的，从其约定。这条规定指出，发件人的主营业地为发送和接收地，发件人使用的信息系统的所在地则不具有法律意义，因为信息系统的所在地可能与主营业地相隔千里，甚至远在境外，且与交易本身没有关系。

6. 数据电文作为证据时的问题

2012 年修正的《中华人民共和国民事诉讼法》（以下简称《民事诉讼法》）第六十三条首次将电子数据列入了证据目录。法条中规定，证据包括：当事人的陈述、书证、物证、视听资料、电子数据、证人证言、鉴定意见、勘验笔录。《中华人民共和国行政诉讼法》和《中华人民共和国刑事诉讼法》中也有类似的规定。

《最高人民法院关于适用〈中华人民共和国民事诉讼法〉的解释》第一百一十六条规定，电子数据是指通过电子邮件、电子数据交换、网上聊天记录、博客、微博客、手机短信、电子签名、域名等形成或者存储在电子介质中的信息。存储在电子介质中的录音资料和影像资料，适用电子数据的规定。

《电子签名法》第七条规定，数据电文不得仅因为其是以电子、光学、磁或者类似手段生成、发送、接收或者储存的而被拒绝作为证据使用。第八条规定，审查数据电文作为证据的真实性，应当考虑以下因素：

第一，生成、储存或者传递数据电文方法的可靠性。

第二，保持内容完整性方法的可靠性。

第三，用以鉴别发件人方法的可靠性。

第四，其他相关因素。

经典案例

微信谈生意产生纠纷　聊天记录截图被法院采纳

2015 年 4 月 9 日，A 公司通过微信向倪某（微信头像显示为 B 公司字样）发送了酒标照片 2 份和报价单 1 份，协商酒标采购事宜。4 月 15 日，B 公司成立，倪某是 B 公司的股东和法定代表人。

4 月 17 日，B 公司通过微信向 A 公司采购了数千只酒标，并支付了 3.1 万元，其中包含定金 3 万元，打样费 1 千元。5 月 12 日，A 公司如约将货物发往 B 公司指定的收货地，但 B 公司却一直没有支付剩余货款。于是，A 公司向 B 公司提起了诉讼。

由于没有签订书面合同，A 公司向法院提供了微信截图、网上银行电子回单、物流单和网上查询单等证据。根据微信截图及倪某到庭确认其所用的微信号码，法院认定，倪某在 2015 年 4 月 9 日和 4 月 17 日，均以头像为其公司名称的微信号与 A 公司协商了涉案业务，约定了具体采购事宜。经过审理，法院判决 B 公司应向 A 公司支付欠款。

评析：本案中，虽然 A 公司和 B 公司没有签订书面合同，协商和转账均在微信上进行，但微信中的信息是一种电子数据，属于民事诉讼法规定的证据范畴。经过法院的审核，可以认定 A 公司提供的证据信息的生成、储存、传递是可靠的，内容保持了完整，且通过头像等信息可以判断发件人确实为倪某，能够作为证据为法庭采纳，证实 B 公司未支付货款的事实。

（资料来源：http://www.sdcourt.gov.cn/hzmdqfy/400900/484913/1393700/index.html，有改动）

课堂互动

大学生小张在暑假期间找到了一份实习工作，由于工作地点离家较远，需要租房居住。小张与房东通过互联网上的电子签约平台签订房屋租赁合同时，第一次签署电子合同的小张产生了很多疑惑，你可以为他解答下列问题吗？

（1）房屋租赁合同可以通过数据电文和电子签名的方式签订吗？电子签名与传统签名在法律效力范围上有什么区别？

（2）什么样的电子签名才具有法律效力？

（三）电子签名的法律效力

1. 可靠的电子签名

《电子商务法》第十三条规定，电子签名同时符合下列条件的，视为可靠的电子签名：

第一，电子签名制作数据用于电子签名时，属于电子签名人专有。

第二，签署时电子签名制作数据仅由电子签名人控制。

第三，签署后对电子签名的任何改动能够被发现。

第四，签署后对数据电文内容和形式的任何改动能够被发现。

当事人也可以选择使用符合其约定的可靠条件的电子签名。

第一个条件是指电子签名的专有性，即电子签名的制作数据不得被其他人占有，否则由制作数据产生的电子签名可能会被用于与电子签名人意愿不符的情形；第二个条件规定了电子签名的可控性，电子签名人对电子签名制作数据的控制意味着对电子签名行为的控制；第三个条件是指电子签名的不可改动性，收件人能够通过技术手段来验证电子签名是否被修改过，如果签署后发生过改动，则电子签名不可靠；第四个条件是指数据电文内容和形式的不可改动性，即电子签名人所认可的数据电文的内容和形式不得修改。

《电子商务法》第十四条规定，可靠的电子签名与手写签名或者盖章具有同等的法律效力。这条规定明确了电子签名的法律效力。

2. 电子签名的失密

电子签名的制作数据是将电子签名和电子签名人联系起来的重要手段，保密性很强，一旦发生失密，电子签名便可能会被用于他用，使电子签名人的权益受到侵害。

《电子签名法》第十五条规定，电子签名人应当妥善保管电子签名制作数据。电子签名人知悉电子签名制作数据已经失密或者可能已经失密时，应当及时告知有关各方，并终止使用该电子签名制作数据。

从规定中可以看出，电子签名人的信息告知义务发生在以下两种情形中：① 电子签名人知悉电子签名制作数据已经失密，如发现他人未经自己的允许却以自己的名义从事了商业活动；② 电子签名人知悉电子签名制作数据可能已经失密，如发现存放电子签名制作数据的存储设备遗失。

《电子签名法》第二十七条规定了相关法律责任：电子签名人知悉电子签名制作数据已经失密或者可能已经失密未及时告知有关各方、并终止使用电子签名制作数据，未向电子认证服务提供者提供真实、完整和准确的信息，或者有其他过错，给电子签名依赖方、电子认证服务提供者造成损失的，承担赔偿责任。

3. 伪造、冒用、盗用他人电子签名的法律责任

《电子签名法》第三十二条规定，伪造、冒用、盗用他人的电子签名，构成犯罪的，依法追究刑事责任；给他人造成损失的，依法承担民事责任。其中，伪造是指未经授权创制电子签名或创制认证证书列明并不存在的用户的签名；冒用是指未经电子签名人的允许而以其名义使用其电子签名；盗用是指窃取并使用他人的电子签名。

本条规定中所指的犯罪，是指《中华人民共和国刑法》第二百八十条中的伪造公司、企业、事业单位、人民团体的印章罪，应处三年以下有期徒刑、拘役、管制或者剥夺政治权利，并处罚金。

经典案例

用电子签名签署的贷款合同是否具有法律效力？

2017年10月21日，福建个体工商户邱某以电子签名的形式与上杭农商银行签订了《最高额借款合同》，申请支用3万元人民币，并约定了贷款利率。但2018年3月20日后，邱某忽然停止了支付利息，也没有归还本金。为此，上杭农商银行将邱某诉至法院。

北京数字认证股份有限公司为本案出具了电子签名验证报告，验证结果显示：数字证书颁发给邱某，电子签名验证成功，电子协议在电子签名完成后没有发生改变，数字证书中记录的电子协议原文与用户ID数字摘要值同所验证的电子协议原文与用户ID摘要值一致。邱某与上杭农商银行签订的合同中规定，借款人在本合同项下任何一笔贷款本金或利息逾期10日（含）以上，出借人有权解除合同。

法院经过调查后认为，邱某与上杭农商银行之间签订合同时，使用的电子签名为有效的签名，双方签订的合同成立。邱某逾期支付利息10日以上，上杭农商银行作为出借方有权解除合同，邱某应向上杭农商银行归还借款本金3万元并支付相应利息。

评析：根据北京数字认证股份有限公司出具的电子签名验证报告，可以认定邱某签署《最高额借款合同》时所用的电子签名符合《电子签名法》第十三条规定的可靠的电子签名，即该电子签名由邱某专有，受邱某控制，且签署后没有发生过改动。由此，法院断定邱某和上杭农商银行之间的电子签名合同与手写签名的合同具有同等的法律效力，邱某应当向银行返还借款。

（资料来源：https://www.qichacha.com/wenshuDetail_477de882d48f182d16c14b1603d4e51e.html）

任务实施

模拟法庭

以模拟法庭的形式审理本项目引导案例中的“手机短信借款纠纷案”。

任务目的：

熟悉并掌握数据电文、电子签名相关法律知识，了解诉讼的流程。

角色安排：

全班同学分为三个小组，第一组为原告杨某，第二组为被告韩某，第三组为法官、书记员、陪审员。

任务要求：

（1）阅读《电子签名法》及《民事诉讼法》，理解数据电文、电子签名的知识，并简单了解法庭中审理民事案件的基本流程。

（2）各团队准备自己的诉讼材料：

原告杨某：模拟手机短信通信记录，模拟银行汇款单两张，借助互联网撰写起诉书。

被告韩某：借助互联网撰写答辩状，找出拒绝还款的理由。

法官、书记员、陪审员：按照法律法规的要求审查证据，作出判决，借助互联网撰写判决书。

（3）庭审结束后，各个小组分别对自己的角色进行讨论，并与全班同学分享自己的心得体会。

任务评价

请根据表 2-1 对上述任务实施的结果进行评价。

表 2-1　任务实施评价表

评价内容	分值	自评分	小组评分	教师评分	实得分
理解数据电文的定义	30				
明确什么样的数据电文可以作为证据	40				
小组成员间协作良好	20				
能够借助互联网获取自己所需的信息	10				

任务二　熟悉电子认证相关法律法规

引导案例

互联网发展推动新的电子认证需求

互联网的发展关乎国家经济发展与社会稳定，更是影响国家安全的重要因素。移动互联网、云计算、物联网、区块链、大数据等新技术为互联网开辟了广阔的发展空间，也带来了新的需求和挑战。

目前，网络实体数量和类型正在快速增长，每位用户、每台设备（手机、笔记本电脑、平板电脑、台式计算机等）、每个传感器节点（摄像头、指纹传感器、红外线传感器）在多种场景的不同应用中都可能拥有不同的身份和不同的管理者。对这些实体的鉴别、追踪和管理对认证技术提出了新的要求。

互联网技术与金融、制造等产业的结合使得数字化财富正在赶超现实世界的财富。各大银行纷纷推出了互联网金融业务，支付宝、微信等第三方支付方式得到了广泛应用，电商平台、P2P 网络借贷平台也发展迅猛。在这样的商业大环境中，利益驱动下的犯罪变得更加频繁，从技术和标准上维护网络实体身份可信，确保数据、信息或虚拟实体的完整、真实、可鉴别，以及保障现实实体和网络实体的关系安全，成为当前经济发展的新挑战。

（资料来源：http://www.cesi.cn/201804/3788.html，有改动）

想一想：什么是电子认证？你认为电子商务活动为什么需要电子认证？

一、电子认证概述

（一）电子认证的定义

“认证”一词从字义上来看，“认”是辨认，“证”指证实，“认证”即为辨认并加以证实，是一种信用的保证。《中华人民共和国认证认可条例》第二条规定，认证是指由认证机构证明产品、服务、管理体系符合相关技术规范、相关技术规范的强制性要求或者标准的合格评定活动。

电子认证，是指为了配合电子签名的使用，电子认证服务机构按照特定标准或规范性文件对电子签名人的身份、资格等进行审验，以确保电子签名与签名使用人之间唯一对应关系的证明活动。电子认证是一种信用服务，不涉及有形的商品或资金，服务成果是身份、信用状况等信息情报。

扩展阅读

强制性产品认证

强制性产品认证制度，是各国政府为保护广大消费者人身和动植物生命安全，保护环境、保护国家安全，依照法律法规实施的一种产品合格评定制度，它要求产品必须符合国家标准和技术法规。

为兑现加入世贸组织的承诺，2001 年 12 月，国家质量监督检验检疫总局（现为“国家市场监督管理总局”）发布了《强制性产品认证管理规定》，以强制性产品认证制度替代原来的进口商品安全质量许可制度和电工产品安全认证制度。

中国强制性产品认证简称“CCC 认证”或“3C 认证”。列入《实施强制性产品认证的产品目录》中的产品包括家用电器、汽车、安全玻璃、电线电缆、玩具等产品，中国质量认证中心被指定承担 CCC 目录范围内 17 大类 111 种产品的 3C 认证工作。国家 3C 认证的标志如图 2-1 所示。

国家3C认证

图 2-1　国家 3C 认证标志

（资料来源：http://www.cqc.com.cn/www/chinese/c/2017-12-17/488862.shtml，有改动）

（二）电子认证的功能

电子认证服务主要有以下两个方面的功能。

1．担保功能

在电子商务活动中，交易双方对于对方的身份、产品质量等问题都抱有怀疑的心态。电子认证服务机构通过发放电子签名认证证书，向电子签名依赖方承担一定的担保义务，使得交易中的一方可以充分信任另一方，大大提高了交易的可靠性。

2．预防功能

➢　预防欺诈

电子商务活动中，由于双方距离很远、互不见面，解决欺诈的方法非常有限，救济成本也比较高。因此，事先对欺诈行为进行防范是效率最高、最经济的选择。

电子认证服务机构为用户提供了可靠的在线证书状态查询服务，使得电子商务的各个主体可以在交易前对彼此的证书信息进行查询，以确保在交易中不会被欺骗。用户的私有密钥遗失或被盗时，便不能用来加密信息，相对应的公有密钥也会失去验证作用。为了应对这种状况，大多数的认证服务机构会公示证书吊销列表（CRL），列举失效的密钥对。

➢　预防否认

通过电子认证，信息的发送者无法否认通过认证程序对信息进行的认证，信息的接收者也不能否认已经接收到的信息，避免交易中的一方试图否认曾经发送或接收到某一条信息，为电子商务纠纷的解决提供了依据。电子认证是对电子签名人和签名之间的认证，要与电子签名结合才能完成以上功能。

电子认证的最终目的是为了维护当事人的权益，确认交易主体的身份资格及商品或服务的质量安全，预防虚假信息的出现，解决交易过程中产生的纠纷，保障电子商务活动的有序进行。

福州签发电子出生证

（三）电子认证的分类

1．按照认证对象划分

第一，身份认证。身份认证是指对合法用户和非法用户的识别，通过认证将非法用户排除在外，以确保系统和数据电文的安全。

第二，站点认证。在正式进行数据电文的传输前，首先要确认站点之间的通信能否成功进行，这个确认过程为站点认证。

第三，数据电文认证。数据电文认证是对数据电文的收发双方、收发时间、内容真实性进行的验证。在通信过程中，收发双方需要确认数据电文由确定的发送方发出，内容没有经过篡改或发生传递错误，并能够按照确定的次序接收并传递给确定的接收方。

2. 按照认证主体划分

第一，双方认证。双方认证是指封闭型网络通信中，交易双方对彼此身份和所提供的商品或服务的认证，有时也被称为相互认证。

第二，第三方认证。第三方认证是指由当事人之外的第三方机构对电子商务主体进行的认证。

二、电子认证服务机构相关法律法规

（一）电子认证服务机构的定义

认证机构，又称认证中心，是按照国家有关规定，经由国务院认证认可监督管理部门批准许可的，取得了认证机构资质的提供第三方认证服务的机构。

电子认证服务机构，又称电子认证机构，是指为电子签名人和电子签名依赖方提供电子认证服务的第三方机构。《电子认证服务管理办法》第二条规定，电子认证服务，是指为电子签名相关各方提供真实性、可靠性验证的活动。

（二）电子认证服务机构的设立

《电子认证服务管理办法》第五条规定，电子认证服务机构应当具备下列条件：

第一，具有独立的企业法人资格，即电子认证服务机构应当是依法设立的企业。

第二，具有与提供电子认证服务相适应的人员，从事电子认证服务的专业技术人员、运营管理人员、安全管理人员和客户服务人员不少于三十名，并且应当符合相应岗位技能要求。

第三，注册资本不低于人民币 3 000 万元。必要的资金是电子认证服务机构承担法律责任的重要保证，电子认证服务业本身承担的风险较大，需要具备一定的赔付能力。

第四，具有固定的经营场所和满足电子认证服务要求的物理环境。由于电子认证服务的安全性和保密性，对经营场所有着较高的防火、防电磁辐射等要求。

第五，具有符合国家有关安全标准的技术和设备。

第六，具有国家密码管理机构同意使用密码的证明文件。

第七，法律、行政法规规定的其他条件。

1. 申请

电子认证服务机构从事电子认证服务，应当向国务院信息产业主管部门提出申请，提交符合相关规定的材料。

《电子认证服务管理办法》第六条规定，申请电子认证服务许可时，需要向工业和信息化部提交下列材料：

第一，书面申请。

第二，人员证明。

第三，企业法人营业执照副本及复印件。

第四，经营场所证明。

第五，国家有关认证检测机构出具的技术、设备、物理环境符合国家有关安全标准的凭证。

第六，国家密码管理机构同意使用密码的证明文件。

相关法规

《电子认证服务使用密码许可证》

电子认证服务机构在取得《电子认证服务许可证》之前，还应依法取得国家密码管理局颁发的《电子认证服务使用密码许可证》。《电子认证服务密码管理办法》中的有关规定如下：

第四条　采用密码技术为社会公众提供第三方电子认证服务的系统（以下称电子认证服务系统）使用商用密码。电子认证服务系统应当由具有商用密码产品生产资质的单位承建。

第五条　电子认证服务系统的建设和运行应当符合《证书认证系统密码及其相关安全技术规范》。

第六条　电子认证服务系统所需密钥服务由国家密码管理局和省、自治区、直辖市密码管理机构规划的密钥管理系统提供。

第九条　国家密码管理局对省、自治区、直辖市密码管理机构报送的材料进行核查，组织对电子认证服务系统进行安全性审查和互联互通测试，电子认证服务系统通过安全性审查和互联互通测试的，由国家密码管理局发放《电子认证服务使用密码许可证》并予以公布；未通过安全性审查或者互联互通测试的，不予许可，书面通知申请人并说明理由。

2. 审查

《电子认证服务管理办法》第七条、第八条规定，工业和信息化部会对提交的材料进行审查，审查分为形式审查和实质审查两个步骤。

第一，对提交的申请材料进行形式审查，申请材料齐全、符合法定形式的，应当向申请人出具受理通知书；申请材料不齐全或者不符合法定形式的，应当场或者在 5 日内一次告知申请人需要补正的全部内容。

第二，对决定受理的申请材料进行实质审查，需要对有关内容进行核实的，指派两名以上工作人员实地进行核查。

3．批准

《电子认证服务管理办法》第十条规定，工业和信息化部应当自接到申请之日起 45 日内作出准予许可或者不予许可的书面决定。不予许可的，应当书面通知申请人并说明理由；准予许可的，颁发《电子认证服务许可证》，并公布下列信息：

第一，《电子认证服务许可证》编号。

第二，电子认证服务机构名称。

第三，发证机关和发证日期。

电子认证服务许可相关信息发生变更的，工业和信息化部应当及时公布。《电子认证服务许可证》的有效期为 5 年。

《电子认证服务许可证》的式样如图 2-2 所示。

电子认证服务许可证

样本

经审查，浙江省数字安全证书管理有限公司具备《电子认证服务管理办法》规定的电子认证服务机构条件，特发此证。

许可证编号：ECP33010310015

许可证有效期：2010年12月26日至2015年12月25日

发证机关

图 2-2　电子认证服务许可证

（三）电子认证服务机构的管理

1．企业登记与信息公示

取得了电子认证服务许可后的企业法人，应当持《电子认证服务许可证》前往工商行政管理机关办理相关手续。《电子认证服务管理办法》第十三条规定，电子认证服务机构需要在《电子认证服务许可证》的有效期内变更公司名称、住所、法定代表人、注册资本的，应当在完成工商变更登记之日起 15 日内办理《电子认证服务许可证》变更手续。

《电子认证服务管理办法》第十二条规定，取得认证资格的电子认证服务机构，在提供电子认证服务之前，应当通过互联网公布下列信息：① 机构名称和法定代表人；② 机构住所和联系办法；③ 《电子认证服务许可证》编号；④ 发证机关和发证日期；⑤ 《电子认证服务许可证》有效期的起止时间。

第十四条规定，《电子认证服务许可证》有效期届满需要延续的，电子认证服务机构应当在许可证有效期届满30日前向工业和信息化部申请办理延续手续，并自办结之日起5日内按照上文中第十二条的规定公布相关信息。

2. 制定业务规则

电子认证服务在正式开展认证服务之前，还需要制定和公布业务规则。

《电子签名法》第十九条规定，电子认证服务提供者应当制定、公布符合国家有关规定的电子认证业务规则，并向国务院信息产业主管部门备案。电子认证业务规则应当包括责任范围、作业操作规范、信息安全保障措施等事项。《电子认证服务管理办法》第十五条第二款规定，电子认证业务规则和证书策略发生变更的，电子认证服务机构应当予以公布，并自公布之日起30日内向工业和信息化部备案。

3. 提供认证服务

根据《电子认证服务管理办法》，电子认证服务机构能够提供的认证服务主要有：

第一，制作、签发、管理电子签名认证证书。

第二，确认签发的电子签名认证证书的真实性。

第三，提供电子签名认证证书目录信息查询服务。

第四，提供电子签名认证证书状态信息查询服务。

根据《电子认证服务管理办法》和《电子签名法》的规定，电子认证服务机构在提供认证服务时，应当履行如下义务：

第一，电子认证服务机构在受理电子签名认证证书申请前，应当向申请人告知下列事项：电子签名认证证书和电子签名的使用条件，服务收费的项目和标准，保存和使用证书持有人信息的权限和责任，电子认证服务机构的责任范围，证书持有人的责任范围，其他需要事先告知的事项。

第二，保证电子签名认证证书内容在有效期内完整、准确，保证电子签名依赖方能够证实或者了解电子签名认证证书所载内容及其他有关事项，妥善保存与电子认证服务相关的信息，信息保存期限至少为电子签名认证证书失效后5年。

第三，电子认证服务机构应当建立完善的安全管理和内部审计制度。

第四，电子认证服务机构应当遵守国家的保密规定，建立完善的保密制度，对电子签名人和电子签名依赖方的资料，负有保密的义务。

第五，电子认证服务机构有根据工业和信息化部的安排承接其他机构开展的电子认证服务业务的义务。

4. 业务的暂停和终止

电子认证服务机构在《电子认证服务许可证》的有效期内拟终止电子认证服务的，应当在终止服务60日前向工业和信息化部报告，并办理《电子认证服务许可证》注销手续，持工业和信息化部的相关证明文件向工商行政管理机关申请办理注销登记或者变更登记。

电子认证服务机构拟暂停或者终止电子认证服务的，应当在暂停或者终止电子认证服务 90 日前，就业务承接及其他有关事项通知有关各方；在暂停或者终止电子认证服务 60 日前向工业和信息化部报告，并与其他电子认证服务机构就业务承接进行协商，作出妥善安排。未能就业务承接事项与其他电子认证服务机构达成协议的，应当申请工业和信息化部安排其他电子认证服务机构承接其业务。

电子认证服务机构被依法吊销电子认证服务许可的，其业务承接事项按照工业和信息化部的规定处理。

课堂互动

以小组为单位，对以下问题进行讨论：

（1）电子认证服务机构能够提供哪些服务？

（2）你接触过电子签名认证证书吗？简单谈谈你对电子签名认证证书的认识。

三、电子签名认证证书相关法律法规

（一）电子签名认证证书的定义

电子签名认证证书，是指可证实电子签名人与电子签名制作数据有联系的数据电文或者其他电子记录。电子签名认证证书由取得了认证机构资质的电子认证服务机构签发，用以证明证书持有人的电子签名、身份、资格、商品、服务、管理体系等有关信息，是电子商务主体在互联网中参与电子商务活动的通行证。

（二）电子签名认证证书的管理

根据《电子签名法》《电子认证服务管理办法》，电子签名认证证书的管理主要包括以下内容。

电子签名认证证书推动电子政务办事业务发展

1. 申请

电子签名人向电子认证服务机构申请电子签名认证证书时，应当提供真实、完整和准确的信息。电子认证服务机构收到申请后，应当对申请人提供的证明身份的有关材料进行查验，并对有关材料进行审查。

2. 签发

材料的审查工作结束后，电子认证服务机构便可以签发电子签名认证证书。电子认证服务机构签发的电子签名认证证书应当准确无误，并应当载明下列内容：① 电子认证服务机构名称；② 证书持有人名称；③ 证书序列号；④ 证书有效期；⑤ 证书持有人的电子签名验证数据；⑥ 电子认证服务机构的电子签名；⑦ 国务院信息产业主管部门规定的其他内容。

3. 更新与撤销

电子签名认证证书的更新、撤销由电子认证服务机构进行。

证书持有人可以主动申请更新、撤销电子签名认证证书。证书持有人申请更新、撤销证书时，电子认证服务机构应当对申请人提供的证明身份的有关材料进行查验，并对有关材料进行审查。

有下列情况之一的，电子认证服务机构可以撤销证书持有人签发的电子签名认证证书：① 证书持有人申请撤销证书；② 证书持有人提供的信息不真实；③ 证书持有人没有履行双方合同规定的义务；④ 证书的安全性不能得到保证；⑤ 法律、行政法规规定的其他情况。

电子认证服务机构更新或者撤销电子签名认证证书时，应当予以公告。

（三）电子签名认证证书的使用流程

使用电子签名认证证书时主要涉及消费者、电子商务平台经营者、平台内经营者、银行等金融机构、电子认证服务机构五大主体。以下为电子签名认证证书的使用流程：

第一，交易各方申请电子签名认证证书，并通过电子认证服务机构获取各自的证书。

第二，银行等金融机构对消费者的认证证书进行验证，通过验证后，消费者所付款项便在银行等金融机构手中冻结。此时电子商务平台和平台内经营者相互验证彼此的认证证书，通过验证后，便可以进行发货。

第三，银行等金融机构验证了电子商务平台和平台内经营者的认证证书后，便将消费者冻结的款项转账至平台和平台内经营者，达成交易。

扩展阅读

电子认证服务四大阻碍

《电子签名法》实施以来，中国的数字证书发放量十分有限。一方面，这说明中国的电子认证服务市场有着巨大的潜力；另一方面则令人心生疑问，到底是什么阻碍了数字证书在中国的应用？

阻碍一：关于数字证书知之甚少。

“计算机世界网”用户中心发布的一份调查显示，对于电子签名和电子认证，18.9%的人完全了解，45.67%的人了解一些，35.43%的人完全不了解。专业人士尚且如此，普通大众对数字证书的了解程度只会更低。例如，网购中需要用到的U盾，很多网民大多只知道这是开通网银的一个环节，却并不清楚为什么要用到它。

阻碍二：认证证书使用体验差。

安装网上银行数字证书的时候，常常会遇到不兼容的问题。有时是与操作系统的不兼容，如电脑操作系统已更新至最新，数字证书却要求使用低版本的操作系统；有时是与浏览器的不兼容，如国内很多电子认证服务机构提供的服务器证书都没有经过微软浏览器的安全认证，在访问这些证书时，电脑系统会反复提示“你遇到了不安全的数字证书”。这些问题都会使得用户对证书安全性产生怀疑。

阻碍三：自建 CA 进行认证存在隐患。

中国对电子认证服务行业实行的是行政许可和市场准入制度，2005 年实施的《电子签名法》及《电子认证服务管理办法》确立了合法电子认证服务机构的认定程序和法律责任。但市场中还有很多没有获得工信部等部门许可的非第三方 CA 机构，这些机构在主营业务的基础上建立起自己的认证系统，为自己的用户提供认证服务。但在未取得电子认证服务许可证前，这类机构提供的电子签名的法律效力还有待鉴别。

阻碍四：电子认证服务有待深化。

许多 CA 机构错误地将自己定位为管理机构而非服务机构，从而忽略了自身的服务质量，不仅申请手续耗时很长，售后服务也不尽如人意。提高用户申请和使用证书时的体验，才不会出现由于服务质量低下而造成的“劝退”现象，影响电子认证在广大网民和机构中的普及。

（资料来源：http://blog.sina.com.cn/s/blog_62ac24a70100jjtb.html，有改动）

四、电子认证的法律关系

1. 电子认证服务机构与电子签名人之间的法律关系

为了保障电子认证服务双方的权益，《电子认证服务管理办法》第二十二条规定，电子认证服务机构受理电子签名认证申请后，应当与证书申请人签订合同，明确双方的权利义务。也就是说，电子认证服务机构与电子签名人之间的法律关系，是以合同为基础的。

在这种合同关系中，合同的标的是电子认证服务机构的服务行为，双方的权利和义务体现在认证证书的申请、接受等认证业务说明中。证书申请人申请证书，认证服务机构允诺，合同即成立，申请人接受证书意味着同意了双方的权利义务。

2. 电子认证服务机构与电子签名依赖方之间的法律关系

电子签名依赖方存在几种不同的情况：① 电子签名依赖方和电子签名人是同一电子认证服务机构的用户；② 电子签名依赖方与电子签名人分属不同的电子认证服务机构；③ 电子签名依赖方不持有认证证书。

第一种情况中，电子签名依赖方与电子认证服务机构之间的法律关系也是合同关系。第二种和第三种情况中，电子签名依赖方没有与电子认证服务机构签订合同，而是基于对电子认证服务机构的信任与电子签名人进行交易，此时，电子签名依赖方与电子认证服务机构之间应是一种法定信赖利益关系，电子认证服务机构对电子签名依赖方有担保义务。

《电子签名法》第二十八条规定，电子签名人或者电子签名依赖方因依据电子认证服务提供者提供的电子签名认证服务从事民事活动遭受损失，电子认证服务提供者不能证明自己无过错的，承担赔偿责任。

对于认证证书中存在的疏漏或虚假陈述，电子认证服务机构应当承担责任。电子认证服务机构应合理审查证书申请人提交的身份证明，建议交易相关事项须以申请人的真实信息为依据。但如果电子认证服务机构采取了各种合理措施仍不能避免疏漏或虚假陈述的出现，则不应承担责任。

电子认证服务机构未按照认证业务规则的要求或程序进行操作时，应承担责任。电子认证服务机构的认证业务规则是对外公布的，电子签名依赖方对认证机构的信任来源于业务规则中传达出的信息，由此造成证书依赖方的损失时，理应承担相应的责任。

经典案例

冒用电子签名签订合同，责任在谁?

A公司与商务合作方B公司以电子签名的方式签订了一份合同，经过了很长一段时间后，A公司才发现，这份合同是张某盗用B公司的电子签名后以B公司的名义签订的。

本案涉及张某、A公司、B公司、认证机构四方的法律关系。张某所使用的电子签名经过了认证机构的认证，具备值得信赖的外观，如果B公司对此种虚假外观的形成具有一定程度的预测和控制能力，那么就应当由B公司承担因虚假外观产生的不利风险。《合同法》第四十九条规定，行为人没有代理权、超越代理权或者代理权终止后以被代理人名义订立合同，相对人有理由相信行为人有代理权的，该代理行为有效。即A公司可以请求B公司履行合同，B公司履行完合同之后，可以要求张某赔偿因履行合同而遭受的损失。

根据《电子商务法》的规定，认证机构如果不能举证证明自己对于电子签名的认证不存在过错，应当对A公司和B公司承担损害赔偿责任。电子认证机构向任何一方承担了赔偿责任之后，都可以向张某追偿，要求张某承担损害赔偿责任。

（资料来源：https://www.66law.cn/laws/350940.aspx，有改动）

任务实施

申请电子认证证书并体验签署文件

访问第三方电子签名服务平台，注册账号，获取个人电子签名认证证书并观察证书内容。在服务平台中使用自己的签章模拟签署一份电子合同，结合所学知识体会电子签名的使用方法及电子认证在电子商务活动中的作用。

任务评价

请根据表 2-2 对上述任务实施的结果进行评价。

表 2-2　任务实施评价表

评价内容	分值	自评分	小组评分	教师评分	实得分
了解个人电子签名认证证书	35				
了解电子签名的使用过程	35				
体会电子签名和电子认证证书的作用	20				
熟悉第三方电子签名服务平台的操作方法	10				

素质园地——诚信为贵

电子商务企业诚信档案

近年来，随着我国电子商务的快速发展，新业态新模式持续涌现，市场主体规模不断扩大，类型日趋复杂。同时，信用信息分散，市场主体间信息不对称，引起交易成本增加，制约了行业高质量发展。

商务部电子商务司针对这一问题，以企业诚信档案为切入点，组织相关单位在广泛征求采纳各方意见的基础上，起草了《电子商务企业诚信档案评价规范》行业标准（以下简称“标准”），并于 2021 年 5 月 1 日正式实施。

该标准提出了电子商务企业诚信档案的信息来源和内容、评价指标、评价方法等，是指导电子商务企业、信用服务机构、行业协会及相关社会组织等依照统一的标准，建立、评价并不断完善电子商务企业诚信档案，为推动多方共建电子商务诚信体系，促进信用信息共享应用提供技术支撑。

一、界定适用对象

标准根据《电子商务法》，明确电子商务企业既包括电子商务平台企业、平台内企业、自建网站开展电子商务业务的企业，也包括通过其他网络渠道销售商品或提供服务的企业（如社交电子商务企业等），以及电子商务服务企业（如物流快递公司、金融支付公司等）。

二、明确如何建立诚信档案

标准结合电子商务企业经营实践，提出电子商务企业诚信档案应包括基础信息、经营信息、公共信用信息、市场信用信息和其他信用信息等五类信息，以及信息来源、信息采集、信息核验的具体要求，涵盖建立电子商务企业诚信档案的基本要素。

三、明确如何评价诚信档案

标准聚焦于评价电子商务企业诚信档案的质量，提出了评价指标、计算方法、评价结果释义和跟踪评价要求。评价结果为量化结果，反映诚信档案的完善程度，可指导电子商务企业加强信用建设，补齐信用短板，完善诚信档案信息。需要注意的是，企业诚信档案评价结果与企业信用状况并无直接关系。

四、提供操作指南

标准给出了各项评价指标的详细说明，以及指标计算过程的具体示例，为相关当事人实施标准提供了具有实用性和操作性的指南。

（资料来源：http://dzsws.mofcom.gov.cn/article/af/202102/20210203037648.shtml，有改动）

知行合一

一、名词解释

数据电文　　电子签名　　电子认证　　电子签名认证证书

二、单选题

1．电子签名是指（　　）中以电子形式所含、所附用于识别签名人身份并表明签名人认可其中内容的数据。

A．电子邮件　　B．数据电文　　C．电子合同　　D．U盾

2．（　　）与手写签名或者盖章具有同等的法律效力。

A．签署后对电子签名的任何改动能够被发现的电子签名

B．有电子签名人保管的签名图片

C．互联网即时通信工具中的签名

D．可靠的电子签名

3．下列选项不属于电子认证服务机构能够提供的认证服务的是（　　）。

A．制作、签发、管理电子签名认证证书

B．确认签发的电子签名认证证书的真实性

C．提供认证证书中电子签名制作数据的服务

D．提供电子签名认证证书目录信息查询服务

4. 我国《电子签名法》规定，电子签名不适用的文书有（　　）。

A．涉及土地、房屋等不动产权益转让的

B．涉及金融、保险合同的

C．涉及停止供水、供热、供气等公用事业服务的

D．涉及新技术、新工艺及其系统的研究开发的

三、简答题

1. 简述什么是可靠的电子签名。
2. 简述电子认证的功能。
3. 简述电子认证服务机构提供认证服务时的义务。

四、案例分析

某日，苏某发短信给赵某称想借10 000元钱，由于是多年好友，赵某没有索要欠条就直接把钱转给了苏某。过了一段时间，赵某向苏某催要欠款，苏某却屡屡搪塞，赵某遂将苏某告上法庭。法院查证了两人的手机通信记录及赵某给苏某转账的记录，确定苏某确实未向赵某归还借款，最终判定苏某归还赵某欠款并承担诉讼费等费用。

结合所学知识回答以下问题：

1. 手机通信记录可以作为证据吗？
2. 如何确定手机短信的法律效力？

项目三

电子合同相关法律法规

电子合同的签订与履行是电子商务活动的核心环节。在互联网环境下，数据电文形式的电子合同与传统书面合同相比，虽然意义和作用依然如故，但在订立方式和所载内容上却发生了极大的变化。这些变化使得电子合同具有了种种特殊性，也因此带来了一系列新的法律问题。

素质目标

☑ 增强严守法规意识，不行违法违规之事。
☑ 培养脚踏实地、自强不息的品质，树立正确的价值观。

知识目标

☑ 掌握电子合同的定义、分类及其与传统合同的区别。
☑ 理解电子合同的要约邀请、要约和承诺。
☑ 掌握电子合同成立的条件。
☑ 了解电子合同签订中的特殊问题。
☑ 明确电子合同的履行及违约救济。

技能目标

☑ 能够在工作中签订有效的电子合同。
☑ 能够对电子合同中产生的纠纷做出基本判断，并提出解决方案。

任务一　了解电子合同及其签订方法

引导案例

电子邮件可以构成合同吗？

2003 年 3 月 5 日，A 公司以电子邮件的形式向 B 公司订购了一批办公桌椅，邮件中明确了如下内容：需要办公桌 8 张，椅子 16 张；在 3 月 12 日前将货物送至 A 公司；总价格不高于 15 000 元。当天，B 公司以电子邮件的形式回复 A 公司，表示对 A 公司的要求全部认可。第二天，B 公司专门派人前往 A 公司对订单进行了确认，但双方没有签署书面文件。

3 月 11 日，B 公司如约将 A 公司订购的办公桌椅送至 A 公司，但 A 公司已经在前一天购买了 C 公司生产的办公桌椅，并以双方没有签署书面合同为由拒收了 B 公司送来的货物。B 公司因此将 A 公司诉至法庭。法院查明双方往来电子邮件的具体内容及 B 公司曾前往 A 公司确认订单等事实后，判决 B 公司胜诉。

本案中，B 公司回复 A 公司订购商品的电子邮件时，电子合同便已经成立了。B 公司将货物在合同约定的时间送至 A 公司，履行了自己的义务；而 A 公司仅以未签订书面合同为由拒收货物，构成违约，应承担相应的法律责任。

（资料来源：http://www.doc88.com/p-770386164264.html，有改动）

想一想： 什么是电子合同？电子合同是如何签订的？

一、电子合同概述

（一）电子合同的定义

“上古结绳而治，后世圣人易之以书契”，“书契”是中国古代的一种契约形式，将记录有契约内容的木板一分为二，订约双方分别执左契和右契，便受到了契约的约束。从字面上来看，“合同”一词有着协商一致、合为同一书契的意思。

《合同法》第二条规定，合同是平等主体的自然人、法人、其他组织之间设立、变更、终止民事权利义务关系的协议。电子合同，则是指互联网环境下平等主体的自然人、法人、其他组织之间运用信息技术设立、变更、终止民事权利义务关系的协议。电子合同是保障互联网经济正常运行的一项重要手段。

电子合同使用信息技术签订，以数据电文形式生成、存储、发送和接收，但没有改变合同的实质，本质上仍然是一种确立权利义务关系的协议，受《合同法》约束。

（二）电子合同的特点

1. 交易主体虚拟化

传统合同的签订中，所有步骤都需要面对面进行。而电子商务活动中，当事人双方可以通过电子邮件或实时通信软件进行合同条款的协商、谈判，并直接在互联网上进行合同的签署，无须见面，大大降低了时间和金钱成本，提高了合同的签订效率。

2. 合同形式技术化

电子合同的表现形式为数据电文，无法进行传统签名或盖章，因此需要使用电子签名进行认可，通过电子认证进行验证。这些步骤都需要一定的技术标准进行规范，没有相应的技术标准，电子合同将无法实现。

电子合同真的安全吗？

3. 意思表示电子化

合同的订立分为要约和承诺两个阶段，电子合同的要约和承诺都可以通过电子形式来进行，即通过向计算机程序中输入相关信息来让计算机系统自动做出意思表示，如发送电子邮件、在网页中输入相关信息等。

（三）电子合同的类别

1. 完全电子合同和不完全电子合同

按照使用程度划分，电子合同可以分为完全电子合同和不完全电子合同。完全电子合同是指交易内容全部采用电子合同的方式来约定；不完全电子合同是指交易中的部分内容通过电子合同来约定。

2. 信息产品合同和非信息产品合同

按照合同标的的不同进行划分，电子合同可以分为信息产品合同和非信息产品合同。信息产品是指能够通过计算机网络进行传输的商品，如计算机软件、数据库等。标的为信息产品的合同为信息产品合同，反之则为非信息产品合同。

3. 格式电子合同和非格式电子合同

格式条款是由当事人为重复使用而预先拟订并在签订合同时未与对方协商的条款。格式电子合同，是指全部条款或主要条款是格式条款的电子合同。非格式电子合同则是指电子合同的全部条款或主要条款是当事人协商后订立的合同。“点击合同”是网络环境下的格式合同，是电子商务活动中比较常用的一种合同形式。格式合同及点击合同的具体内容将在本项目任务二中进行详细介绍。

（四）电子合同与传统合同的区别

虽然电子合同的效力和作用没有发生实质性的变化，但形式上却与传统书面合同有着很大的差别。

1．订立方式不同

电子合同主体的虚拟化，使得合同当事人需要依靠密码的辨认和认证服务机构的认证来互相确定对方的身份。合同中的要约、承诺和成立的条件也较传统合同更为复杂。

2．表现形式不同

传统合同通过手写或印刷将文字内容固定在纸张介质上，是看得见摸得着的实体，而电子合同是以数据电文的方式表现出来的。

3．签名方式不同

数据电文形式的电子合同无法进行传统的签名和盖章，签名的步骤需要通过电子签名、电子认证来完成。

4．生效时间、地点不同

用于签订电子合同的计算机系统会对数据电文的接收和发送进行自动处理，且合同当事人双方通常不在同一地点，因此电子合同生效的时间、地点与传统合同有很大的区别。

5．当事人的权利和义务不同

电子合同中不仅有着由合同条款约定的权利和义务，还有着因电子合同的特殊性而产生的额外的权利和义务，如电子认证的法律关系等。一些为传统合同所忽视的权利义务关系也在电子合同中显得尤为重要，如信息披露义务、保护隐私权义务等。

扩展阅读

中国政府签署《联合国国际合同使用电子通信公约》

《联合国国际合同使用电子通信公约》（以下简称《公约》）是联合国贸易法委员会根据委员会早先通过的《电子商务示范法》和《电子签名示范法》的基本原则制定的。《公约》旨在消除国际合同使用电子通信及现有国际贸易法律文件在执行中可能产生的障碍，加强国际贸易合同的法律确定性和商业上的可预见性，有助于促进国际贸易的稳定发展。

《公约》分为四章。第一章适用范围，包括适用范围、不适用情形、当事人意思自治；第二章总则，包括定义、解释、当事人的所在地、对提供情况的要求；第三章国际合同使用电子通信，包括对电子通信的法律承认、形式要求、发出和收到电子通信的时间和地点、要约邀请、自动电文系统在合同订立中的使用、合同条款的备查和电子通信中的错误；第四章最后条款，包括保存人，签署、批准、接受或认可，区域经济一体化组织的参与，对本国领土单位的效力，关于适用范围的声明，根据其他国际公约进行的通信往来，声明的程序和效力，保留，生效，适用时间，以及退约。

《公约》草案于 2005 年 11 月 23 日在第 60 届联大第六委员会上正式通过，并于

2006 年 1 月 16 日起开放签署。鉴于《公约》与中国法律规定的基本原则没有冲突，中国政府决定签署《公约》，这将有助于进一步与国际电子商务法律接轨，提高国际贸易的便利化，推动我国电子商务的发展。

（资料来源：http://www.china-un.org/chn/xw/t262101.htm，有改动）

课堂互动

你在参与电子商务活动的过程中是否使用过电子合同？以小组讨论的形式简单谈谈对电子合同订立流程的认识。

二、电子合同的要约与要约邀请

《合同法》第十三条规定，当事人订立合同，采取要约、承诺方式。电子合同的订立过程与传统合同是一致的，一般为“要约—承诺”。有时要约前还会存在要约邀请，订立过程则变为“要约邀请—要约—承诺”。

（一）要约

1. 要约的含义

《合同法》第十四条规定，要约是希望和他人订立合同的意思表示。该意思表示应当符合下列规定：内容具体确定；表明经受要约人承诺，要约人即受该意思表示约束。

从这条规定中可以看出，要约需要满足三个要求：① 要约的内容要具体确定，应当包含合同成立所需的所有要素，即至少要有合同标的、数量、要约人的名称或姓名三项内容，这样才能够确保受要约人做出承诺后合同即可成立；② 要约必须含有要约人受约束的意旨，即包含受要约人做出承诺后，要约人应对要约承担责任的意思；③ 要约要以订立合同为目的。

由于受到互联网环境和计算机系统等因素的影响，电子合同中的要约与传统要约相比，表现形式会更加多样。

2. 要约的生效

《合同法》第十六条规定，要约到达受要约人时生效。采用数据电文形式订立合同，收件人指定特定系统接收数据电文的，该数据电文进入该特定系统的时间，视为到达时间；未指定特定系统的，该数据电文进入收件人的任何系统的首次时间，视为到达时间。

我国《合同法》和《电子签名法》中对于数据电文形式信息的接收时间采用“到达生效主义”，即信息的接收时间为数据电文到达收件人的信息系统或其指定的信息系统的时间，与收件人是否检查或阅读了数据电文无关。

3. 要约的撤回、撤销

《合同法》第十七条、第十八条规定，要约可以撤回，撤回要约的通知应当在要约到达受要约人之前或者与要约同时到达受要约人；要约可以撤销，撤销要约的通知应当在受要约人发出承诺通知之前到达受要约人。

但在一些特殊情况下，要约是不得撤销的。《合同法》第十九条规定，有下列情形之一的，要约不得撤销：① 要约人确定了承诺期限或者以其他形式明示要约不可撤销；② 受要约人有理由认为要约是不可撤销的，并已经为履行合同做了准备工作。

4. 要约的失效

《合同法》第二十条规定，有下列情形之一的，要约失效：① 拒绝要约的通知到达要约人；② 要约人依法撤销要约；③ 承诺期限届满，受要约人未作出承诺；④ 受要约人对要约的内容作出实质性变更。

（二）要约邀请

要约邀请是希望他人向自己发出要约的意思表示，如寄送的价目表、拍卖公告、招标公告、招股说明书、商业广告等。要约邀请并不具有使对方能够做出承诺的合同具体内容，因此被称为要约邀请。在合同的签订中，有时存在要约邀请，有时不存在。

三、电子合同的承诺

1. 承诺的含义

《合同法》第二十一条、第二十二条规定，承诺是受要约人同意要约的意思表示。承诺应当以通知的方式作出，但根据交易习惯或者要约表明可以通过行为作出承诺的除外。

2. 承诺的条件

合同中的承诺需要具备一定的条件，这是确定合同权利义务、避免纠纷的需要。

➢ 由受要约人发出

承诺应当由受要约人发出，除受要约人之外的人做出的承诺是无效的。

➢ 向要约人做出

作为对要约的回应，承诺应当向要约人做出。

➢ 承诺内容应与要约内容一致

承诺与要约内容一致，是承诺成立的一项重要条件，也是区分承诺和新要约的标准。

➢ 在有效期内做出

承诺是有期限限定的，在当事人约定或规定期限内的承诺，才是有效的承诺。《合同法》第二十三条规定，承诺应当在要约确定的期限内到达要约人。要约没有确定承诺期限的，承诺应当依照下列规定到达：要约以对话方式作出的，应当即时作出承诺，但当事人另有约定的除外；要约以非对话方式作出的，承诺应当在合理期限内到达。

《合同法》第二十九条规定，受要约人在承诺期限内发出承诺，按照通常情形能够及时到达要约人，但因其他原因承诺到达要约人时超过承诺期限的，除要约人及时通知受要约人因承诺超过期限不接受该承诺的以外，该承诺有效。

3．承诺的生效

《合同法》第二十六条规定，承诺通知到达要约人时生效。电子合同中承诺生效与要约生效中对于“到达”的规定是一致的，即根据数据电文进入系统的时间来确认到达时间。详细规定见上文“要约的生效”。

4．承诺的撤回

《合同法》第二十七条规定，承诺可以撤回。撤回承诺的通知应当在承诺通知到达要约人之前或者与承诺通知同时到达要约人。

5．新要约

受要约人如果在承诺中对要约的内容做出了变更，便代表受要约人并不认同要约人对于合同内容的观点，这样的承诺是一种新的意思表示，即新要约。《合同法》第三十条规定，受要约人对要约的内容作出实质性变更的，为新要约。有关合同标的、数量、质量、价款或者报酬、履行期限、履行地点和方式、违约责任和解决争议方法等的变更，是对要约内容的实质性变更。

除此之外，如果受要约人超过承诺期限发出承诺，也可视为新要约。《合同法》第二十八条规定，受要约人超过承诺期限发出承诺的，除要约人及时通知受要约人该承诺有效的以外，为新要约。

经典案例

在支付宝中贷款　合同是如何签订的？

2010年，郑某在支付宝中通过“阿里信用贷款”服务向浙江阿里巴巴小额贷款股份有限公司（以下简称“阿里小贷公司”）分9次申请支用了共35万元的贷款。贷款到期后，郑某迟迟没有进行清偿，阿里小贷公司便将郑某诉至法院。

法院经审理认为，通过支付宝的实名认证，可以确认支取贷款的账户为郑某本人所有。公证提取的《贷款合同》、电子回单、还款记录等证据在功能上具有原件的证据效力。综合以上证据信息，可以认为郑某和阿里小贷公司所签订的《贷款合同》系双方真实意思表示，合法有效。阿里小贷公司通过支付宝将贷款发放给郑某，已经履行了放贷义务；而郑某未能在约定的时间内归还贷款，构成违约，应承担违约责任。

评析：使支付宝上的授信贷款按钮处于可点击状态，是阿里小贷公司对有贷款需求的用户发出的要约；输入支付宝账号及密码，则表明郑某本人认可了合同的相关内容，电子签名的过程即为郑某对要约做出的承诺。本案中，贷款合同要约和承诺的发出方式与传统合同有着很大的不同，体现出了互联网环境下要约、承诺表现形式的特殊性。

（资料来源：http://www.dffyw.com/sifashijian/al/201205/29100.html，有改动）

四、电子合同的成立

1．合同的成立

《合同法》第二十五条规定，承诺生效时合同成立。由于数据电文的存储形式和传输方式比较特殊，合同当事人双方可以约定签订确认书。《合同法》第三十三条规定，当事人采用信件、数据电文等形式订立合同的，可以在合同成立之前要求签订确认书，签订确认书时合同成立。

《电子商务法》第四十九条规定，电子商务经营者发布的商品或者服务信息符合要约条件的，用户选择该商品或者服务并提交订单成功，合同成立。当事人另有约定的，从其约定。电子商务经营者不得以格式条款等方式约定消费者支付价款后合同不成立；格式条款等含有该内容的，其内容无效。

2．合同成立的时间

电子合同成立的时间是指承诺生效的时间。

承诺生效的时间是电子合同中承诺通知到达要约人的时间，即数据电文到达收件人的或其指定的信息系统的时间；如果在合同成立之前签订了确认书，签订确认书的时间即为合同成立的时间。

3．合同成立的地点

《合同法》第三十四条规定，承诺生效的地点为合同成立的地点。采用数据电文形式订立合同的，收件人的主营业地为合同成立的地点；没有主营业地的，其经常居住地为合同成立的地点。当事人另有约定的，按照其约定。

经典案例

单方面删除订单　亚马逊因霸王条款被诉

2012 年 9 月 5 日，亚马逊公司举办了“名表新品折上最高立减 500 元”促销活动，网民夏某以优惠的价格购买了 3 块手表。当天上午，夏某就收到了亚马逊公司的订单确认邮件。3 天后，夏某却被告知因其购买的手表不能采购到货，订单已取消，将会尽快退款。数日后，夏某在亚马逊网站发现这 3 块手表仍然在售，只是售价高了许多。夏某以亚马逊公司虚假促销为由向法院提起诉讼，要求亚马逊公司履行合同并赔礼道歉。

亚马逊公司辩称，亚马逊网站公布的“使用条件”中有以下条款：“只有当我们向您发出送货确认的电子邮件通知您我们已将该商品发出时，我们对您合同申请的批准与接受才成立。”也就是说，按照亚马逊的服务协议，订单确认邮件的发出并不代表合同的成立，亚马逊可以因商品缺货而删除订单。

法院认为，认定合同是否成立，应当遵循我国法律法规中关于合同成立的一般规则进行判断。根据《合同法》中的相关规定，消费者填写收货地址、确认订单即为进行了承诺，因此夏某与亚马逊公司之间的合同是成立的。最终，法院认定亚马逊公司的撤单行为无效，应当履行交付义务，向夏某交付3块手表。

评析：本案中，亚马逊公司将待售商品的名称、型号、价款等详细信息陈列于其网站之上，内容明确具体，符合要约的要求。消费者自由选购商品，确认订单后即为进行了承诺。目前，亚马逊网站的“使用条件”中，合同的缔结部分已经修改为“当您作为消费者为生活消费需要下单并支付货款的情况下，您货款支付成功后即视为我们与您之间的订购合同就已支付货款部分商品成立。”这是符合《合同法》《电子商务法》及电子商务活动中的具体实践的。

（资料来源：http://finance.people.com.cn/n/2013/0315/c1004-20807817.html，有改动）

任务实施

模拟签订电子合同

同学们分成两人小组，分别扮演甲方和乙方，模拟进行电子合同的签订。

活动目的：

体会电子合同中的要约邀请、要约、承诺及合同的成立。

模拟情境：

A 公司在互联网上发布了一则产品广告，B 公司负责采购工作的员工在浏览网页时，看到了 A 公司发布的产品广告，便以电子邮件的形式向 A 公司订购了一批广告中的商品。收到订货邮件后，A 公司通过回复 B 公司的邮件接受了订单，并在几天后将相应的产品送至 B 公司，同时向 B 公司收取了货款，交易顺利完成。

体验感悟：

体验结束后，结合所学知识回答下列问题：

（1）发送电子邮件订购商品属于电子合同订立中的哪个环节？用于订货的电子邮件中应当包含哪些内容？有哪些需要注意的问题？

（2）发布产品广告及回复订货邮件分别属于电子合同订立中的哪个步骤？合同是在什么时候成立的？有哪些需要注意的问题？

任务评价

请根据表 3-1 对上述任务实施的结果进行评价。

表 3-1 任务实施评价表

评价内容	分值	自评分	小组评分	教师评分	实得分
能够明确要约和承诺的生效条件	40				
能够准确判断电子合同是否成立	40				
掌握电子合同签订的基本流程	20				

任务二 熟悉电子合同签订中的特殊问题

引导案例

“3721”中文网址竞拍争议

2000 年 1 月 6 日至 10 日，电子商务拍卖网站雅宝和中文网址的发明者 3721 网站合作进行了“免费软件”“软件下载”“招聘”等中文网址使用权的拍卖。“免费软件”和“软件下载”顺利成交，“招聘”也被 zhaopin.com 网站竞买成功。但在次日召开的竞拍结果新闻发布会上，参与“招聘”网址竞拍的赛诺爱公司却向与会者发放了一份关于“招聘”网址不公平拍卖的声明书，表示自己才应是“招聘”网址的竞得者，对这次拍卖结果的公正性表示了怀疑。

赛诺爱公司称，自己在 1 月 10 日中午 12:00 开始应价竞拍“招聘”，13:39 分发现 zhaopin.com 比自己出价高，便迅速应价 4.1 万元，点击“应价”键后，系统接受了竞价并在拍卖网页头条显示出来，“应价”键随即变灰失效。5 分钟后，赛诺爱公司收到了 3721 网站表示成交的电子邮件和电话祝贺。但当天晚上 6 点，雅宝公司却忽然告知赛诺爱公司“招聘”网址的最后竞得者实为 zhaopin.com 网站，原因是赛诺爱公司竞价超时 17 秒。

雅宝公司解释，由于网络延迟和拍卖系统的技术错误，导致前台显示记录与后台数据库记录不一致，雅宝公司以数据库的记录为依据认定 zhaopin.com 网站为“招聘”网址的得主。本案最终由三家公司友好协商解决。

（资料来源：https://max.book118.com/html/2017/1010/136718425.shtm，有改动）

想一想：在电子商务活动中遇到类似的技术错误时，应当如何解决？

一、电子合同当事人与电子代理人

（一）电子合同当事人

1. 电子合同当事人的定义

电子合同当事人，是指依法签订电子合同的，按照合同约定行使权力和履行义务的自然人、法人及其他组织。大多数情况下，电子合同当事人是指合同双方，但在一些特殊的合同中，也有可能是三方或多方。

签订电子合同时，需要通过电子签名、电子认证等方式对电子合同当事人进行确认，以确保双方当事人身份真实有效。

2. 电子合同当事人的订约能力

《合同法》第九条规定，当事人订立合同，应当具有相应的民事权利能力和民事行为能力。当事人依法可以委托代理人订立合同。

电子商务活动中进行的电子签名，或是注册交易平台账户时填写的姓名、性别、年龄、身份证号码等信息，都可以作为认定电子合同当事人订约能力的依据。电子合同中，应当按照民法的相关规定来认定电子合同当事人行为的效力：完全民事行为能力人对其行为负责；无行为能力人所做出的意思表示无效；限制行为能力人未取得法定代理人同意进行的合同行为效力待定，相对人因此受到损失的，可以要求其法定代理人负责相应的损失。

（二）电子代理人

1. 电子代理人的定义

电子代理人，是指不需要人的审查，能够独立发送、接收、回复数据电文，以及部分或全部地履行合同的计算机程序、电子手段或其他自动化手段。

1999 年美国统一州法全国委员会通过的《统一计算机信息交易法》中规定，电子代理人是指某人用来代表该人对电子讯息或对方的行为采取行动或作出反应，且在做出此种行动或反应之时无须该人对该电子讯息或对方的行为进行审查或做出反应的一个计算机程序、电子手段或其他自动化手段。2005 年联合国通过的《国际合同使用电子通信公约》中将类似的系统称为“自动电文系统”。

2. 电子代理人的实质

电子代理人是用于自动化交易的工具，按照使用者预设的程序运作，对使用者的意思表示进行执行，因此不具有民事权利，也不能独立承担民事责任。随着网络经济的发展，电子商务活动中大量使用电子代理人从事商品的选择、订单的发送和接收等工作。因此，法律法规应当对电子代理人的使用者进行限制，防止滥用。

3. 电子代理人相关法律法规

由于电子代理人执行的是使用者的意思表示，因此电子代理人发出的数据电文的法律效力应当属于其使用者，出现错误后的责任也应当由使用者承担，使用者不得以所发出的信息未经自己审查为由对信息进行否认。

出于对电子商务交易安全性的考虑，应当对电子代理人的使用者进行身份审查。例如，中国证监会发布的《网上证券委托暂行管理办法》对证券公司建立网上证券委托系统应具备的技术和业务规范，以及申请资格等予以了明确规定。对于网上银行系统、网上支付系统等更加常见的电子代理人，《网上银行业务管理暂行办法》中对开办网上银行业务的银行所应具备的条件及网上银行业务品种的申请制度等内容进行了规范。

课堂互动

以小组为单位，对以下问题进行交流：

（1）你在网络购物中接触过哪些“电子代理人”？

（2）你遇到过订单填写错误、网页“bug”、网络延迟等问题吗？是怎么解决的？

二、电子错误

（一）电子错误的定义

电子错误，是指电子合同的订立过程中，双方当事人在使用信息系统时产生的错误。例如，当事人不慎输入了错误的信息，或者信息系统对信息的识别错误等。

电子错误应该满足三个条件：① 当事人的意思表示产生了错误；② 该错误与信息系统存在直接关系；③ 当事人为信息系统预设的程序正当，即不是由当事人的人为错误导致的。

（二）电子错误的法律调整规则

1. 一般商务模式

在电子商务活动中，由于电子错误不是当事人真实的意思表示，应当允许当事人对错误产生的结果予以撤销。美国《统一计算机信息交易法》中对电子错误做出了一系列规范。主要分为以下两种情形：

➢ 当事人双方有约定

如果电子合同的当事人双方事先约定对电子错误进行检测，一方当事人遵守了约定，另一方没有遵守，在未遵守方如果遵守了约定便能够检测到错误的情况下，无论合同是否成立或者履行，遵守方都可以撤销电子错误所产生的效力。

➢ 当事人双方没有约定

第一，如果信息的发出方检测到自己发出的信息中存在电子错误，应及时通知接收方，接收方则应当在合理的时间内予以确认。确认后，该电子错误不产生效力，或者说发出方可以撤销电子错误产生的效力；接收方未能在合理的时间内确认，发出方也可以撤销电子错误所产生的效力；如果接收方在合理的时间内否认了错误的存在，则应当由发出方证明自己发出的信息有错误，不能证明则不能撤销该电子错误产生的效力。

第二，如果信息的接收方检测到发出方发出的信息中存在电子错误，应及时通知发出方，发出方在合理的时间内予以确认的，双方均可撤销电子错误产生的效力；发出方未在合理时间内予以确认的，接收方可以撤销该电子错误产生的效力。

2. B2C 模式

B2C 模式中，在一定的条件下，消费者可以撤销与卖方电子代理人交易过程中由自己产生的错误。这里所说的条件有两种：

第一，电子代理人未能提供消费者预防或更正错误的机会。

第二，消费者意识到电子错误时采取了以下举动：及时通知卖方由于自己的原因产生了电子错误，并表明不愿意受到该错误意思表示的约束；采取合理措施避免损失，如遵照卖方指示退还产品、销毁产品等；未使用因电子错误而收到的产品或服务，未转让给他人，未从中获利。

若双方当事人采取了适当的措施，在合同履行完毕后仍未发现电子错误，合同应当有效，除非该错误会影响到合同成立的基础。

对于电子错误导致的合同条款无效，受益的当事人应当返还由此产生的利益或对另一方做出补偿；对于电子错误导致的损失，若错误可以归责于一方，由责任方进行赔偿，若不归责于任何一方，由自己承担损失。

《电子商务法》对电子商务经营者在预防或更正电子错误的相关责任做出了规定。《电子商务法》第五十条规定，电子商务经营者应当清晰、全面、明确地告知用户订立合同的步骤、注意事项、下载方法等事项，并保证用户能够便利、完整地阅览和下载。电子商务经营者应当保证用户在提交订单前可以更正输入错误。

相关法规

《统一计算机信息交易法》

第二百一十四条　电子错误：消费者的抗辩

（1）在本款中，“电子错误”指如没有提供检测并纠正或避免错误的合理方法，消费者在使用一个信息处理系统时产生的电子讯息中的错误。

（2）在一个自动交易中，对于消费者无意接受，并且是由于电子错误产生的电子讯息，如消费者采取了下列行为，即不受其约束：

获知该错误时，立即将错误通知另一方；将所有的信息拷贝交付给另一方，或按照从另一方收取的合理指示，将所有的信息拷贝交付给第三人，或销毁所有的信息拷贝；

未曾使用该信息，或从该信息中获得任何利益，也未曾使信息可为第三方获得。

（3）如第二款不适用，电子错误的法律效果由其他法决定。

（资料来源：http://www.100ec.cn/detail--6058814.html）

三、点击合同

（一）点击合同的定义

点击合同，是指合同订立中的一方当事人事先以计算机程序设定合同的全部或主要条款，相对人以点击“同意”按钮或类似方式来订立的格式电子合同。在点击合同的订立过程中，双方当事人不需要就合同的条款逐一进行商议，只需点击同意便可快速订立，效率高、成本低。在平台新用户注册、一键允许移动 App 读取手机信息等场景中，常常会使用到点击合同，如图 3-1 所示。

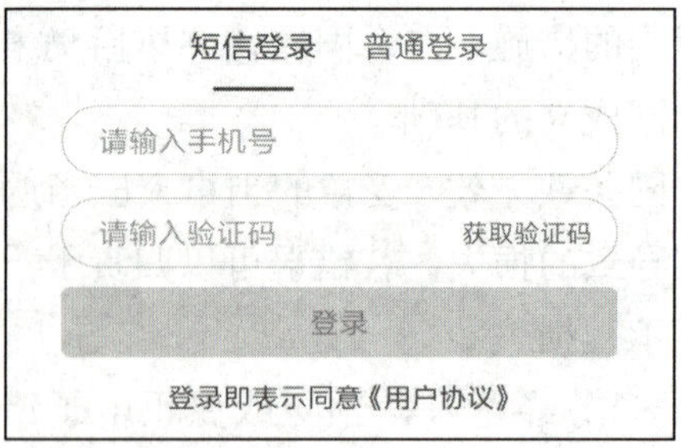

图 3-1　移动 App 新用户登录界面

（二）点击合同的缺陷

1. 权利义务不对等

电子商务平台、社交媒体、网络游戏等平台通常会与用户通过相关平台协议、用户服务协议等点击合同来约定用户义务、收费标准、禁止事项等内容。但由于协议是由平台拟定的，解释权在于平台，大多义务多、权利少，对于用户来说可能会有失公平。

2. 限制或剥夺相对人权利

一些电子商务交易中，点击合同的条款对商品或服务的质量、标准描述不全面、不清晰，使消费者难以根据已有信息做出正确的判断。这是对消费者知情权和选择权等权利的限制或剥夺。

3. 信息公示问题

一些网站、平台在点击合同或相关条款的公示上存在问题：① 入口不明晰、修改内容更新不及时；② 将对用户不利的条款放在容易忽略的位置；③ 重点内容淹没在大段的条款中，使用户难以分辨，阅读起来比较困难等。

4. 签订问题

用户在签订点击合同时，主要或全部条款都已经定型，用户无法自行修改；查看合同条款的时间也非常有限，常常没有经过足够的考虑就直接点击“同意”完成签订，无法及时发现合同中存在的问题。

扩展阅读

北京出招缓解电商平台合同“霸凌”

针对电商平台日渐明显的“霸王条款”问题，北京市工商局在2018年10月25日发布了《北京市网络商品交易平台服务合同》示范文本（以下简称“示范文本”），并从2018年11月1日起在北京推行使用。

示范文本制定的原则之一是帮助卖家获得更加公平的经营环境，因此对平台方的部分责任做出了规定。如“甲方（电商平台）有义务按照相关法律法规对乙方发布的所有商品、服务类产品信息建立检查监控制度，若发现乙方发布的信息不符合法律规定的，应当及时通知乙方修改，并及时采取措施制止，必要时可以停止对其提供平台服务”“甲方应对乙方在甲方平台销售的商品或服务进行定期或不定期的抽查、核查、鉴定”“甲方有义务为乙方及消费者提供公平、公正、客观的信用评价服务，公示评价规则”等。

此外，示范文本还明确了消费者权益保证金和先行赔付制度，增加了信息检查监控制度等。例如，平台经营者依据平台服务合同和交易规则对平台内经营者虚构交易（包括但不限于套现、刷单）、编造用户评价等违反法律法规的行为实施警示、暂停或者终止服务等措施，应当及时公示。

北京工商大学经济学院贸易系主任洪涛认为，《北京市网络商品交易平台服务合同》示范文本的出台，标志着电子商务进入了新的时代。在电子商务中，卖家和消费者是被动的接受方，平台则永远扮演着信息主导方的角色，因此平台是应当被约束的。从SaaS（软件即服务）时代到RaaS（零售即服务）时代，服务的升级都是建立在标准化合约的基础之上，电子商务中出现的很多问题都是由于平台不够规范导致的。此次示范文本的出台，可以进一步规范平台和卖家之间的关系，也是对《电子商务法》等相关法律法规的补充。

（资料来源：http://www.chinaeclaw.com/show.php?contentid=23584，有改动）

（三）点击合同的效力限制

点击合同的签订是通过点击“同意”或类似方式进行的，这一行为在形式上达到了意思表示一致的要求，但在实际操作中，却无法确保点击同意的动作能够体现每一个合同当事人真实的意思表示。因此，为保证当事人意思表示的真实性，点击合同的条款应具备一些必要的条件。

1. 遵循公平原则

《合同法》第三十九条规定，采用格式条款订立合同的，提供格式条款的一方应当遵循公平原则确定当事人之间的权利和义务。

2. 合理提醒消费者注意

签订点击合同遇纠纷
租房者需谨慎

《合同法》第三十九条同时还规定，应采取合理的方式提请对方注意免除或者限制其责任的条款，按照对方的要求，对该条款予以说明。合理的提醒应该达到以下条件：① 条款的表现形式应当足以使用户知道其为合同条款；② 提醒的方式应当足以使用户知道条款的存在；③ 提醒的时间应当在签订合同之前或签订的过程中；④ 提醒的程度应当足以引起用户的注意。

3. 判定无效

《合同法》第四十条规定，格式条款具有合同无效和免责条款规定情形的，或者提供格式条款一方免除其责任、加重对方责任、排除对方主要权利的，该条款无效。

《合同法》中对合同无效和免责条款的规定如下：

《合同法》第五十二条规定，有下列情形之一的，合同无效：① 一方以欺诈、胁迫的手段订立合同，损害国家利益；② 恶意串通，损害国家、集体或者第三方利益；③ 以合法形式掩盖非法目的；④ 损害社会公共利益；⑤ 违反法律、行政法规的强制性规定。

《合同法》第五十三条规定，合同中的下列免责条款无效：① 造成对方人身伤害的；② 因故意或者重大过失造成对方财产损失的。

4. 解释的确定

《合同法》第四十一条规定，对格式条款的理解发生争议的，应当按照通常理解予以解释。对格式条款有两种以上解释的，应当作出不利于提供格式条款一方的解释。格式条款和非格式条款不一致的，应当采用非格式条款。

经典案例

淘宝商品被降权　是恶意处罚还是依法行事

2016 年 5 月 7 日，淘宝网以刷单为由，将淘宝店主陈某店铺中的一份订单判为虚假交易，并对订单中的商品进行了降权处理。陈某认为淘宝网以大欺小，在没有任何事实依据的情况下对小规模店铺进行恶意处罚，遂将淘宝网告上法庭。

法院经过审理查明，陈某在淘宝网注册了淘宝会员，并以该会员名开设了淘宝店铺。

注册成为淘宝会员时均需点击确认同意《淘宝平台服务协议》(以下简称《服务协议》),协议中规定:"淘宝可依据您的用户数据与海量用户数据的关系来认定您是否构成违约;您有义务对您的数据异常现象进行充分举证和合理解释,否则将被认定为违约。您在淘宝平台上发布的信息构成违约的,淘宝可根据相应规则立即对相应信息进行删除、屏蔽处理或对您的商品进行下架、监管。"陈某自愿注册成为淘宝平台的会员,同意并接受了淘宝平台的上述规则,表明双方已就该规则的适用形成合意。淘宝公司针对陈某店铺内涉案商品所作出的降权 30 日的处罚符合《淘宝规则》和《服务协议》的规定,并不无当,陈某的主张不成立,对其诉讼请求法院不予支持。

评析:《服务协议》是一种点击合同。虽然《服务协议》系淘宝网单方发布,部分内容涉及对会员行为的限制,但由于网络销售具有其特殊性,该协议的制定遵循了公平原则,有利于网站的管理、交易秩序的维护,以及保障广大消费者的合法权益,也不违反法律、行政法规的强制性规定,应确认有效。

(资料来源: https://susong.tianyancha.com/15b8bc0399ca440486c776d59dbe8c7d, 有改动)

任务实施

辩论赛

正方观点:电子商务应当使用电子合同。

反方观点:无论何时纸质合同更加安全。

正反双方搜集相关资料,就自己所持观点进行辩论。

任务评价

请根据表 3-2 对上述任务实施的结果进行评价。

表 3-2　任务实施评价表

评价内容	分值	自评分	小组评分	教师评分	实得分
能够借助互联网搜集所需信息	25				
能够结合所学知识证明自己的观点	40				
小组成员间协作良好	20				
发表自己的观点时表达清晰,观点明确	15				

任务三　熟悉电子合同的履行与违约救济

引导案例

违反《服务协议》平台向经营者追责

2001年3月31日，刘某以“Jaliseng”为用户名在易趣网注册了账户，易趣网则为刘某提供免费的网络交易平台服务。2001年7月1日，易趣网开始向用户收取网络交易平台使用费，并于9月18日发布了新的《服务协议》供新、老用户确认。刘某对新的《服务协议》进行了确认，并继续使用易趣网的网络交易平台发布商品信息，但一直没有支付平台使用费。截至2001年9月24日，刘某共拖欠易趣网网络平台使用费1 330元，易趣网因此将刘某告上法庭。

法院经审理查明，易趣网制订的《服务协议》经刘某确认后即对双方产生约束力，故该份《服务协议》应认定为合法有效，双方均应遵守。被告未履行支付服务费的义务，构成违约，应向原告支付欠款并赔偿损失。

（资料来源：http://www.shwzsh.com/html/201151215429-1.html，有改动）

想一想：电子合同应当如何履行？如果没有依法履行，应承担怎样的违约责任？

一、电子合同的履行

（一）电子合同履行的定义

电子合同的履行，是指电子合同当事人能够全面、适当地完成合同中约定的义务，使合同得以实现的活动。电子合同的履行一般可以分为以下三个阶段：

第一，履行的准备，是指为了履行义务而进行的准备活动，如电子商务经营者生产商品、包装商品等。

第二，履行的执行，是指对合同中约定的义务的具体实施，如经营者邮寄货物、消费者通过电子支付来支付货款等。

第三，履行的善后，是指合同履行完毕之后的义务。《合同法》第九十一条第一种情形规定，债务已经按照约定履行，合同的权利义务终止。《合同法》第九十二条规定，合同的权利义务终止后，当事人应当遵循诚实信用原则，根据交易习惯履行通知、协助、保密等义务。

除此以外，合同权利义务终止的情形还有以下几种：合同解除；债务相互抵销；债务人依法将标的物提存；债权人免除债务；债权债务同归于一人；法律规定或者当事人约定终止的其他情形。

（二）电子合同履行的原则

合同履行的原则主要有适当履行原则和协作履行原则，这两项原则也适用于电子合同的履行。

1. 适当履行原则

适当履行原则，是指当事人应当按照法律规定或合同约定的标的及其质量、数量，由适当的主体在适当的履行期限、履行地点，以适当的履行方式，全面完成义务履行的原则。《合同法》第六十条规定，当事人应当按照约定全面履行自己的义务。电子合同的履行，是双方当事人对电子合同中义务的履行，如电子商务经营者向消费者交付商品、消费者支付货款等。

2. 协作履行原则

协作履行原则，是指当事人不仅适当履行自己的合同债务，而且应基于诚实信用原则的要求协助对方当事人履行其债务的履行原则。协作履行原则要求双方当事人能够互相协作、互相配合，全面履行合同。

协作履行原则主要包括以下内容：① 债务人履行义务，债权人有权予以接受，并永久保持所得的利益；② 债务人履行义务，债权人应当予以适当的便利条件；③ 债务人因故无法履行或无法完全履行义务时，债权人应积极采取措施，防止损失扩大。例如，电子商务活动中债务人履行商品交付义务时，有权要求债权人告知其地址及相关身份信息，债权人不得拒绝；在线交付信息产品时，债权人要保证信息系统能够顺利接收到债务人发出的信息产品。

（三）电子合同履行的方式

1. 在线付款，在线交货

当电子合同的标的是信息产品时，消费者在线支付，电子商务经营者则直接通过互联网向消费者交付货物。例如，网购网络游戏、财务软件等商品时，可以在卖方的网站或特定的网站中直接下载使用。

2. 在线付款，离线交货

当电子合同的标的是实体商品时，消费者在线支付后，需要通过物流配送的方式将商品转移至消费者手中。国内一些大型 B2C、B2B 电子商务平台中的实体商品交易大多通过这种方式进行，如淘宝网、拼多多和阿里巴巴等。

3. 离线付款，离线交货

一些平台或商家可以提供货到付款服务，消费者在互联网平台中浏览商品、下订单，通过物流配送收到货物后再线下支付货款。目前，一些同城生鲜电商平台会采用这种方式进行交易。

《电子商务法》第五十一条规定，合同标的为交付商品并采用快递物流方式交付的，收货人签收时间为交付时间。合同标的为提供服务的，生成的电子凭证或者实物凭证中载明的时间为交付时间；前述凭证没有载明时间或者载明时间与实际提供服务时间不一致的，实际提供服务的时间为交付时间。合同标的为采用在线传输方式交付的，合同标的进入对方当事人指定的特定系统并且能够检索识别的时间为交付时间。合同当事人对交付方式、交付时间另有约定的，从其约定。

相关法规

《合同法》中与交付标的物有关的规定

第六十一条　合同生效后，当事人就质量、价款或者报酬、履行地点等内容没有约定或者约定不明确的，可以协议补充；不能达成补充协议的，按照合同有关条款或者交易习惯确定。

第六十二条第三项、第四项　履行地点不明确，给付货币的，在接受货币一方所在地履行；交付不动产的，在不动产所在地履行；其他标的，在履行义务一方所在地履行。履行期限不明确的，债务人可以随时履行，债权人也可以随时要求履行，但应当给对方必要的准备时间。

第一百三十九条　当事人没有约定标的物的交付期限或者约定不明确的，适用本法第六十一条、第六十二条第四项的规定。

第一百四十一条　出卖人应当按照约定的地点交付标的物。

当事人没有约定交付地点或者约定不明确，依照本法第六十一条的规定仍不能确定的，适用下列规定：

第一，标的物需要运输的，出卖人应当将标的物交付给第一承运人以运交给买受人。

第二，标的物不需要运输，出卖人和买受人订立合同时知道标的物在某一地点的，出卖人应当在该地点交付标的物；不知道标的物在某一地点的，应当在出卖人订立合同时的营业地交付标的物。

二、电子合同的违约救济

（一）电子合同违约责任的归责原则

合同的违约责任，是合同的当事人没有履行合同中规定的义务时需要承担的违约责任。违约责任的归责原则，是指基于一定的规则事由来确定违约责任的法律原则。合同违约责任的归责原则，分为严格责任原则和过错责任原则。《合同法》将严格责任原则确定为违约责任的一般归责原则，因此电子合同违约责任的一般归责原则也为严格责任原则。

1．严格责任原则

严格责任原则，又称无过错责任原则，是指违约发生后，确定违约当事人的责任，应当考虑违约的结果是否是由违约方的行为造成的，而不考虑是出于故意还是过失。《合同法》第一百零七条规定，当事人一方不履行合同义务或者履行合同义务不符合约定的，应当承担继续履行、采取补救措施或者赔偿损失等违约责任。这条规定中确定的违约责任，便采用的是严格责任原则。严格责任原则便于裁判，且能够增强合同责任感，符合违约责任的本质。

2．过错责任原则

过错责任原则，是指违约发生后，确认违约当事人的责任，应主要考虑违约的过错或过失。《合同法》第一百八十条规定，供电人因供电设施计划检修、临时检修、依法限电或者用电人违法用电等原因，需要中断供电时，应当按照国家有关规定事先通知用电人。未事先通知用电人中断供电，造成用电人损失的，应当承担损害赔偿责任。

（二）电子合同的免责事由

1．不可抗力

《合同法》第一百一十七条规定，因不可抗力不能履行合同的，根据不可抗力的影响，部分或者全部免除责任，但法律另有规定的除外。当事人迟延履行后发生不可抗力的，不能免除责任。上述所称不可抗力，是指不能预见、不能避免并不能克服的客观情况。第一百一十八条规定，当事人一方因不可抗力不能履行合同的，应当及时通知对方，以减轻可能给对方造成的损失，并应当在合理期限内提供证明。

对于电子合同来说，以下情形可以认定为不可抗力：① 文件感染病毒；② 非自己的原因造成的网络中断，如因传输线路出现物理损害或感染病毒等；③ 非自己的原因造成的电子错误，如电子支付时遇到信息系统错误等。

2．未采取适当措施

《合同法》第一百一十九条规定，当事人一方违约后，对方应当采取适当措施防止损失的扩大；没有采取适当措施致使损失扩大的，不得就扩大的损失要求赔偿。当事人因防止损失扩大而支出的合理费用，由违约方承担。

3．双方违约

《合同法》第一百二十条规定，当事人双方都违反合同的，应当各自承担相应的责任。

课堂互动

结合自己的网购经历，想一想消费者与电子商务平台签订的电子合同中，对于双方的违约责任和承担责任的方式有怎样的规定。

（三）电子合同的救济方式

合同的救济，是指合同当事人未履行合同规定的职责而发生违约后的补救办法。按照《合同法》规定，合同的救济方式主要有提存、赔偿损失、支付违约金、扣除定金和继续履行等。

1．提存

提存，是指债务人履行债务时，由于债权人的原因无法履行，将履行债务的标的物送交有关部门，以代替履行的制度。提存之后，合同终止。

《合同法》第一百零一条规定，有下列情形之一难以履行债务的，债务人可以将标的物提存：① 债权人无正当理由拒绝受领；② 债权人下落不明；③ 债权人死亡未确定继承人或者丧失民事行为能力未确定监护人；④ 法律规定的其他情形。标的物不适于提存或者提存费用过高的，债务人依法可以拍卖或者变卖标的物，提存所得的价款。

《合同法》第一百零二条、第一百零三条、第一百零四条对提存后的通知、提存的效力、提存的受领等问题进行了规定。标的物提存后，除债权人下落不明的以外，债务人应当及时通知债权人或者债权人的继承人、监护人。标的物提存后，毁损、灭失的风险由债权人承担；提存期间，由标的物产生的额外收益归债权人所有；提存费用由债权人负担。债权人可以随时领取提存物，但债权人对债务人负有到期债务的，在债权人未履行债务或者提供担保之前，提存部门根据债务人的要求应当拒绝其领取提存物。债权人领取提存物的权利，自提存之日起五年内不行使而消灭，提存物扣除提存费用后归国家所有。

2．赔偿损失

《合同法》第一百一十二条规定，当事人一方不履行合同义务或者履行合同义务不符合约定的，在履行义务或者采取补救措施后，对方还有其他损失的，应当赔偿损失。

关于赔偿额的确定，《合同法》第一百一十三条规定，当事人一方不履行合同义务或者履行合同义务不符合约定，给对方造成损失的，损失赔偿额应当相当于因违约所造成的损失，包括合同履行后可以获得的利益，但不得超过违反合同一方订立合同时预见到或者应当预见到的因违反合同可能造成的损失。经营者对消费者提供商品或者服务有欺诈行为的，依照《中华人民共和国消费者权益保护法》（以下简称《消费者权益保护法》）的规定承担损害赔偿责任。

3．支付违约金

《合同法》第一百一十四条规定，当事人可以约定一方违约时应当根据违约情况向对方支付一定数额的违约金，也可以约定因违约产生的损失赔偿额的计算方法。约定的违约金低于造成的损失的，当事人可以请求人民法院或者仲裁机构予以增加；约定的违约金过分高于造成的损失的，当事人可以请求人民法院或者仲裁机构予以适当减少。当事人就迟延履行约定违约金的，违约方支付违约金后，还应当履行债务。

4. 扣除定金

《合同法》第一百一十五条规定，当事人可以依照《中华人民共和国担保法》约定一方向对方给付定金作为债权的担保。债务人履行债务后，定金应当抵作价款或者收回。给付定金的一方不履行约定的债务的，无权要求返还定金；收受定金的一方不履行约定的债务的，应当双倍返还定金。

5. 继续履行

《合同法》第一百零九条，第一百一十条规定，当事人一方未支付价款或者报酬的，对方可以要求其支付价款或者报酬；当事人一方不履行非金钱债务或者履行非金钱债务不符合约定的，对方可以要求履行，但有下列情形之一的除外：① 法律上或者事实上不能履行；② 债务的标的不适于强制履行或者履行费用过高；③ 债权人在合理期限内未要求履行。

经典案例

游戏装备被锁定　法院认定游戏公司不违约

陈某是上海盛大网络发展有限公司（以下简称“盛大公司”）运营的网络游戏《热血传奇》的玩家。2008 年 5 月 25 日，陈某通过在线交易的方式，花了 800 元宝（网络游戏中的一种虚拟货币）向其他玩家购买了名为“布鞋”的游戏装备。但盛大公司对该装备进行了锁定，导致陈某的游戏角色无法正常使用该装备。

陈某委托上海某电子数据司法鉴定中心对自己游戏角色名下“布鞋”装备的存在情况进行了固定保全，并将盛大公司诉至法院，要求盛大公司恢复自己游戏账号下的“布鞋”装备、并支付自己为保全、检验本案证据而支付的鉴定检验费及交通费。一审法院驳回了陈某的全部诉讼请求。陈某不服上诉。

二审法院审理后认为，游戏玩家在注册成为游戏用户时即已确认了游戏的相关协议、条款、守则等。盛大公司在协议中表明，其对任何侵害在线游戏运行环境和公平性的行为有权采取一切必要措施。“布鞋”的属性值远远超过正常装备，具有极大杀伤力，陈某购买该装备的行为影响了游戏环境的公平性，违反了诚实信用原则，盛大公司的锁定行为是从维护游戏运行环境出发，基于双方协议作出的限制措施。据此，二审法院作出了维持原判的终审判决。

评析：本案中，陈某和盛大公司之间存在网络信息服务合同。陈某违反合同内容，购买了属性值极高的游戏装备，侵害了游戏的公平性。根据《合同法》中的规定，当事人可以约定一方解除合同的条件，解除合同的条件成就时，解除权人可以解除合同。根据陈某和盛大公司签订的网络信息服务合同中双方约定的解除条件，盛大公司有权解除合同，使合同的权利义务终止，此行为不属于违约行为，盛大公司不应承担违约责任。

（资料来源：https://www.chinacourt.org/article/detail/2009/08/id/369268.shtml，有改动）

任务实施

分析大型电子商务平台用户协议

前往“京东网”和“淘宝网”，阅读《京东用户服务协议》和《淘宝平台服务协议》。以小组为单位，结合所学知识对以下问题进行分析：

（1）两份服务协议对平台和用户双方的权利和义务是如何规定的？

（2）两份服务协议对违约责任是如何规定的？

（3）两份服务协议对免责事由是如何规定的？

（4）分别从电子商务平台经营者和消费者的角度进行思考，你认为两个电商平台制定的用户协议是否合理？为什么？

讨论结束后，各个小组推选代表，将小组讨论的结果展示给全班同学。

任务评价

请根据表 3-3 对上述任务实施的结果进行评价。

表 3-3　任务实施评价表

评价内容	分值	自评分	小组评分	教师评分	实得分
能够借助互联网搜集所需信息	20				
能够结合所学知识分析用户协议的内容	35				
能够对用户协议提出自己的见解	35				
发表自己的观点时表达清晰，观点明确	10				

素质园地——以案普法

网络服务合同纠纷案

“流量”在网络时代已经成为一种“财富”。凭借客户的好评，电商的销量可以大幅度提高；凭借海量“粉丝”，电商可以获得丰厚的广告收益。于是，市场就有了以提供“暗刷流量”，并根据 PV 值、UV 值、IP 值明码标价的不法之业。

2017 年 9 月 11 日，许某通过微信向常某韬寻求“暗刷的流量资源”。经过沟通，双方于 2017 年 9 月 15 日就“暗刷需求”达成一致：以单价 0.9 元每千次 UV 每周结算；按许某指定的第三方后台统计数据结算。常某韬于 2017 年 9 月 15 日开始为许某提供网络暗刷服务。

2017年9月20日，许某通过微信转账给常某韬结算了229元服务费。2017年10月9日，双方将单价调整为1.1元每千次UV。后常某韬催促许某结算付款，许某于2017年10月23日微信回复称“财务去弄发票了，今天能结。”但到2017年11月3日，许某却意图单方面变更双方商定的以“第三方后台CNZZ数据为结算依据”，而强行要求以其甲方提供的数据为结算依据，只同意付款16 293元。于是，常某韬起诉许某，要求其支付服务费30 743元及利息。

人民法院经审理认为，双方“暗刷流量”的行为，侵害了不特定市场竞争者和广大不特定网络用户的利益，最终损害了社会公共利益，认定双方订立的“暗刷流量”合同无效，判决驳回常某韬的诉讼请求。

这是全国首例涉及“暗刷流量”交易的案件。本案从产业层面上揭示了互联网经济的流量属性和“暗刷流量”的危害性，并在判决中明确，以“暗刷流量”交易为目的订立的合同，违背公序良俗、损害社会公共利益，应属无效；双方当事人不得基于“暗刷流量”合同获利；法院对交易双方在合同履行过程中的获利，应予收缴。

该判决对“暗刷流量”的否定评价，对于构建网络诚信秩序、净化网络道德环境、提高网络治理能力具有重要意义。

（资料来源：
http://www.court.gov.cn/zixun-xiangqing-306541.html，有改动）

知行合一

一、名词解释

电子合同　　电子代理人　　点击合同

二、单选题

1．电子合同虽然采取了数据电文的方式，但缔结过程仍然遵循合同签订的基本过程，分为（　　）两个阶段。

A．要约和承诺　　B．要约邀请和要约

C．要约邀请和承诺　　D．承诺和成立

2．电子合同成立的时间为（　　）。

A．发件人发送数据电文的时间

B．数据电文进入收件人的或其指定的信息系统的时间

C．收件人检查或阅读数据电文的时间

D．以上都正确

3．关于电子合同当事人的订约能力，以下说法错误的是（　　）。

A．完全民事行为能力人对其行为负责

B．无行为能力人所做出的意思表示无效

C．限制行为能力人未取得法定代理人同意进行的合同行为效力无效

D．相对人因限制行为能力人的合同行为受到损失的，可以要求其法定代理人负责相应的损失

4．下列不属于点击合同的缺陷的是（　　）。

A．权利义务不对等　　B．限制或剥夺相对人权利

C．合同或条款的篇幅较短　　D．信息公示中存在问题

三、简答题

1．简述电子合同中要约的生效。

2．简述点击合同的效力限制。

3．简述电子合同违约责任中的严格责任原则。

四、案例分析

2012年6月，“京东商城”的用户薛某在网站上购买了一枚中国人民银行发行的金币，面额为10 000元。网站订单详情页显示该订单金额为48 500元，支付方式为在线支付。7月，薛某忽然收到一条信息，提示自己的银行卡因“退货”原因收到款项48 500元，此时薛某京东账户中购买金币的订单已显示取消，该金币的商品信息显示市场价为129万元。京东商城客服告知薛某，由于京东工作人员操作失误导致金币商品信息页的商品价格上传错误，因此订单被取消。根据京东商城用户注册协议第六条第二款的规定，只有京东商城向用户发货、货物到达用户处时，买卖合同才成立，用户的付款行为仅为要约，因此京东商城与薛某之间的买卖合同没有成立。

结合所学知识回答以下问题：

1．薛某与京东商城之间的合同成立了吗？为什么？

2．京东商城的用户注册协议属于格式合同吗？其中的条款违反了什么规定？

项目四

电子支付相关法律法规

电子支付是电子商务发展的重要支柱，同时也是电子商务活动中对安全性和准确性要求最高的一个环节。为了解决电子支付的安全问题，我国对提供电子支付服务的电子银行及第三方支付机构制定了严格的法律及规章制度，以此来规范电子商务中的资金流转，保障电子商务行业的健康发展。

素质目标

- ☑ 增强遵守规章制度的自觉性，在学习生活中自觉做到不违章、不违纪。
- ☑ 培养责任意识和进取精神，勤奋学习，深思慎行。

知识目标

- ☑ 了解电子支付的基本概况及相关法律法规。
- ☑ 熟悉电子银行的定义、准入制度及监督管理办法。
- ☑ 掌握第三方电子支付机构的设立、业务管理、风险管理及分类监管办法。

技能目标

- ☑ 能够在工作中按照正确的程序完成电子支付。
- ☑ 能够在遇到电子支付问题时保护自己的资金安全，维护自己的合法权益。

任务一 了解电子支付相关法律法规

引导案例

大学生充值网游游戏币 被骗近万元

2013 年 3 月，大学生顾某在玩网络游戏《地下城与勇士》时，发现游戏界面中常常会弹出一个购买游戏币有优惠的“小喇叭广告”。与广告中的 QQ 号取得联系后，对方向顾某发来了一个“充值网站”链接。顾某通过链接充值了 300 元，但游戏账号中却迟迟没有收到游戏币。顾某向发链接给他的 QQ 号提出了质疑，对方却回复顾某称，这是支付平台的问题，需要联系“客服”解决。顾某迅速与所谓的“客服”取得了联系，但“客服”告诉顾某，由于是首次充值，为了使游戏币到账还需缴纳 1 000 元保证金。为了能够尽快拿到游戏币，顾某立即向对方提供的账户汇入 1 000 元。看到顾某如此爽快，“客服”又向顾某提出了更多的“建议”：保证金现在是被银行冻结的状态，可以充值 3 000 元解冻，充值成功后解冻费和保证金将全部返还；如果缴纳 5 500 元升级 VIP，以后还能享受更多优惠和特权等。

几天内，顾某向充值网站支付的各式费用已花光了他一学期的生活费。当顾某向对方表示实在拿不出钱时，这个网站连同所有的联系人忽然从网上“消失”了，此时顾某意识到自己可能被骗了，立即向警方报案。警方通过技术侦查，在一家网吧里抓获了犯罪嫌疑人张某和王某。

法院经审理认为，张某、王某通过互联网发布虚假信息，骗取公民财物，数额较大，已构成诈骗罪，依法判处有期徒刑 1 年。

（资料来源：http://www.chinanews.com/fz/2013/10-09/5354858.shtml，有改动）

想一想：什么是电子支付？在电子支付中会遇到哪些问题？

一、电子支付概述

（一）电子支付的定义

电子支付，是指单位、个人直接或授权他人通过电子终端发出支付指令，实现货币支付与资金转移的行为。《电子商务法》第五十三条第一款规定，电子商务当事人可以约定采用电子支付方式支付价款。

电子支付是支付与信息技术的结合，所使用的电子终端包含了计算机、智能手机、销售点终端（POS 机）、自动柜员机（ATM 机）等。多终端的应用使得电子支付的工作环境具有开放性和普遍性，能够吸引更多的商家和消费者参与其中，但这也导致电子支付中的法律问题变得更为复杂。

根据支付指令发起方式的不同，电子支付可以分为网上支付、电话支付、移动支付、销售点终端交易、自动柜员机交易和其他电子支付。

- 网上支付，是指通过互联网或其他网络进行的支付。
- 电话支付，是指通过电话进行的支付。
- 移动支付，是指通过移动互联网进行的支付。
- 销售点终端交易，是指通过销售点终端进行的支付，如线下零售店 POS 机刷卡支付、POS 机扫描支付宝或微信二维码支付等。
- 自动柜员机交易，是指通过自动柜员机进行的支付，如 ATM 机转账等。

（二）电子支付的法律主体

1．电子支付用户：付款人与收款人

电子支付的付款人，是指电子商务活动中通过电子终端发出支付指令的人，通常是指购买商品或服务的消费者。电子支付的收款人，是指电子商务活动中根据付款人发出的支付指令收取货款的人，通常是销售商品或服务的个人或组织。

2．电子支付服务提供者

我国电子支付服务的提供者主要是商业银行和一些非金融支付机构。商业银行在开展电子支付业务时，需要通过银行业相关监督管理机构的批准。而非金融支付机构的设立则需要经过中国人民银行的审批。未经审批的单位或个人不得经营电子支付业务。对于通过审批的电子支付服务机构，政府会颁发支付许可证，允许其依法从事电子支付业务。

根据功能的不同，电子支付中的银行分为收单行和发卡行两种。其中，收单行是指负责将消费者账户中的货款转入商家账户的金融机构，发卡行是指向消费者发放银行卡的金融机构。

由于银行内部数据的高度保密性，银行需要一组特殊的服务器处理来自外部的电子支付信息，这组服务器被称为支付网关。支付网关能够将银行和互联网连接在一起，完成两者之间的通信和协议转换，并进行数据加密、解密，以保护银行的信息安全。

3．电子认证服务机构

电子认证服务机构是提供第三方电子认证服务的机构，由国家信息产业主管部门批准成立。有关电子认证服务机构的内容在本书项目二中已详细介绍，此处不再赘述。

（三）电子支付的程序

电子支付包含以下几个步骤：

第一步，消费者通过互联网选择商品，并在订单中输入店铺名称、商品名称及数量、

收货地址、收货时间等信息。

中国铁路
电子支付系统

第二步，消费者与商家取得联系，商家向消费者确认货款数额、交付方式等信息是否需要更改。

第三步，消费者确认订单，并将支付指令发送给银行，要求银行将款项转移至商家。订单和支付指令都需要通过电子签名进行，同时利用双重签名技术保护消费者付款账户及银行卡的相关信息不被泄露。

第四步，商家接受订单，并向收单行请求支付认可，收单行向发卡行进行支付信息的确认；收到发卡行的批准后，收单行再将确认信息回复给商家。

第五步，商家发送购买成功的确认信息给消费者。

第六步，商家向消费者配送货物，并告知银行可以将消费者账户中的款项转移至商家。

电子支付的程序如图 4-1 所示。

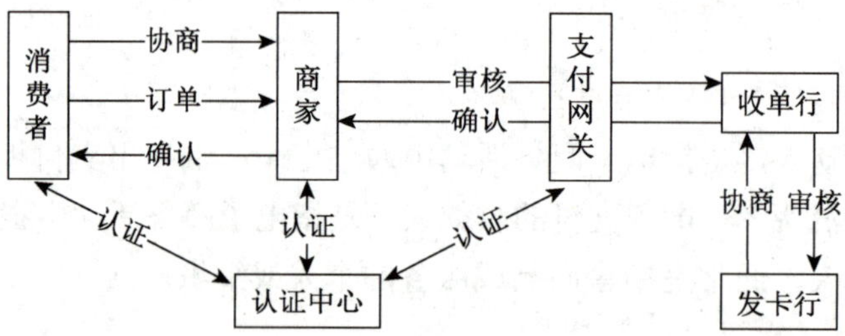

图 4-1 电子支付程序

二、电子支付协议

电子支付协议，是指消费者、商家和电子支付服务提供者之间的一种加密协议。协议的运作方式如下：电子支付服务供应商向消费者和商家提供用于交易的终端软件，购买商品或服务时，消费者在软件中填写订单信息和支付信息，终端软件将支付信息加密后传输给商家，这样商家既能及时收到订单，又无法读取消费者支付账户中的数据，保证了支付信息的安全。

1. SSL 协议

SSL（Secure Sockets Layer，安全套接层）协议，是用于提高应用程序之间数据传输安全性的一种协议，采用公有密钥和私有密钥两种加密方式进行加密，建立连接的过程中使用公有密钥，会话中使用私有密钥。

使用 SSL 协议时，消费者的支付信息首先会发往商家，商家再将信息转给银行，银行验证信息合法性后通知商家付款已完成，商家再通知消费者购买成功，并将商品配送给消费者。支付信息以公开密钥加密并传输，另一方收到信息后以专有密钥解密。SSL 协议可以保证消费者与商家之间信息传递的安全性。

但 SSL 协议还存在一定的缺陷：① 消费者的信息首先由商家查看，如果商家设法窃取了消费者的银行卡卡号等信息，消费者的资金安全便会受到威胁；② 支付信息在传输过程中存在被截取的可能性；③ 协议的基础是商家对消费者信息的保护，而消费者却无法确认商家的身份是否可靠。

2. SET 协议

SET（Secure Electronic Transaction，安全电子交易）协议，是由万事达和 Visa 两大信用卡组织提出的以信用卡为基础的电子支付系统规范。SET 协议使用公有密钥对信息传输双方进行电子认证，并对传输的信息进行加密，以确认信息的真实性及完整性。由此可以看出，电子认证服务机构是 SET 体系的重要组成部分。

SET 协议规定信用卡持卡人应当拥有电子签名认证证书，并用一个口令对证书、私有密钥、信用卡卡号及其他相关信息进行加密。这些信息与 SET 协议的相关软件组成了“SET 电子钱包”。

SSL 协议的运行流程如下：

➢ 支付初始化请求与响应

消费者使用 SET 协议进行支付时，SET 电子钱包会要求消费者输入口令，帮助商家确认消费者为合法的持卡人，消费者同时确认商家可以接受信用卡。

➢ 支付请求

消费者确认订单并发出支付指令时，支付指令中需要含有消费者的电子签名认证证书，确保商家无法获取消费者支付账户信息。支付网关负责对支付指令进行处理。

➢ 授权请求

商家收到订单后，发出包含消费者支付指令的授权请求的指令；收单行收到授权请求后，再前往发卡行进行信息确认。

➢ 授权响应

发卡行完成信息确认，收单行收到来自发卡行的批准后，通过支付网关将授权响应发送至商家。

➢ 支付响应

商家将购买成功的消息发送至消费者。

在 SET 交易中，电子认证服务机构需要向消费者、商家和支付网关发放电子签名认证证书，以确保三方主体都可以通过自己的电子签名对支付中产生的信息进行加密，在保护消费者银行卡信息和购物信息的同时，确保商家可以顺利收到消费者支付的货款。

SET 协议主要解决了以下问题：① 保证信息的安全传输；② 保证支付信息的私密性，如商家无法看到消费者的银行卡信息等；③ 支付各方可以对彼此的身份进行认证；④ 所有环节通过计算机和互联网进行，确保了电子商务交易的高效、实时。

与 SSL 协议相比，SET 协议的安全性更高，能够同时保障多方的利益，因此得到了

IBM、惠普、微软等大型跨国公司的支持。目前中国银行采用的是 SET 协议。

扩展阅读

NFC 支付

NFC 支付，是指手机等移动设备使用 NFC 射频通道实现与 POS 收款机或自动售货机等设备的本地通信，从而完成支付的一种新兴的移动支付方式。与扫描二维码相比，NFC 不需要打开特定的 App，也不需要耗费流量，只需将手机靠近电子终端便可完成支付，使用起来十分便捷，深受用户欢迎。

随着技术的逐步完善，NFC 目前已成为 4G 手机的标配。通过 NFC，我们不仅能够让手机“变身”银行卡，还能用手机打开小区门禁、乘坐公交车等。

NFC 技术的商业化涉及消费者、银行、通信运营商、手机制造商和线下商家等多个主体。随着载有 NFC 功能的移动终端的不断普及，NFC 的应用场景会更加多样化，发展前景也会更加广阔。

（资料来源：https://wiki.mbalib.com/wiki/NFC 支付，有改动）

课堂互动

电子支付的步骤是怎样的？其中涉及了哪些主体？这些主体分别有哪些需要注意的问题？

三、电子支付相关法律法规

（一）电子支付的申请

1. 对银行的要求

根据《电子支付指引（第一号）》及其他相关法律法规，从事电子支付业务的银行应遵守以下规定：

➢ 信息公示

办理电子支付业务的银行应公开披露以下信息：① 银行名称、营业地址及联系方式；② 客户办理电子支付业务的条件；③ 所提供的电子支付业务品种、操作程序和收费标准等；④ 电子支付交易品种可能存在的全部风险，包括该品种的操作风险、未采取的安全措施、无法采取安全措施的安全漏洞等；⑤ 客户使用电子支付交易品种可能产生的风险；⑥ 提醒客户妥善保管、使用或授权他人使用电子支付交易存取工具（如卡、密码、密钥、电子签名制作数据等）的警示性信息；⑦ 争议及差错处理方式。

《电子商务法》第五十三条第二款也做出了类似的规定：电子支付服务提供者为电子商务提供电子支付服务，应当遵守国家规定，告知用户电子支付服务的功能、使用方法、注意事项、相关风险和收费标准等事项，不得附加不合理交易条件。

➢ 签订合同

银行应认真审核客户申请办理电子支付业务的基本资料，并以书面或电子方式与客户签订协议。银行应按会计档案的管理要求妥善保存客户的申请资料，保存期限至该客户撤销电子支付业务后 5 年。

➢ 业务办理

银行为客户办理电子支付业务，应根据客户性质、电子支付类型、支付金额等，与客户约定适当的认证方式，如密码、密钥、数字证书、电子签名等。认证方式的约定和使用应遵循《电子签名法》等法律法规的规定。

2. 对客户办理支付业务的要求

➢ 开立银行账户

办理电子支付业务之前，首先需要按照《人民币银行结算账户管理办法》和《境内外汇账户管理规定》在银行开立结算账户。客户可以在其已开立的银行结算账户中指定办理电子支付业务的账户，该账户也可用于办理其他支付结算业务。客户未指定的银行结算账户不得办理电子支付业务。

➢ 签订合同的内容

《电子支付指引（第一号）》第十三条规定，客户与银行签订的电子支付协议应包括以下内容：① 客户指定办理电子支付业务的账户名称和账号；② 客户应保证办理电子支付业务账户的支付能力；③ 双方约定的电子支付类型、交易规则、认证方式等；④ 银行对客户提供的申请资料和其他信息的保密义务；⑤ 银行根据客户要求提供交易记录的时间和方式；⑥ 争议、差错处理和损害赔偿责任。

➢ 特殊情况的申请

《电子支付指引（第一号）》第十四条规定，有以下情形之一的，客户应及时向银行提出电子或书面申请：① 终止电子支付协议的；② 客户基本资料发生变更的；③ 约定的认证方式需要变更的；④ 有关电子支付业务资料、存取工具被盗或遗失的；⑤ 客户与银行约定的其他情形。

（二）电子支付指令的发起和接收

根据《电子支付指引（第一号）》及《电子商务法》的规定，发起和接收电子支付指令时，需要注意以下问题。

1. 电子支付指令的发起

客户应按照其与发起行的协议规定，发起电子支付指令。电子支付指令的发起行应建立必要的安全程序，对客户身份和电子支付指令进行确认，并形成日志文件等记录，保存至交易后5年。发起行应采取有效措施，在客户发出电子支付指令前，提示客户对指令的准确性和完整性进行确认。发起行应确保正确执行客户的电子支付指令，对电子支付指令进行确认后，应能够向客户提供纸质或电子交易回单。发起行执行通过安全程序的电子支付指令后，客户不得要求变更或撤销电子支付指令。

《电子商务法》第五十三条第三款规定，电子支付服务提供者应当向用户免费提供对账服务及最近3年的交易记录。

2. 电子支付指令的接收

电子支付指令需转换为纸质支付凭证的，其纸质支付凭证必须记载以下事项（具体格式由银行确定）：① 付款人开户行名称和签章；② 付款人名称、账号；③ 接收行名称；④ 收款人名称、账号；⑤ 大写金额和小写金额；⑥ 发起日期和交易序列号。

3. 电子支付指令的发起和接收要求

电子支付服务提供者应当确保电子支付指令的完整性、一致性、可跟踪稽核和不可篡改。电子支付服务提供者完成电子支付后，应当及时准确地向用户提供符合约定方式的确认支付的信息。

（三）电子支付的安全控制

根据《电子支付指引（第一号）》及《电子商务法》，对电子支付的安全控制包含如下内容。

1. 电子支付系统的安全

银行开展电子支付业务采用的信息安全标准、技术标准、业务标准等应当符合有关规定。银行应针对与电子支付业务活动相关的风险，建立有效的管理制度。

2. 电子支付的金额控制

银行应根据审慎性原则并针对不同客户，在电子支付类型、单笔支付金额和每日累计支付金额等方面做出合理限制。

银行通过互联网为个人客户办理电子支付业务，除采用数字证书、电子签名等安全认证方式外，单笔金额不应超过1 000元人民币，每日累计金额不应超过5 000元人民币。

银行为客户办理电子支付业务，单位客户从其银行结算账户支付给个人银行结算账户的款项，其单笔金额不得超过5万元人民币，但银行与客户通过协议约定，能够事先提供有效付款依据的除外。

银行应在客户的信用卡授信额度内，设定用于网上支付交易的额度供客户选择，但该额度不得超过信用卡的预借现金额度。

3. 电子支付的客户信息安全

银行应确保电子支付业务处理系统的安全性，保证重要交易数据的不可抵赖性、数据存储的完整性、客户身份的真实性，并妥善管理在电子支付业务处理系统中使用的密码、密钥等认证数据。银行使用客户资料、交易记录等，不得超出法律法规许可和客户授权的范围。银行应依法对客户的资料信息、交易记录等保密。除国家法律、行政法规另有规定外，银行应当拒绝除客户本人以外的任何单位或个人的查询。

4. 电子支付交易数据的控制

➢ 电子支付交易数据的完整性、可靠性

银行应采取必要措施保护电子支付交易数据的完整性和可靠性：

第一，制定相应的风险控制策略，防止电子支付业务处理系统发生有意或无意的危害数据完整性和可靠性的变化，并具备有效的业务容量、业务连续性计划和应急计划。

第二，保证电子支付交易与数据记录程序的设计发生擅自变更时能被有效侦测。

第三，有效防止电子支付交易数据在传送、处理、存储、使用和修改过程中被篡改，任何对电子支付交易数据的篡改能通过交易处理、监测和数据记录功能被侦测。

第四，按照会计档案管理的要求，对电子支付交易数据，以纸介质或磁性介质的方式进行妥善保存，保存期限为5年，并方便调阅。

电子支付服务提供者提供电子支付服务不符合国家有关支付安全管理要求，造成用户损失的，应当承担赔偿责任。

➢ 电子支付交易数据的保密性

银行应采取必要措施为电子支付交易数据保密：

第一，对电子支付交易数据的访问须经合理授权和确认。

第二，电子支付交易数据须以安全方式保存，并防止其在公共、私人或内部网络上传输时被擅自查看或非法截取。

第三，第三方获取电子支付交易数据必须符合有关法律法规的规定及银行关于数据使用和保护的标准与控制制度。

第四，对电子支付交易数据的访问均须登记，并确保该登记不被篡改。

（四）电子支付的差错处理

银行应妥善保管电子支付业务的交易记录，对电子支付业务的差错应详细备案登记，记录内容应包括差错时间、差错内容与处理部门及人员姓名、客户资料、差错影响或损失、差错原因、处理结果等。由于银行保管、使用不当，导致客户资料信息被泄露或篡改的，银行应采取有效措施防止因此对客户造成的损失，并及时通知和协助客户补救。

用户在发出支付指令前，应当核对支付指令所包含的金额、收款人等完整信息。用户应当妥善保管交易密码、电子签名数据等安全工具。用户发现安全工具遗失、被盗用或者未经授权的支付时，应当及时通知电子支付服务提供者。

未经授权的支付造成的损失，由电子支付服务提供者承担；电子支付服务提供者能够证明未经授权的支付是因用户的过错造成的，不承担责任。

电子支付服务提供者发现支付指令未经授权，或者收到用户支付指令未经授权的通知时，应当立即采取措施防止损失扩大。电子支付服务提供者未及时采取措施导致损失扩大的，对损失扩大部分承担责任。

经典案例

误登钓鱼网站　公司被骗 300 万元

“你的网银动态口令卡到期需要升级”，2013 年 6 月 22 日，永嘉某公司董事长康某收到了这样一条短信。康某信以为真，连忙让公司会计按照短信提示进入相关网站，输入网银账号和密码，完成了“网银升级”。不久，康某发现账户内的 300 万元余额不知何时已被人转走，连忙报警。温州警方全力侦查，终于破获了这起特大跨境职业性电信诈骗案。

2013 年 5 月份，黄某在互联网上架设了域名与官网极为相似的假冒的中国银行网站，并购买了银行卡、U 盾等作案工具，通过群发“网银动态口令卡到期需要升级”的短信，诱骗被害人登录自己的钓鱼网站，输入账号和密码进行所谓的“升级”，而林某等人则从网站后台获取被害人的账号和密码，登录中国银行官方网站，窃取被害人账户内的钱款。经公安机关查证，该团伙先后 14 次窃得他人钱款共计人民币 430 余万元。其中仅康某一人就被窃取 300 万元。

本案中，犯罪嫌疑人精心制作了难以辨别真伪的钓鱼网站，诱使被害人“主动”泄露自己的网银账号和密码，情节十分恶劣。网络诈骗层出不穷，需要政府相关部门及银行等金融机构出台更多更有效的措施来净化网络环境。

（资料来源：http://cs.zjol.com.cn/system/2014/06/12/020077775.shtml，有改动）

任务实施

了解国内外电子支付工具

以小组为单位，通过互联网查找相关资料，了解目前国内外都有哪些影响力较大的电子支付工具，以 PPT 展示的方式将搜集到的信息分享给全班同学。（可从以下几个角度进行信息的搜集：基本概况、支付方式、主要功能、优缺点等。）

任务评价

请根据表 4-1 对上述任务实施的结果进行评价。

表 4-1　任务实施评价表

评价内容	分值	自评分	小组评分	教师评分	实得分
掌握电子支付的基本流程	40				
能够借助互联网搜集所需信息	20				
小组成员间协作良好	20				
发表自己的观点时表达清晰，观点明确	20				

任务二　熟悉电子银行相关法律法规

引导案例

美国安全第一网络银行

1994 年 4 月，美国的三家银行联合在互联网上创建了美国安全第一网络银行（Security First Network Bank，以下简称 SFNB）。SFNB 是得到美国联邦银行管理机构批准的第一家在互联网上提供金融服务的银行，其前台业务在互联网上进行，后台处理集中在一个固定的地点，因而保证了银行业务的安全可靠。

1995 年 10 月，SFNB 正式在网上开业，凭借业务处理速度快、服务质量高、服务范围广的优势，短短几个月内便吸引了近千万人上网浏览。看到了互联网带来的红利后，其他银行也纷纷效仿，开设起了网络银行业务，一时间形成了一股巨大的风潮，并渐渐蔓延至全世界。

美国安全第一网络银行提供的主要产品与服务包括基本电子支票业务、利息支票业务、信用卡与基本储蓄业务、大额可转让证券业务等。

（资料来源：https://wiki.mbalib.com/wiki/美国安全第一网络银行，有改动）

想一想：什么是网络银行？它与传统银行有哪些不同？

一、电子银行的定义

电子银行也称网络银行、在线银行，是利用互联网向客户提供信息查询、支付结算、信贷、投资理财等金融服务的一种银行。《电子银行业务管理办法》第二条规定，电子银行业务，是指商业银行等银行业金融机构利用面向社会公众开放的通信通道或开放型公众网络，以及银行为特定自助服务设施或客户建立的专用网络，向客户提供的银行服务。

电子银行的业务分为以下四种：① 网上银行业务，即利用计算机和互联网开展的银行业务；② 电话银行业务，即利用电话等声讯设备和电信网络开展的银行业务；③ 手机银行业务，利用移动电话和无线网络开展的银行业务；④ 其他利用电子服务设备和网络，由客户通过自助服务方式完成金融交易的银行业务。

二、电子银行的准入制度

（一）电子银行的设立条件

根据《电子银行业务管理办法》的相关规定，经中国银行业监督管理委员会（现为“中国银行保险监督管理委员会”，以下简称中国银保监会）批准，金融机构可以在中华人民共和国境内开办电子银行业务，向中华人民共和国境内企业、居民等客户提供电子银行服务，也可按照有关规定开展跨境电子银行服务。

➢ 金融机构开办电子银行业务应当具备的条件

第一，金融机构的经营活动正常，建立了较为完善的风险管理体系和内部控制制度，在申请开办电子银行业务的前一年内，金融机构的主要信息管理系统和业务处理系统没有发生过重大事故。

第二，制定了电子银行业务的总体发展战略、发展规划和电子银行安全策略，建立了电子银行业务风险管理的组织体系和制度体系。

第三，按照电子银行业务发展规划和安全策略，建立了电子银行业务运营的基础设施和系统，并对相关设施和系统进行了必要的安全检测和业务测试。

第四，对电子银行业务风险管理情况和业务运营设施与系统等，进行了符合监管要求的安全评估。

第五，建立了明确的电子银行业务管理部门，配备了合格的管理人员和技术人员。

第六，中国银保监会要求的其他条件。

➢ 金融机构开办网上银行业务应当具备的条件

金融机构开办以互联网为媒介的网上银行业务、手机银行业务等电子银行业务，除应具备开办电子银行业务的条件外，还应具备以下条件：

第一，电子银行基础设施设备能够保障电子银行的正常运行。

第二，电子银行系统具备必要的业务处理能力，能够满足客户适时业务处理的需要。

第三，建立了有效的外部攻击侦测机制。

第四，中资银行业金融机构的电子银行业务运营系统和业务处理服务器设置在中华人民共和国境内。

➢ 外资金融机构开办电子银行业务应当具备的条件

外资金融机构的电子银行业务运营系统和业务处理服务器可以设置在中华人民共和国境内或境外。设置在境外时，应在中华人民共和国境内设置可以记录和保存业务交易数据的设施设备，能够满足金融监管部门现场检查的要求，在出现法律纠纷时，能够满足中国司法机构调查取证的要求。

（二）电子银行业务的审批制和报告制

根据《电子银行业务管理办法》的相关规定，金融机构申请开办电子银行业务，根据电子银行业务的不同类型，分别适用审批制和报告制。

1. 审批制

审批制，是指金融机构开办电子银行业务时，需要向中国银保监会或其派出机构申请，并提供相关的文件、资料，经审核批准后才能够从事相关业务。

利用互联网等开放性网络或无线网络开办的电子银行业务，包括网上银行、手机银行和利用掌上电脑等个人数据辅助设备开办的电子银行业务，适用审批制。

金融机构增加或者变更以下电子银行业务类型，适用审批制：① 有关法律法规和行政规章规定需要审批但金融机构尚未申请批准，并准备利用电子银行开办的；② 金融机构将已获批准的业务应用于电子银行时，需要与证券业、保险业相关机构进行直接实时数据交换才能实施的；③ 金融机构之间通过互联电子银行平台联合开展的；④ 提供跨境电子银行服务的。

2．报告制

报告制，是指金融机构开办电子银行业务时，不需要提出申请、等待审批，但应当在开办业务前 1 个月，将相关文件、资料报送中国银保监会或其派出机构。

利用境内或地区性电信网络、有线网络等开办的电子银行业务，适用报告制；利用银行为特定自助服务设施或与客户建立的专用网络开办的电子银行业务，法律法规和行政规章另有规定的遵照其规定，没有规定的适用报告制。

（三）电子银行业务的办理

1．申请开办电子银行业务

金融机构向中国银保监会或其派出机构申请开办电子银行业务，应提交以下文件、资料（一式三份）：① 由金融机构法定代表人签署的开办电子银行业务的申请报告；② 拟申请的电子银行业务类型及拟开展的业务种类；③ 电子银行业务发展规划；④ 电子银行业务运营设施与技术系统介绍；⑤ 电子银行业务系统测试报告；⑥ 电子银行安全评估报告；⑦ 电子银行业务运行应急计划和业务连续性计划；⑧ 电子银行业务风险管理体系及相应的规章制度；⑨ 电子银行业务的管理部门、管理职责，以及主要负责人介绍；⑩ 申请单位联系人及联系电话、传真、电子邮件信箱等联系方式；⑪ 中国银保监会要求提供的其他文件和资料。

开办适用报告制的电子银行业务，不需要申请，但需要参照以上内容向中国银保监会或其派出机构提交相关资料。

2．增加或变更需要审批的电子银行业务

金融机构增加或变更需要审批的电子银行业务类型，应向中国银保监会或其派出机构报送以下文件和资料（一式三份）：① 由金融机构法定代表人签署的增加或变更业务类型的申请；② 拟增加或变更业务类型的定义和操作流程；③ 拟增加或变更业务类型的风险特征和防范措施；④ 有关管理规章制度；⑤ 申请单位联系人及联系电话、传真、电子邮件信箱等联系方式；⑥ 中国银保监会要求提供的其他文件和资料。

其他电子银行业务类型适用报告制，应参照以上内容向中国银保监会或其派出机构提交相关资料。

相关法规

中国香港地区对《虚拟银行的认可》指引的修订

香港金融管理局（以下简称金管局）于2017年9月公布一系列措施，推动中国香港迈向“智慧银行新纪元”，其中一项措施就是在中国香港引入虚拟银行，并检视在2000年首次发出的《虚拟银行的认可》指引。金管局欢迎在中国香港设立虚拟银行，相信虚拟银行的发展可推动中国香港的金融科技和创新，并能为银行客户提供新体验。

金管局认为，2000 年制定的指引的基本原则依然合适，当中包括虚拟银行应提出具体及可信的业务计划、妥善管理虚拟银行业务涉及的风险、公平待客，以及维持与虚拟银行的性质和营运规模相称的充足资本。

然而，指引的一些内容仍需因现今的情况作出若干更新或修订，包括：

第一，银行、金融机构及科技公司均可申请在中国香港持有和经营虚拟银行。

第二，虚拟银行提供银行服务时，应在促进普及金融方面扮演积极角色。虽然虚拟银行不设立实体分行，但可以设立客户支援中心。它们应顾及个人或中小企客户的需要，故此不应设立最低户口结余要求或征收低户口结余收费。

第三，由于虚拟银行主要从事零售业务，所以应以本地注册银行形式经营。这与现有对经营零售银行业务银行的处理一致。

第四，虚拟银行须遵守适用于传统银行的同一套监管原则及主要规定，部分规定需根据虚拟银行的商业模式作出适当调整。

第五，鉴于虚拟银行在中国香港是新的营运模式，虚拟银行要在申请时提交退场计划，万一结束业务时，能有秩序地进行。

（资料来源：https://www.hkma.gov.hk/gb_chi/key-information/press-releases/2018/20180206-4.shtml）

三、电子银行的监督管理

（一）电子银行的风险管理

1. 电子银行的安全评估

《电子银行业务管理办法》第三十六条规定，金融机构应当针对电子银行不同系统、风险设施、信息和其他资源的重要性及其对电子银行安全的影响进行评估分类，制定适当的安全策略，建立健全风险控制程序和安全操作规程，采取相应的安全管理措施。对各类安全控制措施应定期检查、测试，并根据实际情况适时调整，保证安全措施的持续有效和及时更新。

《电子银行安全评估指引》对电子银行的安全评估进行了更为详尽的说明。电子银行的安全评估，是指金融机构在开展电子银行业务过程中，对电子银行的安全策略、内控制度、风险管理、系统安全、客户保护等方面进行的安全测试和管控能力的考察与评价。开展电子银行业务的金融机构，应根据其电子银行发展和管理的需要，至少每两年对电子银行进行一次全面的安全评估。金融机构应建立电子银行安全评估的规章制度体系和工作规程，保证电子银行安全评估能够及时、客观地得以实施。金融机构的电子银行安全评估，应接受中国银保监会的监督指导。

2. 电子银行的安全控制

《电子银行业务管理办法》第三十七条规定，金融机构应当保障电子银行运营设施设备及安全控制设施设备的安全，对电子银行的重要设施设备和数据，采取适当的保护措施。

第一，有形场所的物理安全控制，必须符合国家有关法律法规和安全标准的要求，对尚没有统一安全标准的有形场所的安全控制，金融机构应确保其制定的安全制度有效地覆盖可能面临的主要风险。

第二，以开放型网络为媒介的电子银行系统，应合理设置和使用防火墙、防病毒软件等安全产品与技术，确保电子银行有足够的反攻击能力、防病毒能力和入侵防护能力。

第三，对重要设施设备的接触、检查、维修和应急处理，应有明确的权限界定、责任划分和操作流程，并建立日志文件管理制度，如实记录并妥善保管相关记录。

第四，对重要技术参数，应严格控制接触权限，并建立相应的技术参数调整与变更机制，并保证在更换关键人员后，能够有效防止有关技术参数的泄漏。

第五，对电子银行管理的关键岗位和关键人员，应实行轮岗和强制性休假制度，建立严格的内部监督管理制度。

3. 用户身份验证管理

中国银保监会《关于做好网上银行风险管理和服务的通知》中规定，各商业银行应对所有网上银行高风险账户操作统一使用双重身份认证。双重身份认证由基本身份认证和附加身份认证组成。基本身份认证是指网上银行用户知晓并使用，预先注册在银行的本人用户名及口令/密码；附加身份认证是指网上银行用户持有、保管并使用可实现其他身份认证方式的信息（物理介质或电子设备等）。附加身份认证信息应不易被复制、修改和破解。

课堂互动

查看自己正在使用的网银手机 App，谈一谈 App 中的哪些功能体现了对用户信息安全及支付安全的保护。

（二）电子银行的数据交换与转移管理

根据《电子银行业务管理办法》的相关规定，电子银行业务的数据交换与转移，是指金融机构根据业务发展和管理的需要，利用电子银行平台与外部组织或机构相互交换电子银行业务信息和数据，或者将有关电子银行业务数据转移至外部组织或机构的活动。

金融机构根据业务发展需要，可以与其他开展电子银行业务的金融机构建立电子银行系统数据交换机制，实现电子银行业务平台的直接连接，进行境内实时信息交换和跨行资金转移。金融机构在确保电子银行业务数据安全并被恰当使用的情况下，可以向非金融机构转移部分电子银行业务数据。

金融机构可以为电子商务经营者提供网上支付平台。为电子商务提供网上支付平台时，金融机构应严格审查合作对象，签订书面合作协议，建立有效监督机制，防范不法机构或人员利用电子银行支付平台从事违法资金转移或其他非法活动。

（三）电子银行的业务外包管理

根据《电子银行业务管理办法》的相关规定，电子银行业务外包，是指金融机构将电子银行部分系统的开发、建设，电子银行业务的部分服务与技术支持，电子银行系统的维护等专业化程度较高的业务工作，委托给外部专业机构承担的活动。

金融机构在进行电子银行业务外包时，应根据实际需要，合理确定外包的原则和范围，认真分析评估业务外包潜在的风险，建立健全有关规章制度，制定相应的风险防范措施。

金融机构在选择电子银行业务外包服务供应商时，应充分审查、评估外包服务供应商的经营状况、财务状况和实际风险控制与责任承担能力，进行必要的尽职调查。

金融机构应当与外包服务供应商签订书面合同，明确双方的权利、义务。在合同中，应明确规定外包服务供应商的保密义务、保密责任。

（四）电子银行的跨境业务管理

根据《电子银行业务管理办法》的相关规定，电子银行的跨境业务活动，是指开办电子银行业务的金融机构利用境内的电子银行系统，向境外居民或企业提供的电子银行服务活动。金融机构的境内客户在境外使用电子银行服务，不属于跨境业务活动。

金融机构提供跨境电子银行服务，除应遵守中国法律法规和外汇管理政策等规定外，还应遵守境外居民所在国家（地区）的法律规定。境外电子银行监管部门对跨境电子银行业务要求审批的，金融机构在提供跨境业务活动之前，应获得境外电子银行监管部门的批准。金融机构向客户提供跨境电子银行服务，必须签订相关服务协议。金融机构与客户的服务协议文本，应当使用中文和客户所在国家或地区（或客户同意的其他国语言）两种文字，两种文字的文本应具有同等法律效力。

（五）电子银行的法律责任

根据《电子银行业务管理办法》的相关规定，金融机构在提供电子银行服务时，因电子银行系统存在安全隐患、金融机构内部违规操作和其他非客户原因等造成损失的，金融机构应当承担相应责任。因客户有意泄漏交易密码，或者未按照服务协议尽到应尽的安全防范与保密义务造成损失的，金融机构可以根据服务协议的约定免于承担相应责任，但法律法规另有规定的除外。

金融机构未经批准擅自开办电子银行业务，或者未经批准增加或变更需要审批的电子银行业务类型，造成客户损失的，金融机构应承担全部责任。法律法规明确规定应由客户承担的责任除外。

金融机构已经按照有关法律法规和行政规章的要求，尽到了电子银行风险管理和安全管理的相应职责，但因其他金融机构或者其他金融机构的外包服务商失职等原因，造成客户损失的，由其他金融机构承担相应责任，但提供电子银行服务的金融机构有义务协助其客户处理有关事宜。

金融机构开展电子银行业务违反审慎经营规则但尚不构成违法违规，并导致电子银行系统存在较大安全隐患的，中国银保监会将责令限期改正；逾期未改正，或者其安全隐患在短时间难以解决的，中国银保监会可以区别情形，采取下列措施：① 暂停批准增加新的电子银行业务类型；② 责令金融机构限制发展新的电子银行客户；③ 责令调整电子银行管理部门负责人。

经典案例

我国首例网银被盗案

2002 年 10 月，洪某在中国农业银行永嘉县支行罗浮营业所申办了一张借记卡。2005 年 2 月 2 日，洪某收到银行发来的余额提醒短信，短信中显示借记卡内被人取走了 102 500 元，洪某立即向警方报警。经警方调查，2004 年 11 月 22 日，有人以洪某的名义持假身份证在中国农业银行温州市分行开通了网上银行业务，获取了网上银行的客户证书及网上银行密码。注册成功后，此人于 2005 年 2 月 2 日通过网上银行成功将洪某借记卡内的 10 万余元资金分两笔转划至他人账户并取现。另经查明，洪某曾因业务需要将借记卡的密码告诉过他人。

法院认为，银行未能认真核实办理网上银行注册人提供资料的真实性，导致犯罪分子获取了进入网上银行的客户证书和网上银行的密码，该违规失职行为与洪某存款被犯罪分子冒领有着直接关系。据此，法院判决中国农业银行永嘉县支行赔偿洪某存款 102 500 元，并支付利息。

评析：本案中，中国农业银行永嘉县支行未能认真核实办理网上银行注册人的身份，向并非持卡人本人的注册人开通了相关业务，使客户银行账户的安全受到了严重的威胁。根据《电子银行业务管理办法》的相关规定，金融机构在提供电子银行服务时，因电子银行系统存在安全隐患、金融机构内部违规操作和其他非客户原因等造成损失的，金融机构应当承担相应责任。

（资料来源：http://hi.people.com.cn/2006/08/02/252590.html，有改动）

任务实施

案例分析：银行卡信息被盗　谁来赔偿？

李某在中国银行办理了一张银行卡，银行卡从未离身。一天，李某持银行卡在工商银行 ATM 机上取款时，卡内信息被赵某非法安装在 ATM 机上的读卡器和摄像头盗取了，赵某用李某的银行卡偷偷消费了 9 万余元。

李某认为，虽然工商银行 ATM 机上的不法设备是导致自己的银行卡信息被盗的直接原因，但自己使用的银行卡为中国银行签发，作为储蓄合同的当事人，中国银行有义务为李某账户中的资金提供安全保障，防范银行卡信息被盗，因此应当由中国银行和工商银行共同承担赔偿责任。但中国银行认为，自己在履行义务过程中并不存在过错，李某的损失应由工商银行来赔偿。

以小组为单位对案例内容进行讨论，并结合所学知识回答下列问题：

（1）工商银行在电子银行的风险管理方面违反了什么规定？

（2）李某的损失应由哪个银行承担？为什么？

（3）过错银行应当承担怎样的法律责任？

任务评价

请根据表 4-2 对上述任务实施的结果进行评价。

表 4-2　任务实施评价表

评价内容	分值	自评分	小组评分	教师评分	实得分
能够掌握电子银行监督管理的相关规章制度	40				
能够灵活运用所学知识对现实事件进行分析	40				
小组成员间协作良好	20				

任务三　理解第三方电子支付相关法律法规

引导案例

微信、支付宝启动高速公路过路费无感支付

近年来，随着科技的快速发展，移动支付早已成为人们日常购物时的首选，无论是高档餐厅还是路边小店，处处都可以看到微信和支付宝的身影。

当你还在惊叹手机二维码为生活带来的改变时，微信、支付宝已经开始让支付脱离了智能手机。2018年3月，微信、支付宝同时宣布启动高速公路过路费的“无感”支付。“无感”支付不仅不需要使用现金，甚至不需要车主拿出手机：只要芝麻信用分550分以上，便可以把车辆与支付宝账户绑定，当车辆驶下高速时，系统会自动识别车牌并从支付宝中扣费；微信支付的使用方法也是一样的，把车辆与微信账户绑定，再开通免密支付，扣费后车主还会收到已扣费的短信提醒。

（资料来源：https://tech.qq.com/a/20180324/015710.htm，有改动）

想一想：微信和支付宝属于第三方电子支付吗？你在日常生活中使用第三方电子支付购买过哪些商品或服务？

一、第三方电子支付的定义

第三方电子支付，是指收款人或付款人通过计算机、移动终端等电子设备，依托公共网络信息系统远程发起支付指令，且付款人电子设备不与收款人特定专属设备交互，由第三方电子支付机构为收付款人提供货币资金转移服务的活动。收款人特定专属设备，是指专门用于交易收款，在交易过程中与支付机构业务系统交互并参与生成、传输、处理支付指令的电子设备。第三方电子支付机构，是指依法取得《支付业务许可证》，获准办理互联网支付、移动电话支付、固定电话支付、数字电视支付等网络支付业务的非银行机构。

二、第三方电子支付机构的设立

1. 申请许可证

《非金融机构支付服务管理办法》第三条规定，非金融机构提供支付服务，应当依据本办法规定取得《支付业务许可证》，成为支付机构。支付机构依法接受中国人民银行的监督管理。未经中国人民银行批准，任何非金融机构和个人不得从事或变相从事支付业务。

第七条规定，中国人民银行负责《支付业务许可证》的颁发和管理。申请《支付业务许可证》的，需经所在地中国人民银行分支机构审查后，报中国人民银行批准。本办法所称中国人民银行分支机构，是指中国人民银行副省级城市中心支行以上的分支机构。

2. 申请人条件

《非金融机构支付服务管理办法》及《非金融机构支付服务管理办法实施细则》规定，《支付业务许可证》的申请人应当具备以下条件：

第一，在中国境内依法设立的有限责任公司或股份有限公司，且为非金融机构法人。

第二，有符合规定的注册资本最低限额。申请人拟在全国范围内从事支付业务，注册资本最低限额为1亿元人民币；拟在省（自治区、直辖市）范围内从事支付业务，注册资本最低限额为3 000万元人民币。注册资本最低限额为实缴货币资本。中国人民银行根据国家有关法律法规和政策规定，调整申请人的注册资本最低限额。外商投资支付机构的业务范围、境外出资人的资格条件和出资比例等，由中国人民银行另行规定，报国务院批准。

第三，有符合规定的出资人。申请人的主要出资人应当符合以下条件：① 为依法设立的有限责任公司或股份有限公司；② 截至申请日，连续为金融机构提供信息处理支持服务2年以上，或连续为电子商务活动提供信息处理支持服务2年以上；③ 截至申请日，连续盈利 2 年以上；④ 最近 3 年内未因利用支付业务实施违法犯罪活动或为违法犯罪活动办理支付业务等受过处罚。上述所称主要出资人，包括拥有申请人实际控制权的出资人和持有申请人 10%以上股权的出资人。

第四，有 5 名以上熟悉支付业务的高级管理人员。5 名以上熟悉支付业务的高级管理人员，是指申请人的高级管理人员中至少有 5 名人员具备下列条件：① 具有大学本科以上学历或具有会计、经济、金融、计算机、电子通信、信息安全等专业的中级技术职称；② 从事支付结算业务或金融信息处理业务 2 年以上或从事会计、经济、金融、计算机、电子通信、信息安全工作3年以上。上述所称高级管理人员，包括总经理、副总经理、财务负责人、技术负责人或实际履行上述职责的人员。

第五，有符合要求的反洗钱措施。反洗钱措施包括反洗钱内部控制、客户身份识别、可疑交易报告、客户身份资料和交易记录保存等预防金融犯罪活动的措施。

第六，有符合要求的支付业务设施。支付业务设施包括支付业务处理系统、网络通信系统及容纳上述系统的专用机房。

第七，有健全的组织机构、内部控制制度和风险管理措施。组织机构包括具有合规管理、风险管理、资金管理和系统运行维护职能的部门。

第八，有符合要求的营业场所和安全保障措施。

第九，申请人及其高级管理人员最近3年内未因利用支付业务实施违法犯罪活动或为违法犯罪活动办理支付业务等受过处罚。

3. 提交文件、资料

《非金融机构支付服务管理办法》第十一条规定，申请人应当向所在地中国人民银行分支机构提交下列文件、资料：① 书面申请，载明申请人的名称、住所、注册资本、组织机构设置、拟申请支付业务等；② 公司营业执照（副本）复印件；③ 公司章程；④ 验资证明；⑤ 经会计师事务所审计的财务会计报告；⑥ 支付业务可行性研究报告；⑦ 反洗钱措施验收材料；⑧ 技术安全检测认证证明；⑨ 高级管理人员的履历材料；⑩ 申请人及其高级管理人员的无犯罪记录证明材料；⑪ 主要出资人的相关材料；⑫ 申请资料真实性声明。

4. 信息公示

《非金融机构支付服务管理办法》第十二条规定，申请人应当在收到受理通知后按规定公告下列事项：① 申请人的注册资本及股权结构；② 主要出资人的名单、持股比例及其财务状况；③ 拟申请的支付业务；④ 申请人的营业场所；⑤ 支付业务设施的技术安全检测认证证明。

5. 审查批准

《非金融机构支付服务管理办法》第十三条、第十四条规定，中国人民银行分支机构依法受理符合要求的各项申请，并将初审意见和申请资料报送中国人民银行。中国人民银行审查批准的，依法颁发《支付业务许可证》，并予以公告。《支付业务许可证》自颁发之日起，有效期 5 年。支付机构拟于《支付业务许可证》期满后继续从事支付业务的，应当在期满前 6 个月内向所在地中国人民银行分支机构提出续展申请。中国人民银行准予续展的，每次续展的有效期为 5 年。

支付机构变更下列事项之一的，应当在向公司登记机关申请变更登记前报中国人民银行同意：① 变更公司名称、注册资本或组织形式；② 变更主要出资人；③ 合并或分立；④ 调整业务类型或改变业务覆盖范围。

扩展阅读

我国多家第三方支付机构

● 支付宝

支付宝是国内知名的第三方支付平台，除提供便捷的支付、转账、收款等基础功能外，还能够提供信用卡还款、充话费、缴水电煤费等生活服务。

● 微信支付

微信支付是集成在微信客户端的支付功能，以绑定银行卡的快捷支付为基础，向用户提供安全、快捷、高效的支付服务。

●银联商务

银联商务是专门从事银行卡受理市场建设和提供综合支付服务的机构，也是国内最大的银行卡专业化服务机构，主要产品有云闪付、金融 POS 收单等。

●银联在线

银联在线是一家互联网业务综合商务门户网站，为银联卡持卡人提供通信缴费、信用卡还款、跨行转账、机票预订、理财和购物等互联网金融支付服务。

●快钱

快钱是一家独立第三方支付企业，产品有人民币支付、外卡支付、神州行卡及联通充值卡支付、VPOS 支付等，支持互联网、手机、电话和 POS 机等多个终端。

●壹钱包

壹钱包是中国平安保险（集团）股份有限公司旗下品牌，提供互联网支付、移动支付等服务，涵盖理财、保障、生活、消费等领域，产品有壹钱包理财、活钱宝等。

●拉卡拉

拉卡拉是中国最大的便民金融服务平台，通过推出智能 POS、收款宝等终端产品，实现全场景终端产品布局。

●汇付天下

汇付天下是支付和金融科技服务提供商，支付服务包括 POS、互联网支付、移动支付、移动 POS 及跨境支付；金融服务包括金融科技 SaaS 及数据驱动的增值服务。

●易宝支付

易宝支付拥有网上支付、非银行卡支付、信用卡无卡支付、POS、一键支付等产品，并为数字娱乐、旅游、电信、教育、保险、基金、电商物流等行业提供解决方案。

●京东支付

京东支付是由京东金融旗下网银在线开发，针对移动互联网市场推出的兼容 PC、无线端、POS 机、码支付、NFC 闪付等主流环境的跨平台支付产品。

（资料来源：https://www.chinapp.com/paihang/disanfangzhifu，有改动）

三、第三方电子支付机构的业务管理

1. 业务范围

《非金融机构支付服务管理办法》第十七条规定，支付机构应当按照《支付业务许可证》核准的业务范围从事经营活动，不得从事核准范围之外的业务，不得将业务外包。支付机构不得转让、出租、出借《支付业务许可证》。

2. 制订相关制度

《非金融机构支付服务管理办法》第十八条、第十九条规定，支付机构应当按照审慎经营的要求，制订支付业务办法及客户权益保障措施，建立健全风险管理和内部控制制度，并报所在地中国人民银行分支机构备案。支付机构应当确定支付业务的收费项目和收费标准，并报所在地中国人民银行分支机构备案。支付机构应当公开披露其支付业务的收费项目和收费标准。

3. 建立客户身份识别机制

《非银行支付机构网络支付业务管理办法》第六条规定，支付机构应当遵循“了解你的客户”原则，建立健全客户身份识别机制。为客户开立支付账户，应对客户实行实名制管理，登记并采取有效措施验证客户身份基本信息，按规定核对有效身份证件并留存有效身份证件复印件或影印件，建立客户唯一识别编码，并在与客户业务关系存续期间采取持续的身份识别措施，确保有效核实客户身份及其真实意愿，不得开立匿名、假名支付账户。

4. 信息披露

《非金融机构支付服务管理办法》第十九条第二款规定，支付机构应于每年 1 月 31 日前，将前一年度发生的风险事件、客户风险损失发生和赔付等情况在网站对外公告。支付机构应在年度监管报告中如实反映上述内容和风险准备金计提、使用及结余等情况。第二十八条第三款规定，支付机构应当于每年 1 月 31 日前，将前一年度发生的客户投诉数量和类型、处理完毕的投诉占比、投诉处理速度等情况在网站对外公告。

5. 签订支付服务协议

《非银行支付机构网络支付业务管理办法》中规定，支付机构应与客户签订服务协议，约定双方责任、权利和义务，至少明确业务规则（包括但不限于业务功能和流程、身份识别和交易验证方式、资金结算方式等），收费项目和标准，查询、差错争议及投诉等服务流程和规则，业务风险和非法活动防范及处置措施，客户损失责任划分和赔付规则等内容。支付机构为客户开立支付账户，还应在服务协议中以显著方式告知客户，并采取有效方式确认客户充分知晓并理解下列内容：“支付账户所记录的资金余额不同于客户本人的银行存款，不受《存款保险条例》保护，其实质为客户委托支付机构保管的、所有权归属于客户的预付价值。该预付价值对应的货币资金虽然属于客户，但不以客户本人名义存放在银行，而是以支付机构名义存放在银行，并且由支付机构向银行发起资金调拨指令。”支付机构应确保协议内容清晰、易懂，并以显著方式提示客户注意与其有重大利害关系的事项。

获得互联网支付业务许可的支付机构，经客户主动提出申请，可为其开立支付账户；仅获得移动电话支付、固定电话支付、数字电视支付业务许可的支付机构，不得为客户开立支付账户。支付机构不得为金融机构，以及从事信贷、融资、理财、担保、信托、货币兑换等金融业务的其他机构开立支付账户。

课堂互动

你认为第三方电子支付机构存在哪些方面的风险？应该如何进行防范？

四、第三方电子支付机构的风险管理

《非银行支付机构网络支付业务管理办法》对第三方电子支付机构的风险管理做出了以下规定。

1. 客户风险评级管理制度

支付机构应综合客户类型、身份核实方式、交易行为特征、资信状况等因素，建立客户风险评级管理制度和机制，动态调整客户风险评级及相关风险控制措施。支付机构应根据客户风险评级、交易验证方式、交易渠道、交易终端或接口类型、交易类型、交易金额、交易时间、商户类别等因素，建立交易风险管理制度和交易监测系统，对疑似欺诈、套现、洗钱、非法融资、恐怖融资等交易，及时采取调查核实、延迟结算、终止服务等措施。

生物识别技术引领电子支付变革

2. 风险警示

支付机构应当向客户充分提示网络支付业务的潜在风险，及时揭示不法分子新型作案手段，对客户进行必要的安全教育，并对高风险业务在操作前、操作中进行风险警示。支付机构为客户购买合作机构的金融类产品提供网络支付服务的，应当确保合作机构为取得相应经营资质并依法开展业务的机构，并在首次购买时向客户展示合作机构信息和产品信息，充分提示相关责任、权利、义务及潜在风险，协助客户与合作机构完成协议签订。

3. 客户信息保护

支付机构应当依照中国人民银行有关客户信息保护的规定，制定有效的客户信息保护措施和风险控制机制，履行客户信息保护责任。支付机构不得存储客户银行卡的磁道信息或芯片信息、验证码、密码等敏感信息，原则上不得存储银行卡有效期。因特殊业务需要，支付机构确需存储客户银行卡有效期的，应当取得客户和开户银行的授权，以加密形式存储。支付机构应当以“最小化”原则采集、使用、存储和传输客户信息，并告知客户相关信息的使用目的和范围。支付机构不得向其他机构或个人提供客户信息，法律法规另有规定及经客户本人逐项确认并授权的除外。

支付机构应通过协议约定禁止特约商户存储客户银行卡的磁道信息或芯片、验证码、有效期、密码等敏感信息，并采取定期检查、技术监测等必要监督措施。特约商户违反协议约定存储上述敏感信息的，支付机构应当立即暂停或者终止为其提供网络支付服务，采取有效措施删除敏感信息、防止信息泄露，并依法承担因相关信息泄露造成的损失和责任。

支付机构可以组合选用下列三类要素，对客户使用支付账户余额付款的交易进行验证：① 仅客户本人知悉的要素，如静态密码等；② 仅客户本人持有并特有的，不可复制或者不可重复利用的要素，如经过安全认证的数字证书、电子签名，以及通过安全渠道生成和传输的一次性密码等；③ 客户本人生理特征要素，如指纹等。支付机构应当确保采用的要素相互独立，部分要素的损坏或者泄露不应导致其他要素损坏或者泄露。

4．交易限额管理

支付机构应根据交易验证方式的安全级别，按照下列要求对个人客户使用支付账户余额付款的交易进行限额管理：① 支付机构采用包括数字证书或电子签名在内的两类（含）以上有效要素进行验证的交易，单日累计限额由支付机构与客户通过协议自主约定；② 支付机构采用不包括数字证书、电子签名在内的两类（含）以上有效要素进行验证的交易，单个客户所有支付账户单日累计金额应不超过 5 000 元（不包括支付账户向客户本人同名银行账户转账）；③ 支付机构采用不足两类有效要素进行验证的交易，单个客户所有支付账户单日累计金额应不超过 1 000 元（不包括支付账户向客户本人同名银行账户转账），且支付机构应当承诺无条件全额承担此类交易的风险损失赔付责任。

相关法规

《条码支付业务规范（试行）》中与风险管理相关的规定

为规范条码（二维码）支付业务，保护消费者合法权益，促进条码支付业务健康发展，中国人民银行在 2017 年颁布了《条码支付业务规范（试行）》。

第三十五条　银行、支付机构应建立特约商户风险评级制度，综合考虑特约商户的区域和行业特征、经营规模、财务和资信状况等因素，对特约商户进行风险评级。

第三十九条　银行、支付机构应制定突发事件应急预案，建立灾难备份系统，确保条码支付业务的连续性和业务系统安全运行。

第四十一条　银行、支付机构应确保客户身份或账户信息安全，防止泄露，并根据收付款不同业务场景设置条码有效性和使用次数。

第四十二条　银行、支付机构应建立条码支付交易风险监测体系，及时发现可疑交易，并采取阻断交易、联系客户核实交易等方式防范交易风险。

第四十三条　银行、支付机构发现特约商户发生疑似套现、洗钱、恐怖融资、欺诈、留存或泄露账户信息等风险事件的，应对特约商户采取延迟资金结算、暂停交易、冻结账户等措施，并承担因未采取措施导致的风险损失责任；发现涉嫌违法犯罪活动的，应及时向公安机关报案。

（资料来源：http://www.pbc.gov.cn/goutongjiaoliu/113456/113469/3450002/index.html）

五、第三方电子支付机构的分类监管

中国人民银行可以结合支付机构的企业资质、风险管控特别是客户备付金管理等因素，确立支付机构分类监管指标体系，建立持续分类评价工作机制，并对支付机构实施动态分类管理。

（一）分类标准

根据《非银行支付机构网络支付业务管理办法》，个人支付账户分为以下三类。

1．Ⅰ类支付账户

对于以非面对面方式通过至少1个合法安全的外部渠道进行身份基本信息验证，且为首次在本机构开立支付账户的个人客户，支付机构可以为其开立Ⅰ类支付账户，账户余额仅可用于消费和转账，余额付款交易自账户开立起累计不超过1 000元（包括支付账户向客户本人同名银行账户转账）。

2．Ⅱ类支付账户

对于支付机构自主或委托合作机构以面对面方式核实身份的个人客户，或以非面对面方式通过至少3个合法安全的外部渠道进行身份基本信息多重交叉验证的个人客户，支付机构可以为其开立Ⅱ类支付账户，账户余额仅可用于消费和转账，其所有支付账户的余额付款交易年累计不超过10万元。

3．Ⅲ类支付账户

对于支付机构自主或委托合作机构以面对面方式核实身份的个人客户，或以非面对面方式通过至少5个合法安全的外部渠道进行身份基本信息多重交叉验证的个人客户，支付机构可以为其开立Ⅲ类支付账户，账户余额可以用于消费、转账及购买投资理财等金融类产品，其所有支付账户的余额付款交易年累计不超过20万元。

上述额度均不包括支付账户向客户本人同名银行账户转账。支付机构办理银行账户与支付账户之间转账业务的，相关银行账户与支付账户应属于同一客户。支付机构应按照与客户的约定及时办理支付账户向客户本人银行账户转账业务，不得对Ⅱ类、Ⅲ类支付账户向客户本人银行账户转账设置限额。

（二）分类监管

《非银行支付机构网络支付业务管理办法》中规定了对支付机构的分类监管。

评定为“A”类且Ⅱ类、Ⅲ类支付账户实名比例超过95%的支付机构，可以采用能够切实落实实名制要求的其他客户身份核实方法，经法人所在地中国人民银行分支机构评估认可并向中国人民银行备案后实施。

评定为“A”类且Ⅱ类、Ⅲ类支付账户实名比例超过95%的支付机构，可以对从事电子商务经营活动、不具备工商登记注册条件且相关法律法规允许不进行工商登记注册的个人客户（以下简称个人卖家）参照单位客户管理，但应建立持续监测电子商务经营活动、对个人卖家实施动态管理的有效机制，并向法人所在地中国人民银行分支机构备案。

支付机构参照单位客户管理的个人卖家，应至少符合下列条件：① 相关电子商务交易平台已依照相关法律法规对其真实身份信息进行审查和登记，与其签订登记协议，建立登记档案并定期核实更新，核发证明个人身份信息真实合法的标记，加载在其从事电子商务经营活动的主页面醒目位置；② 支付机构已按照开立Ⅲ类个人支付账户的标准对其完成身份核实；③ 持续从事电子商务经营活动满 6 个月，且期间使用支付账户收取的经营收入累计超过 20 万元。

评定为“A”类且Ⅱ类、Ⅲ类支付账户实名比例超过 95%的支付机构，对于已经实名确认、达到实名制管理要求的支付账户，在办理银行账户与支付账户之间的转账业务时，相关银行账户与支付账户可以不属于同一客户。但支付机构应在交易中向银行准确、完整发送交易渠道、交易终端或接口类型、交易类型、收付款客户名称和账号等交易信息。

评定为“A”类且Ⅱ类、Ⅲ类支付账户实名比例超过 95%的支付机构，可以将达到实名制管理要求的Ⅱ类、Ⅲ类支付账户的余额付款单日累计限额，提高至交易限额管理中规定的金额的 2 倍。

评定为“B”类及以上，且Ⅱ类、Ⅲ类支付账户实名比例超过 90%的支付机构，可以将达到实名制管理要求的Ⅱ类、Ⅲ类支付账户的余额付款单日累计限额，提高至交易限额管理中规定的金额的 1.5 倍。

评定为“A”类的支付机构向客户开户银行发送支付指令，扣划客户银行账户资金时，可以与银行根据业务需要，通过协议自主约定由支付机构代替进行交易验证的情形，但支付机构应在交易中向银行完整、准确发送交易渠道、交易终端或接口类型、交易类型、商户名称、商户编码、商户类别码、收付款客户名称和账号等交易信息；银行应核实支付机构验证手段或渠道的安全性，对客户资金安全的管理责任不因支付机构代替验证而转移。

对于评定为“C”类及以下、支付账户实名比例较低、对零售支付体系或社会公众非现金支付信心产生重大影响的支付机构，中国人民银行及其分支机构可以在业务管理中信息披露相关规定的基础上适度提高公开披露信息的要求，并加强非现场监管和现场检查。

经典案例

全国首例支付宝网络盗窃案

2013 年 12 月 4 日，陕西西安莲湖区人民检察院以涉嫌盗窃罪依法批捕了郑某等 5 名犯罪嫌疑人，成功破获了全国范围内首例支付宝网络盗窃案。

本案中，郑某等人网购了一批手机号码及密码，筛选出已开通支付宝账户的号码，登录电信运营商的网上营业厅，设置拦截支付宝发送的短信。随后，用该手机号码登录支付宝，点击“忘记登录密码”，支付宝便会发送一条用于更改密码的验证码短信。由于短信已被拦截，真实用户无法察觉账号存在风险。最后，犯罪嫌疑人通过验证码修改支付宝的登录密码，登录被害人支付宝，窃取支付宝及关联银行卡中的钱款。案件发生后，警方向支付宝和相关电信服务公司发出了风险警示，两家公司也对各自的系统进行了改进。

信息时代，公民要对自己的个人信息有自我保护的意识。使用电子支付时，要对密码进行深度加密设置，如设置指纹识别、面部识别等生物识别。支付宝绑定银行卡时，尽量不要使用大额的储蓄卡或者工资卡，以防造成较大的损失。

（资料来源：https://www.chinacourt.org/article/detail/2013/12/id/1157343.shtml，有改动）

任务实施

认识第三方支付平台“支付宝”

登录支付宝网站或手机 App 客户端，浏览以下信息：① 花呗与信用卡收钱、信用卡还款、提现等服务的收费标准；② 身份管理中心的实名制认证；③ 支付服务协议；④ 安全设置（密码设置）、生物识别设置；⑤ 支付限额。

活动目的：

了解支付宝在支付业务、客户信息、安全风险等方面采取了哪些监管措施，体会相关规章制度是如何管理第三方电子支付机构的。

体验感悟：

结合所学知识回答下列问题：

（1）支付宝中有哪些收费项目？是如何公示的？你认为这种公示方式合理吗？

（2）实名制认证中包含了哪些项目？

（3）服务协议中包含了哪些项目，是否符合相关规定？

（4）密码设置分为哪几项？你是否设置了生物识别？你认为这足以保障支付安全吗？

（5）账号支付限额为多少？支付限额是根据什么标准规定的？

任务评价

请根据表 4-3 对上述任务实施的结果进行评价。

表 4-3　任务实施评价表

评价内容	分值	自评分	小组评分	教师评分	实得分
掌握第三方电子支付机构的相关管理制度	40				
能够结合所学知识理解搜集到的信息	40				
能够借助互联网搜集所需信息	20				

素质园地——规绳矩墨

《网络交易监督管理办法》

近年来，我国网络交易蓬勃发展，“社交电商”“直播带货”等新业态新模式不断涌现、快速壮大，为网络经济增添了新的活力，为稳增长、促消费、扩就业发挥了重要作用。与此同时，网络交易也出现了不少问题，社会各界呼唤完善相应的监管规则。

市场监管总局主动作为，积极回应社会关切，于2021年3月15日制定出台了《网络交易监督管理办法》(以下简称《办法》)。该《办法》是贯彻落实《电子商务法》的重要部门规章，对相关法律规定进行细化完善，制定了一系列规范交易行为、压实平台主体责任、保障消费者权益的具体制度规则，对完善网络交易监管制度体系、持续净化网络交易空间、维护公平竞争的网络交易秩序、营造安全放心的网络消费环境具有重要现实意义。

(1)针对网络经营主体登记问题，《办法》对《电子商务法》规定的“便民劳务”和“零星小额”两类免于登记情形进行了具体界定，即个人通过网络从事保洁、洗涤、缝纫、理发、搬家、配制钥匙、管道疏通、家具家电修理修配等依法无须取得许可的便民劳务，或者年交易额累计不超过10万元的依法无须进行登记。

(2)针对网络交易新业态监管问题，《办法》对当前“社交电商”“直播带货”等网络交易活动中的经营者定位作出了明确规定。网络社交、网络直播等网络服务提供者为经营者同时提供网络经营场所、商品浏览、订单生成、在线支付等网络交易平台服务的，应当依法履行网络交易平台经营者的义务。通过上述网络交易平台服务开展网络交易活动的经营者，应当依法履行平台内经营者的义务。

(3)针对压实平台责任问题，《办法》规定了平台应当每半年向住所地省级市场监管部门报送平台内经营者身份信息；平台要对平台内的经营活动建立检查监控制度，并对违法行为及时处置和报告；平台不得干涉平台内经营者的自主经营，不得通过各种手段禁止或者限制平台内经营者自主选择多平台经营、自主选择快递物流等交易辅助服务提供者等。

(4)针对消费者权益保护问题，《办法》要求，经营者不得将搭售商品等选项设定为消费者默认同意，不得将消费者以往交易中选择的选项设定为消费者默认选择；要求自动展期、自动续费服务的经营者应当在消费者接受服务前及展期、续费前五日，以显著方式提请消费者注意，由消费者自主选择等。

(5)针对个人信息保护问题，《办法》规定了网络交易经营者应当明示收集、使用消费者个人信息的目的、方式和范围，并经消费者同意；不得强迫或者变相强迫消费者同意收集、使用与经营活动无直接关系的信息；在收集、使用个人敏感信息前，必须逐项取得消费者同意；未经被收集者授权同意，不得向包括关联方在内的任何第三方提供。

（资料来源：http://www.samr.gov.cn/xw/zj/202103/t20210315_326928.html，有改动）

知行合一

一、名词解释

电子支付　电子银行　第三方电子支付　第三方电子支付机构

二、单选题

1.（　　）是电子支付中所采用的计算机网络协议。

A．SET 协议　　B．HTTP 协议

C．TCP 协议　　D．DNS 协议

2．电子银行的业务不包括（　　）。

A．网上银行业务　　B．电话银行业务

C．柜台取款业务　　D．手机银行业务

3．关于金融机构开办网上银行业务应当具备的条件，以下说法错误的是（　　）。

A．电子银行基础设施设备能够保障电子银行的正常运行

B．电子银行系统具备必要的业务处理能力，能够满足客户适时业务处理的需要

C．建立了有效的内部攻击侦测机制

D．中资银行业金融机构的电子银行业务运营系统和业务处理服务器设置在中华人民共和国境内

三、简答题

1．简述 SET 协议中的各个主体。

2．简述金融机构申请开办电子银行业务的审批制。

3．简述第三方支付机构业务管理中客户身份识别机制的相关规定。

四、案例分析

李某在银行办理了一张银行卡，并一直带在身边。某天，李某收到银行发来的短信，短信内容显示他的银行卡被人在某 ATM 机上取走了 14 700 元。查看监控录像后，李某发现自己的钱是通过“云闪付”被取走的，而李某从未给自己的银行卡开通过云闪付业务。

结合所学知识回答以下问题：

1．在 ATM 机上取款的行为属于电子支付吗？

2．李某的损失应当由谁承担？为什么？

项目五

电子商务税收与跨境电子商务相关政策法规

税收是一种非常重要的政策工具，随着电子商务的不断发展和深化，电子商务税收的征管变得越来越复杂，现行的税收制度和管理手段都面临着巨大的挑战。除税收外，跨境电子商务这一新兴领域也在我国经济发展中扮演着重要的角色，加强对跨境电子商务的监管，推进通关服务的优化，有利于更好地促进我国外贸转型升级，打造新的经济增长点。

素质目标

☑ 培养平等互利、合作共赢、共同发展的精神。

☑ 增强大局意识和法治意识。

知识目标

☑ 了解电子商务税收的定义及其中存在的问题。

☑ 理解电子商务税收的政策选择及实施策略。

☑ 熟悉跨境电子商务的定义、模式。

☑ 掌握跨境电子商务主体、通关、零售进出口税收相关法律法规。

技能目标

☑ 能够在工作中做到依法纳税，不逃税、骗税。

☑ 能够对跨境电子商务在市场准入、通关、税收等方面出现的问题提出解决方案。

任务一　了解电子商务税收的政策与法律法规

引导案例

电子商务，究竟该如何缴税？

“近年来，电商增速很快，其中固然有技术进步的推动，但更多与逃避税收、低价倾销等不正当竞争优势有关。”步步高集团董事长王填直言道。2017 年“两会”期间，作为全国人大代表的王填提交了关于推进电商公平纳税征管办法的议案。王填认为，进入“新零售”时代，线上线下将会高度融合，只有解决了电商公平纳税的问题，才能营造实体和电商公平竞争的环境。京东集团首席执行官刘强东也表示，电商平台上有部分企业法人以自然人名义开网店避税，造成了实体店与网店在税收上的不公平。

目前我国电子商务的运营以三种形式为主：企业对企业(B2B)、企业对消费者(B2C)、个人对个人（C2C)。B2B 的交易量通常较大，销售方和采购方都需要开具发票，并正常缴税。因此，我国电商纳税的争议主要集中在 B2C 和 C2C 中。

大型电商平台中的 B2C 店铺通常较为规范，天猫、京东、苏宁易购等 10 余家平台都会监督商家进行税务登记并纳税。相比之下，C2C 电商不缴税或少缴税的情况比较普遍，少缴的税收甚至呈现逐年增长趋势。

上海财经大学公共政策与治理研究院院长胡怡建表示：“电商缴税，早晚要面对，而公平应成为主要目标。”在当前减税降费的大背景下，应当逐渐实现电商与实体店之间的公平税负，一方面为电商建立规范的纳税秩序，另一方面降低实体店的税费负担，逐步减小两者之间的税负差距。

（资料来源：http://sn.people.com.cn/GB/n2/2017/0424/c190199-30078806.html，有改动）

想一想：电子商务是否需要缴税？电子商务税收会遇到哪些困难？

一、电子商务税收概述

（一）电子商务税收的定义

税收是一个十分古老的概念。我国古代的第一个奴隶制国家夏朝有一种名为“贡”的财政征收方式，要求臣属向君王进贡物品，这是我国税收的萌芽。公元前 594 年，鲁国开始实行“初税亩”，按土地的平均产量征税。除此之外，战国秦汉时期的租赋制、隋唐的租庸调制、中唐至明中叶的两税法、明中叶至鸦片战争前的一条鞭法等，都是我国古代的税收制度。

税收，是指国家凭借政治权力，根据法律规定参与国民收入的分配和再分配，无偿取得财政收入的一种规范形式。税收的基本职能包括组织国家财政收入，合理调整社会经济结构，监督社会经济活动等，具有强制性、无偿性、固定性三个特征。税法是国家法律体系的重要组成部分。

电子商务税收，是指国家凭借政治权力，根据法律规定对通过互联网等信息网络进行的商务活动中创造的国民收入进行分配和再分配，无偿取得财政收入的一种规范形式。电子商务的税收是随着电子商务的不断发展而产生的，需要谨慎对待。

（二）电子商务税收中的主要税种

第一，增值税。增值税是以商品（含应税劳务）在流转过程中产生的增值额作为计税依据而征收的一种流转税。增值税是我国最主要的税种之一。

第二，企业所得税。企业所得税是对我国内资企业和经营单位的生产经营所得和其他所得征收的一种税。个人独资企业及合伙企业除外。

第三，个人所得税。个人所得税是对自然人取得的各项所得征收的一种税，包含个体工商户的生产、经营所得。

（三）电子商务税收中存在的问题

1. 纳税主体难以判定

纳税的主体是纳税人。传统的交易模式下，纳税人需要进行税务登记，从而确保税务机关可以掌握税源、有效征管。但在电子商务中，纳税人的身份是虚拟的，交易地点也随时会发生变化，有时难以查证纳税人与交易之间的法律关系。同时，正是由于身份和经营地的不确定性，会出现双重征税或多征税的问题，损害纳税人的利益。

2. 课税依据难以确认

传统的税务征管中，税务机关通常凭借订单、发票、报表等纸质单证对贸易活动进行计税。但电子商务的无纸化操作使得纳税人很难留下能够用于确认税额的依据，谈判协商、电子支付环节产生的电子记录也容易被篡改，从而为税务稽查工作增加了难度。

3. 数字产品的监管难度高

数字产品的产品形态比较特殊。与实体商品需要通过物流配送到达消费者手中不同，数字产品的交付是在线上进行的，具有隐蔽性。即使电子商务经营者没有对经营状况进行如实申报，税务机关也无法查证真实的交易数据。

二、电子商务税收的政策选择

1. “不增加新税”

世界上的大部分国家在电子商务的征税问题上都采取了比较谨慎的态度。美国为了保持本国电子商务业在世界上的领先地位，对电子商务采取不征新税甚至部分免税的政策；欧盟国家对电子商务也只征旧税，不加新税。对于我国来说，处于发展初期的电子商务需要国家的扶持和鼓励，但又应当坚持税收的公平、效率原则。因此，现阶段我国电子商务应与传统商务活动以同样的方式缴税，即“不增加新税”。

2．“据情征税”

随着电子商务的发展，各个国家、国际组织之间由于征税的方式、标准不同，必然会存在利益分配上的矛盾。因此，当电子商务发展到一定阶段时，便需要重新考虑电子商务的税收原则、常设机构、税收征管等问题。国家之间、国际组织之间也应进行协商，以减少因税收政策不同而产生的国际贸易分歧。虽然现阶段我国选择了不增加新税的政策，但也应着眼未来，据情对现有政策进行适度调整或为推出新的政策做好准备。

扩展阅读

美国消费税体系改革　网络电商红利期结束

2018 年 6 月，美国最高法院以 5 比 4 的票数判决，各州有权对互联网电商公司进行跨州征税。什么是跨州征税呢？在中国，商品价格是税后价格，已包含了增值税等税项；而美国的商品价格是税前价格，消费者在支付款项时还需要额外缴纳消费税。几十年以来，美国的跨州网购都是不需要缴纳消费税的。例如，A 州的消费者向 B 州的商家购买商品，便无须在 A 州缴税。而此次判决之后，A 州消费者无论在哪一州的网店进行网购，都必须根据本地的消费税率来缴税。

美国的跨州免税可以追溯到 1967 年。那时电话邮购刚刚兴起，美国最高法院认为邮购业务规模小且需要鼓励发展，便为其制定了无须征收跨州消费税的政策。1992 年，美国最高法院再次重申了“没有实体店就不需要缴税”的规定。网络零售时代到来之后，一直没有得到及时更新的邮购税法为新兴的电子商务业带来了提振。

几十年以来，以亚马逊为代表的网络零售蓬勃生长，而实体零售店却哀鸿遍野。抛开电商企业没有高昂实体店成本的先天优势，网购免税这一沿袭数十年的规定显然已经说不过去。一方面，实体零售要求对电商一视同仁，以获得公平的竞争环境；另一方面，地方政府也要求对网购征税，以弥补他们的巨额财政收入损失。

允许跨州征税后，固然会对电商平台带来一定的冲击，但并不会影响行业的长远发展。新税法弥补了美国税法的漏洞，抹去了一部分网购商家相对于实体零售的优势，有利于线上线下的公平竞争。美国科技智库 IT 创新基金会（ITIF）副总裁达尼尔·卡斯特罗认为，最高法院的判决是电子经济向前迈出的重要一步，表明美国的电子商务已趋成熟。

（资料来源：http://www.ebrun.com/20180622/283176.shtml，有改动）

课堂互动

你认为电子商务应当如何征税？请为电子商务税收的实施提出一些小建议。

三、电子商务税收的实施策略

1. 保证现行税收法律法规的执行

《电子商务法》第十一条规定，电子商务经营者应当依法履行纳税义务，并依法享受税收优惠。不需要办理市场主体登记的电子商务经营者在首次纳税义务发生后，应当依照税收征收管理法律、行政法规的规定申请办理税务登记，并如实申报纳税。

依法纳税是电子商务经营者的法定义务，无论是自然人还是法人经营者，都应当根据《企业所得税法》《个人所得税法》等相关法律法规进行纳税。从事农产品项目的企业、小微企业、高新技术企业，还可以享受税收优惠。没有办理过市场主体登记的经营者，也应当如实申报纳税。

2. 建立更加合理的电商征税机制

按照传统的税务登记方式，电子商务经营者需要亲自前往有关部门办理，或由部门工作人员上门办理，成本高，效率低。根据时代的发展，应当考虑建立起更加合理的电商征税机制，提高征管效率。例如，建立一个能够将电子商务平台、电子商务经营者、电子商务消费者等主体的交易行为记录下来的系统，据此进行征税。

3. 电子商务税收代理制度

以代扣代缴方式进行征税，是非常适合目前电子商务的发展现状的。由大型电子商务平台或电子支付平台根据一定的税收代理制度实施代扣代缴，不仅能够为纳税人提供便利，还便于税务部门进行监督管理。

“税”服电商助力创业

4. 税务部门牵头协调

由于税务部门对虚拟市场中电子商务经营者的控制能力非常有限，电子商务的征税方面还需要其他部门的配合。为实现有效征管，应当给予税务部门牵头协调的权限，将与电子商务有关的网络监管部门、网络运营商、财政部门、工商管理部门、海关、司法部门，甚至食品安全监督管理部门、检验检疫部门等相关部门和机构统一起来，以实现对电子商务税收全环节的监管。

经典案例

国内开出首张个人网店税单　一网店被征税 430 万元

2011 年，武汉市国税局开出了国内首张个人网店税单——对淘宝女装网店“我的百分之一”征税 430 余万元。经营地点位于武汉的网店“我的百分之一”是淘宝网女装销售冠军，信用级别达到 3 个金皇冠。武汉市国税局第二稽查局介绍，该店 2010 年销售额超过 1 亿元，增值税、企业所得税、滞纳金共计 430.79 万元。在淘宝网中，类似的大型店铺不在少数。

根据我国税法，凡是在我国境内发生的交易，都应该缴税。这一征税案例是否意味着武汉市将把个人网店全面纳入税收监管？对此，武汉市国税部门表示会根据网店规模采取不同的征管办法。目前税务部门已约谈了武汉市另外几家淘宝金皇冠网店，要求其进行补税；对达到皇冠级别的网店下达办理税务登记和申报的通知，纳入征管范围；对皇冠级别以下网店暂不征税，但要进行监管。

（资料来源：
http://www.chinadaily.com.cn/dfpd/hub/2011-06/28/content_12795218.htm，有改动）

任务实施

一位电子商务企业的老板说："由于没有实体店铺的成本，我们将商品售价压得很低。但如果开始纳税，必然会导致成本上涨，就无法提供物美价廉的产品了。"另一位个人淘宝店的卖家说："我只是在工作之余开了一家小店，收入不算高，为什么也需要纳税？"

如果你是一名税务人员，你该如何说服这两位电子商务经营者，让他们正确认识电子商务的税收问题？

任务评价

请根据表 5-1 对上述任务实施的结果进行评价。

表 5-1　任务实施评价表

评价内容	分值	自评分	小组评分	教师评分	实得分
能够理解我国的电子商务税收政策	40				
能够掌握法律法规对电子商务税收的相关规定	40				
发表自己的观点时表达清晰，观点明确	20				

任务二 熟悉跨境电子商务相关法律法规

引导案例

2019年上半年全国跨境电商进口货值超450亿元

据海关总署税收征管局（上海）统计，2019年上半年，全国跨境电商零售进口商品清单达2.2亿份，货值456.5亿元，同比分别增长20.9%和24.3%，远远高于同期全国货物贸易进口1.4%的增幅。化妆品、奶粉、尿布、食品等日用消费品的进口量在全部1 321个跨境电商零售商品中排名前列。

统计数据还显示，上半年我国消费者共计通过跨境电商平台单次购买 2 000 元以上5 000元以下的进口商品80.8万份，货值23.17亿元。刚刚被列入跨境电商零售进口商品目录的电子游戏机，在上半年的海关统计中共计进口货值2亿元，其中仅6月份便高达5 663万元，较1月份货值猛增126%。

海关总署税收征管局（上海）相关负责人表示，上半年跨境电商零售进口货值超450亿元，同比增幅超两成，越来越多的国内消费者开始参与跨境电子商务。

（资料来源：http://www.chinaeclaw.com/show.php?contentid=23925，有改动）

想一想：什么是跨境电商？跨境电子商务中有哪些需要注意的法律问题？

一、跨境电子商务概述

（一）跨境电子商务的定义

跨境电子商务，是指分属不同关境的交易主体通过互联网和电子商务平台进行的电子商务活动。它通过跨境电子商务平台完成交易和支付，借助跨境物流完成商品的送达，是一种新型的国际商业活动。

20世纪90年代，以阿里巴巴、中国制造网为代表的一批B2B平台开启了我国跨境电子商务的大门，为国内中小企业提供了进入国际市场的途径。进入 21 世纪后，敦煌网、洋码头等网站出现，大量的普通消费者开始参与其中。2015年，网易考拉、蜜芽宝贝、小红书等移动平台加入了跨境电子商务的大军，天猫、京东、亚马逊等大型综合电商平台也陆续推出海淘业务。

《电子商务法》第七十一条规定，国家促进跨境电子商务发展，建立健全适应跨境电子商务特点的海关、税收、进出境检验检疫、支付结算等管理制度，提高跨境电子商务各环节便利化水平，支持跨境电子商务平台经营者等为跨境电子商务提供仓储物流、报关、报检等服务。国家支持小型微型企业从事跨境电子商务。

（二）跨境电子商务的模式

1. 海外代购平台跨境电子商务模式

海外代购平台跨境电子商务模式，是指在跨境电子商务平台中，由符合相关规定的第三方卖家开设店铺，通过转运或直邮等方式将商品运往国内的跨境电子商务模式，如淘宝全球购、易趣网等。

2. 直发/直运平台跨境电子商务模式

直发/直运平台跨境电子商务模式，是指跨境电子商务平台与厂商、经销商等海外供应商直接签订跨境零售供货协议，由海外供应商直接向消费者发货的跨境电子商务模式，如天猫国际、洋码头等。

3. 自营 B2C 跨境电子商务模式

自营 B2C 跨境电子商务模式，是指企业建立电子商务 B2C 平台，在平台上向消费者提供自营商品的跨境电子商务模式。自营 B2C 跨境电子商务平台可以分为综合型和垂直型两种模式。综合型自营 B2C 跨境电子商务平台商品种类繁多，规模较大，如亚马逊、1 号海淘等。垂直型自营 B2C 跨境电子商务平台通常是针对某一垂直领域进行的，如主营母婴用品的蜜芽宝贝、奢侈品平台寺库网等。

4. 导购跨境电子商务模式

导购跨境电子商务模式，是指以导购的形式向消费者推荐商品，完成交易，从而取得提成的中介式跨境电子商务模式，如小红书、什么值得买等。平台内容完全由用户产出，用户在导购页面中上传对商品的测评、试用，帮助其他用户了解产品的性能和功效，从而达成交易。此类导购平台很容易打造出具有极强号召力的 KOL（关键意见领袖）与“网红爆款”产品。

二、跨境电子商务主体相关法律法规

（一）跨境电子商务主体的定义

跨境电子商务主体，是指跨境电子商务活动的参与者，包括跨境电子商务第三方交易平台、海外商家、国内电子商务经营者、消费者等。

跨境电子商务第三方交易平台，是指连接跨境电子商务经营者和消费者的第三方平台，能够提供商品展示、交易、支付、物流等服务。海外商家，是指海外提供商品的厂商或批发商。国内电子商务经营者，是指国内从事跨境电子商务经营活动的自然人、法人或非法人组织。消费者，是指参与跨境电子商务的国内外消费者。

（二）跨境电子商务主体的注册登记

根据《关于跨境电子商务零售进出口商品有关监管事宜的公告》中的相关规定，跨境电子商务平台企业、物流企业、支付企业等参与跨境电子商务零售进口业务的企业，应当依据海关报关单位注册登记管理相关规定，向所在地海关办理注册登记；境外跨境电子商务企业应委托境内代理人（以下称跨境电子商务企业境内代理人）向该代理人所在地海关办理注册登记。

跨境电子商务企业、物流企业等参与跨境电子商务零售出口业务的企业，应当向所在地海关办理信息登记；如需办理报关业务，向所在地海关办理注册登记。

物流企业应获得国家邮政管理部门颁发的《快递业务经营许可证》。直购进口模式下，物流企业应为邮政企业或者已向海关办理代理报关登记手续的进出境快件运营人。

支付企业为银行机构的，应具备银保监会或者原银监会颁发的《金融许可证》；支付企业为非银行支付机构的，应具备中国人民银行颁发的《支付业务许可证》，支付业务范围应当包括“互联网支付”。

参与跨境电子商务零售进出口业务并在海关注册登记的企业，纳入海关信用管理，海关根据信用等级实施差异化的通关管理措施。

（三）跨境电子商务出口经营主体相关法律法规

1. 跨境电子商务出口经营主体的确定

根据《关于实施支持跨境电子商务零售出口有关政策的意见》中的相关规定，电子商务出口经营主体分为三类：① 自建跨境电子商务销售平台的电子商务出口企业；② 利用第三方跨境电子商务平台开展电子商务出口的企业；③ 为电子商务出口企业提供交易服务的跨境电子商务第三方平台。电子商务出口经营主体应当按照现行规定办理注册、备案登记手续。在政策未实施地区注册的电子商务企业可在政策实施地区被确认为经营主体。

2. 跨境电子商务出口经营主体的支持政策

➢ 建立电子商务出口新型海关监管模式并进行专项统计

海关应对经营主体的出口商品进行集中监管，并采取清单核放、汇总申报的方式办理通关手续，从而降低报关费用。经营主体可在网上提交相关电子文件，并在货物实际出境后，按照外汇和税务部门要求，向海关申请签发报关单证明联。将电子商务出口纳入海关统计。

➢ 建立电子商务出口检验监管模式

对电子商务出口企业及其产品进行检验检疫备案或准入管理，利用第三方检验鉴定机构进行产品质量安全的合格评定。实行全申报制度，以检疫监管为主，一般工业制成品不再实行法检。实施集中申报、集中办理相关检验检疫手续的便利措施。

➢ 支持电子商务出口企业正常收结汇

允许经营主体申请设立外汇账户，凭海关报关信息办理货物出口收结汇业务。加强对银行和经营主体通过跨境电子商务收结汇的监管。

➢ 鼓励银行机构和支付机构为跨境电子商务提供支付服务

支付机构办理电子商务外汇资金或人民币资金跨境支付业务时，应当分别向国家外汇管理局和中国人民银行提出申请，并按照支付机构有关管理政策执行，完善跨境电子支付、清算、结算服务体系，切实加强对银行机构和支付机构跨境支付业务的监管力度。

➢ 实施适应电子商务出口的税收政策

对符合条件的电子商务出口货物实行增值税和消费税免税或退税政策，具体办法由财政部和税务总局有关部门另行制定。

➢ 建立电子商务出口信用体系

严肃查处商业欺诈，打击侵犯知识产权和销售假冒伪劣产品等行为，不断完善电子商务出口信用体系建设。

扩展阅读

杭州跨境电子商务综合试验区的“六体系两平台”

2015 年初，国务院批复同意设立中国（杭州）跨境电子商务综合试验区（以下简称“杭州综试区”），这是全国唯一的跨境电商综试区，也是国务院批复在杭州实施的首个国家战略。

杭州综试区创新构建了以“六体系两平台”为核心的制度体系。“六体系”包括企业、金融机构、监管部门等信息互联互通的信息共享体系，一站式的在线金融服务体系，全程可验可测可控的智能物流体系，分类监管、部门共享和有序公开的电子商务信用体系，以及为企业经营、政府监管提供服务保障的统计监测体系和风险防控体系。“两平台”是指建设线上“单一窗口”和线下“综合园区”两个平台，实现政府部门间信息互换、监管互认、执法互助、汇聚物流、金融等配套设施和服务，为跨境电子商务打造完整产业链和生态圈，以更加便捷高效的新模式释放市场活力，促进企业降成本、增效益，支撑外贸优进优出，升级发展。“六体系两平台”顶层设计框架目前已作为杭州综试区的先行试点经验在全国范围内复制推广。

杭州综试区已建立起覆盖 B2C 和 B2B 的线上“单一窗口”，初步形成“电子围网”，链接金融、物流、第三方综合服务平台等构建出“数据底层”，与阿里巴巴一达通等一站式外贸综合服务平台形成“交易底层”，叠加集聚跨境电商发展动能。同时，杭州综试区还积极完善线下生态圈，采取“一区多园”布局方式，加快产业集聚，推动传统企业转型升级、区域特色优势与跨境电商融合发展。

（资料来源：
http://ori.hangzhou.com.cn/ornews/content/2015-06/29/content_5826261.htm，有改动）

三、跨境电子商务通关相关法律法规

根据海关总署 2018 年《关于跨境电子商务零售进出口商品有关监管事宜的公告》及《电子商务法》的相关规定，跨境电子商务商品在通关过程中需要遵守的法律法规包含如下内容。

1. 电子信息传输

跨境电子商务零售进口商品申报前，跨境电子商务平台企业或跨境电子商务企业境内代理人、支付企业、物流企业应当分别通过国际贸易“单一窗口”或跨境电子商务通关服务平台向海关传输交易、支付、物流等电子信息，并对数据真实性承担相应责任。直购进口模式下，邮政企业、进出境快件运营人可以接受跨境电子商务平台企业或跨境电子商务企业境内代理人、支付企业的委托，在承诺承担相应法律责任的前提下，向海关传输交易、支付等电子信息。

跨境电子商务零售出口商品申报前，跨境电子商务企业或其代理人、物流企业应当分别通过国际贸易“单一窗口”或跨境电子商务通关服务平台向海关传输交易、收款、物流等电子信息，并对数据真实性承担相应法律责任。

上述环节中传输、提交的电子信息应施加电子签名。

2. 进出口报关

跨境电子商务零售商品进口时，跨境电子商务企业境内代理人或其委托的报关企业应提交《中华人民共和国海关跨境电子商务零售进出口商品申报清单》(以下简称《申报清单》)，采取“清单核放”方式办理报关手续。

跨境电子商务零售商品出口时，跨境电子商务企业或其代理人应提交《申报清单》，采取“清单核放、汇总申报”方式办理报关手续；跨境电子商务综合试验区内符合条件的跨境电子商务零售商品出口，可采取“清单核放、汇总统计”方式办理报关手续。

《申报清单》与《中华人民共和国海关进（出）口货物报关单》具有同等法律效力。

“清单核放”，是指电商企业按照《申报清单》进行申报，海关对清单进行审核并办理实货放行手续。“清单核放、汇总申报”，是指通过审核清单将货物放行后，海关通关系统定期汇总清单形成报关单进行申报，为企业出具报关单退税证明联。“清单核放、汇总统计”，是指对于没有出口退税需求的企业，就不再要求申报报关单。

3. 消费者身份核实

开展跨境电子商务零售进口业务的跨境电子商务平台企业、跨境电子商务企业境内代理人应对交易真实性和消费者（订购人）身份信息真实性进行审核，并承担相应责任；身份信息未经国家主管部门或其授权的机构认证的，订购人与支付人应当为同一人。

4. 出口统计

跨境电子商务零售商品出口后，跨境电子商务企业或其代理人应当于每月 15 日前（当月 15 日是法定节假日或者法定休息日的，顺延至其后的第一个工作日），将上月结关的《申报清单》依据清单表头同一收发货人、同一运输方式、同一生产销售单位、同一运抵国、同一出境关别，以及清单表体同一最终目的国、同一 10 位海关商品编码、同一币制的规则进行归并，汇总形成《中华人民共和国海关出口货物报关单》向海关申报。

允许以“清单核放、汇总统计”方式办理报关手续的，不再汇总形成《中华人民共和国海关出口货物报关单》。

除特殊情况外，《申报清单》《中华人民共和国海关进（出）口货物报关单》应当采取通关无纸化作业方式进行申报。

相关法规

国际贸易“单一窗口”与跨境电子商务通关服务平台

《关于跨境电子商务零售进出口商品有关监管事宜的公告》中对国际贸易“单一窗口”和跨境电子商务通关服务平台进行了定义：

国际贸易“单一窗口”，是指由国务院口岸工作部际联席会议统筹推进，依托电子口岸公共平台建设的一站式贸易服务平台。申报人（包括参与跨境电子商务的企业）通过“单一窗口”向海关等口岸管理相关部门一次性申报，口岸管理相关部门通过电子口岸平台共享信息数据、实施职能管理，将执法结果通过“单一窗口”反馈申报人。

跨境电子商务通关服务平台，是指由电子口岸搭建，实现企业、海关及相关管理部门之间数据交换与信息共享的平台。

四、跨境电子商务零售进出口税收相关法律法规

根据《关于跨境电子商务零售进口税收政策的通知》《关于跨境电子商务零售出口税收政策的通知》及其他相关法规的规定，跨境电子商务零售进出口税收中会涉及以下法律问题。

（一）跨境电子商务零售进口税收

1. 跨境电子商务零售进口商品税种与完税价格

跨境电子商务零售进口商品按照货物征收关税和进口环节增值税、消费税，实际交易价格（包括货物零售价格、运费和保险费）作为完税价格。

跨境电商新政实惠多在哪？

2. 跨境电子商务零售进口税收征税范围

跨境电子商务零售进口税收政策适用于从其他国家或地区进口的、《跨境电子商务零售进口商品清单》范围内的以下商品：① 所有通过

与海关联网的电子商务交易平台交易，能够实现交易、支付、物流电子信息“三单”比对的跨境电子商务零售进口商品；② 未通过与海关联网的电子商务交易平台交易，但快递、邮政企业能够统一提供交易、支付、物流等电子信息，并承诺承担相应法律责任进境的跨境电子商务零售进口商品。

不属于跨境电子商务零售进口的个人物品，以及无法提供交易、支付、物流等电子信息的跨境电子商务零售进口商品，按现行规定执行。

已经购买的电商进口商品属于消费者个人使用的最终商品，不得进入国内市场再次销售；原则上不允许网购保税进口商品在海关特殊监管区域外开展“网购保税+线下自提”模式。

2018 年《关于调整跨境电商零售进口商品清单的公告》及《跨境电子商务零售进口商品清单（2018 年版）》中对跨境电子商务零售进口商品的范围进行了详细的公布。新的商品清单中增加了一些近年来消费需求比较旺盛的商品，如葡萄汽酒、麦芽酿造的啤酒、健身器材等。

3．跨境电子商务零售进口商品纳税人与代收代缴人

根据海关总署 2018 年《关于跨境电子商务零售进出口商品有关监管事宜的公告》的相关规定，跨境电子商务零售进口商品消费者（订购人）为纳税义务人。在海关注册登记的跨境电子商务平台企业、物流企业或申报企业作为税款的代收代缴义务人，代为履行纳税义务，并承担相应的补税义务及相关法律责任。代收代缴义务人应当如实、准确向海关申报跨境电子商务零售进口商品的商品名称、规格型号、税则号列、实际交易价格及相关费用等税收征管要素。跨境电子商务零售进口商品的申报币制为人民币。

4．跨境电子商务零售进口商品税收申报与担保

为审核确定跨境电子商务零售进口商品的归类、完税价格等，海关可以要求代收代缴义务人按照有关规定进行补充申报。

海关对符合监管规定的跨境电子商务零售进口商品按时段汇总计征税款，代收代缴义务人应当依法向海关提交足额有效的税款担保。

海关放行后 30 日内未发生退货或修撤单的，代收代缴义务人在放行后第 31 日至第 45 日内向海关办理纳税手续。

5．跨境电子商务零售进口商品的减免税

根据 2018 年《关于完善跨境电子商务零售进口税收政策的通知》中的相关规定，跨境电子商务零售进口商品的单次交易限值为人民币 5 000 元，个人年度交易限值为人民币 26 000 元。在限值以内进口的跨境电子商务零售进口商品，关税税率暂设为 0%；进口环节增值税、消费税取消免征税额，暂按法定应纳税额的 70%征收。超过单次限值、累加后超过个人年度限值的单次交易，以及完税价格超过 5 000 元限值的单个不可分割商品，均按照一般贸易方式全额征税。

（二）跨境电子商务零售出口税收

1. 退（免）税的纳税人

电子商务出口货物适用财政部和国家税务总局规定的退（免）税、免税政策的，由电子商务出口企业按现行规定办理退（免）税、免税申报。

适用相关规定退（免）税、免税政策的电子商务出口企业，是指自建跨境电子商务销售平台的电子商务出口企业和利用第三方跨境电子商务平台开展电子商务出口的企业。为电子商务出口企业提供交易服务的跨境电子商务第三方平台，不适用退（免）税、免税政策，可按现行有关规定执行。

2. 退（免）税的条件

电子商务出口企业出口货物［财政部、国家税务总局明确不予出口退（免）税或免税的货物除外，下同］，同时符合下列条件的，适用增值税、消费税退（免）税政策：

第一，电子商务出口企业属于增值税一般纳税人并已向主管税务机关办理出口退（免）税资格认定。

第二，出口货物取得海关出口货物报关单（出口退税专用），且与海关出口货物报关单电子信息一致。

第三，出口货物在退（免）税申报期截止之日内收汇。

第四，电子商务出口企业属于外贸企业的，购进出口货物取得相应的增值税专用发票、消费税专用缴款书（分割单）或海关进口增值税、消费税专用缴款书，且上述凭证有关内容与出口货物报关单（出口退税专用）有关内容相匹配。

3. 免税的条件

电子商务出口企业出口货物，不符合上述规定条件，但同时符合下列条件的，适用增值税、消费税免税政策：

第一，电子商务出口企业已办理税务登记。

第二，出口货物取得海关签发的出口货物报关单。

第三，购进出口货物取得合法有效的进货凭证。

4. 退（免）税的申报

电子商务出口货物适用退（免）税、免税政策的，由电子商务出口企业按现行规定办理退（免）税、免税申报。

经典案例

空姐代购被判 3 年　示警海外代购业

2009 年，离职空姐李某和男友石某在淘宝网上开设了一家名为“空姐小店”的化妆品代购店，在韩工作的褚某是店铺的供货商。褚某身在韩国，负责大量采购化妆品并统一打包寄回国内，李某和石某则在国内收货，并负责售卖给国内消费者。没多久，海关出台了新政，将个人邮寄物品进口应征税税额起点进行了下调。为了避税，在2010年至2011年8月间，他们将代购方式改为由李某和石某直接从韩国免税店取货，再以“人肉带回”的方式从无申报通道携带入境。通过这种方式，几人共计偷逃海关进口环节税8万余元。2013年12月，法院判决李某有期徒刑3年，罚金4万元。

李某携带需要申报的免税物品入境销售，逃税数额较大，已构成了走私普通货物罪。代购本身并没有“原罪”，但代购并不等同于免税。如果依法缴纳了海关税或者代购的物品本身免税，那么代购就是正当合法的；如果代购的物品不在免税范围内，且故意逃避海关税收，则涉嫌非法走私。

（资料来源：http://tech.sina.com.cn/i/2013-12-17/11219013461.shtml，有改动）

任务实施

阅读“扩展阅读”中关于杭州跨境电子商务综合试验区“六体系两平台”的内容，以小组为单位通过互联网收集更多详细信息，并结合所学知识回答下列问题：

（1）“六体系两平台”中体现了哪些对跨境电子商务出口经营主体的支持政策？

（2）杭州综试区在跨境通关信息传输和进出口报关方面的具体做法是怎样的？

任务评价

请根据表5-2对上述任务实施的结果进行评价。

表5-2　任务实施评价表

评价内容	分值	自评分	小组评分	教师评分	实得分
能够掌握跨境电子商务主体相关的法律法规	40				
能够灵活运用所学知识分析杭州综试区的具体实践	30				
能够借助互联网搜集所需信息	10				
小组成员间协作良好	20				

素质园地——繁荣富强

跨境电商出口蜕变进行时

10 年蜕变，中国跨境电商出海已逐步驶出以性价比输出为主、通过产品价格获得竞争优势的阶段，品牌价值日益成为连接中国制造和海外消费者的重要纽带。在行业发展迈入“品牌出海”时代之外，数字化贸易技术的成熟和各环节企业数字化水平的提升，推动原本以信息服务为主的跨境电商 B2B 模式实现了交易功能，垂直行业出口供应链的重塑极大提升了行业运行效率和整体利润空间。

一、行业模式持续演进

新冠疫情使全球零售链路受到冲击，消费者大规模向线上转移。无论是以美国、英国、德国、西班牙及法国为代表的成熟市场，抑或是东南亚、中东、南美等新兴市场，2020 年的网络零售额增速普遍高于 15%，进入高速增长期。期间，多国本土商品供给受限，掀起了跨境购物热潮。根据对主要国家消费者的调查发现，中国已成为海外消费者跨境购物的主要目的国。在德国、美国、新加坡消费者的跨境购物来源地中，中国商品的占比分别达 13%、16%和 47%。

“需求端的持续扩张为中国跨境电商出口创造了良好的增量空间，并形成了成熟市场、新兴市场、潜力市场多层次市场共存的格局。”《2021 跨境电商发展报告》（以下简称《报告》）同时指出，在独立站、直播短视频、社交媒体的带动下，跨境电商 DTC（直接面对消费者）的营销模式呈现爆发式增长，为出海企业创造了全新链路，使跨境电商进入多模式并行阶段，并形成了全新的产业生态。

除了市场需求的强支撑，在跨境电商监管和公共服务层面，商务部、海关总署、财政部、外汇管理局等相关部门围绕税收、通关检疫、支付结算、结汇等关键瓶颈也出台了针对性政策，逐步建立配套的制度体系，支持中国跨境电商企业合法、合规、低成本展业，充分释放了市场活力。

二、市场主体相对稳固

《报告》显示，从销售额的角度观察，跨境电商行业以中腰部企业为主，已经形成相对健康、稳定的主体结构。

在跨境电商出口热门品类中，数码、家居家具和服装鞋帽居前三位。此外，美妆个护、运动户外、工艺品、手工园艺等也是跨境电商的销售热点。

从目标市场看，2021 年，北美和欧洲依旧是中国跨境电商出口的主要市场，分别有 54%和 43%的企业在相应地区开展业务。随着“一带一路”倡议推进和 RCEP 协定的签订，东南亚、中东、拉美、中亚、非洲等新兴市场也成为出口卖家的重点拓展方向。

三、独立站快速崛起

在"品牌出海"时代，独立站在跨境电商的品牌成长中扮演着愈发重要的角色。在已有独立站的企业中，有31%的企业独立站销售额占企业总销售额的30%以上，有3%的企业销售额全部依托独立站。

与此同时，海外营销和独立站运营也是不少企业的困扰。对此，《报告》指出，通过独立站培育打造品牌要注重品牌定调的与时俱进，只有敏锐洞察社会价值观变化，发掘消费者精神诉求，真正理解消费者，与消费者有深层次共鸣，才能引领消费者。

（资料来源：https://dzswgf.mofcom.gov.cn/news/43/2021/10/1635145939736.html，有改动）

知行合一

一、名词解释

电子商务税收　跨境电子商务

二、单选题

1．下列不属于电子商务税收中存在的问题的是（　　）。

A．支付方式单一

B．纳税主体难以判定

C．课税依据难以确认

D．数字产品的监管难度高

2．跨境电子商务的模式不包括（　　）。

A．海外代购平台跨境电子商务模式

B．直发/直运平台跨境电子商务模式

C．C2C 跨境电子商务模式

D．导购跨境电子商务模式

3．关于电子商务通关的法律法规，以下说法中错误的是（　　）。

A．跨境电子商务零售进出口商品申报前的电子信息，应当分别通过国际贸易"单一窗口"或跨境电子商务通关服务平台向海关传输

B．跨境电子商务零售商品进口时，跨境电子商务企业境内代理人或其委托的报关企业应提交《申报清单》，采取“集中纳税”方式办理报关手续

C．开展跨境电子商务零售进口业务的跨境电子商务平台企业、跨境电子商务企业境内代理人应对交易真实性和消费者（订购人）身份信息真实性进行审核

D．允许以“清单核放、汇总统计”方式办理报关手续的，不再汇总形成《中华人民共和国海关出口货物报关单》

三、简答题

1．简述电子商务税收的政策。

2．简述跨境电子商务主体注册登记的相关规定。

3．简述跨境电子商务零售进口商品的减免税的相关规定。

四、案例分析

为加强对“双十一”网购商品质量状况的监督，中国消费者协会组织开展了对“双十一”网购商品的调查体验活动。体验人员实际购买了“海淘”商品93件，涉及37个品牌。其中19个品牌的权益人对53件商品出具了鉴定结果，38件为正品，16件涉嫌仿冒。

在化妆品方面，涉嫌仿冒的商品有京东网某海外专营店销售的资生堂洗面奶、聚美优品极速免税店销售的雅诗兰黛精华露、拼多多某美妆店铺销售的雅诗兰黛眼霜、淘宝网某店铺销售的安耐晒防晒霜、网易考拉自营直邮仓销售的雅诗兰黛眼霜等。

结合所学知识回答以下问题：

1．我国为跨境电子商务的主体及通关制定了哪些法律法规？

2．跨境电子商务中为什么频频出现假货？该如何解决跨境电子商务的假货问题？

项目六

电子商务知识产权相关法律法规

电子商务形态的多样性，给知识产权的保护带来了诸多变化。一方面，知识产权客体扩展到了域名、数字作品、计算机软件等领域；另一方面，知识产权纠纷的解决途径也有了新的扩展。尊重与保护知识产权是创新的原动力，也是构建更加成熟的电商行业的基石。

素质目标

- ☑ 尊重法治，敬畏法律，增强法治意识，提高法治素养。
- ☑ 树立发展理念，深入社会实践，关注现实问题。

知识目标

- ☑ 了解电子商务知识产权的定义、内容及面临的挑战。
- ☑ 熟悉域名的特点、结构，以及域名取得、注销及纠纷解决相关法律法规。
- ☑ 熟悉著作权的内容、合理使用及法定许可使用。
- ☑ 掌握网络著作权的定义、侵权情形及其相关法律法规。
- ☑ 掌握计算机软件著作权定义、内容、许可、转让及其相关法律法规。

技能目标

- ☑ 能够在工作中建立起保护知识产权的意识。
- ☑ 能够在工作中运用相关法律法规保护企业或个人的域名、网络著作权、计算机软件著作权等知识产权。

任务一 认识电子商务知识产权

引导案例

2018年中国法院知识产权司法保护状况

2019 年 4 月，最高人民法院发布了《知识产权司法保护状况（2018 年）》，对我国 2018 年全年的知识产权司法保护状况进行了总结。

2018 年我国的知识产权司法保护工作呈现出五个重要特点：

第一，案件的数量增幅较大。2018 年，人民法院新收知识产权民事、行政和刑事案件数量达到 334 951 件，比 2017 年增加 97 709 件，同比上升 41.19%。

第二，案件的影响显著提升。通过对各类案件的公正、高效审理，人民法院已经形成了一批在国内外具有重大影响的判决。例如，上海浦东法院审理的刘三田诉周梅森等著作权侵权纠纷案，涉及知名反腐文艺作品《人民的名义》，具有极高的社会关注度。

第三，审理的难度不断加大。随着我国市场经济的发展和创新驱动发展战略的实施，涉及复杂技术事实认定的技术类案件或者其他类型新颖的案件越来越多，使知识产权审判不断面临新挑战。例如，上海知识产权法院审理的 DNA 吉诺特克股份有限公司诉上海市人类基因组研究中心等侵害发明专利权纠纷案，涉及侵害人类基因测试技术专利；复旦大学附属华山医院诉弗林特侵犯人类遗传资源信息专属持有权案，涉及人类基因数据的归属问题等。

第四，审判的质效稳步向好。2018 年来，结案数量显著提升，服判息诉率持续向好，案件调撤率大幅上升，产生了很好的社会效果。

第五，保护的力度持续加强。人民法院坚持以市场价值为导向解决知识产权案件赔偿低的问题，加大对侵权行为的惩治力度，提升侵权人的违法成本，使赔偿数额与知识产权市场价值相适应。

（资料来源：http://www.court.gov.cn/zixun-xiangqing-153242.html，有改动）

想一想：什么是知识产权？电子商务活动中会涉及哪些知识产权问题？

一、电子商务知识产权的定义

知识产权，是指权利人对其通过智力劳动所创作的成果的所有权。随着信息技术的进步，知识产权概念的外延发生了扩展，我们在日常生活中常常使用的电子邮件、电子公告栏，以及计算机游戏、图片、视频等，都应当受到知识产权的保护。

电子商务知识产权，是指电子商务活动中涉及的知识产权，主要包括商标、专利权、域名、著作权等内容。

二、电子商务知识产权的内容

1. 商标

商标，是指商品的生产者、经营者在其生产、制造、加工、拣选及经销的商品上或服务的提供者在其提供的服务上，所采用的用于区别商品或服务来源的、具有显著特征的标志。商标可以包括文字、图形、字母、数字、三维标志、颜色组合和声音等。

2. 专利权

专利权，是指对公开的发明创造享有的一定期限内的独占权，发明创造包含了发明、实用新型和外观设计三种形式。电子商务使得很多新兴技术成为专利的客体，如计算机程序、密码技术、销售系统等，甚至一些界面设计、检索技术等也可以申请专利。

3. 域名

域名，是为以字符形式标识的特定主机在互联网中的地址。每个域名都对应一个唯一的 IP 地址。如今，随着互联网经济的发展，域名的商业价值正在逐渐增强，应当赋予其知识产权的权利内容，以保证域名权利人的经济利益。

4. 著作权

著作权，也称版权，是一种基于作品的权利，包含人身权和财产权两个层面。传统的著作权客体是指发明、设计、文学、艺术等具有独创性的作品，而在电子商务中，受保护的客体还包含了计算机软件、数据库等特殊形式的作品。

根据电子商务的具体实践，本书将着重介绍域名和著作权两部分内容。

扩展阅读

2019 年两会　知识产权保护成“热词”

创新是引领发展的第一动力，而知识产权则是保护创新主体、维持良好的市场竞争秩序的重要途径。2019 年，在全国各地的两会上，针对如何完善知识产权保护、不断优化营商环境的问题，各地代表委员纷纷建言献策。近年来，创新浪潮澎湃，面对新形势，利用新技术开展知识产权保护，并将知识产权保护延伸到特色产业和新兴产业上，是代表委员集思广益的方向之一。

“区块链技术有着去中心化、不可篡改的属性，是目前最公正、公开和透明的科技手段，如果将其应用到知识产权服务领域，可实现加密状态下的过程存证，从而简化了维权申请流程，加快了维权进度。”四川省政协委员温雪倩认为，利用区块链技术等新兴科技手段来搭建知识产权服务平台，将政府部门、法院、电商平台、企业等相关方联系起来，共同参与知识产权保护，能使知识产权保护过程中的权利确权、证据固定、在线审判、判决执法等全流程都做到有法可依、有据可查。“全球众多国家和机构已开始尝试利用区块链技术开展知识产权保护，特别是在音乐、创意设计、图形图像等文化创意领域。”温雪倩说。

广州市人大代表陈桂针表示，近年来，新兴科创企业已成为民营经济的重要组成部分。作为刚崛起的新一代信息服务业，AR/VR 与各大产业的融合发展前景广阔，然而 AR/VR 技术的知识产权维权方面始终存在着较大的障碍。2018 年底，深圳市成立了全国首个 AR/VR 行业知识产权保护工作站，将在 AR/VR 行业的知识产权申请、纠纷的解决、维权等方面发挥重要作用。

随着改革开放进一步深入，加强知识产权的保护也已成为改善营商环境的必然要求。地方两会上代表委员积极出谋划策，对知识产权工作提出了很多宝贵的意见和建议，从而为经济高质量发展汇聚了力量，指明了方向。

（资料来源：http://www.sipo.gov.cn/mtsd/1135797.htm，有改动）

课堂互动

以小组为单位，就以下问题进行交流：

（1）你在日常生活中接触过哪些与电子商务知识产权有关的内容？请举例说明。

（2）互联网环境下的知识产权保护会遇到哪些困难？

三、电子商务知识产权面临的挑战

1. 管辖权难以确定

知识产权纠纷通常在被告所在地或侵权行为的发生地进行诉讼。但由于电子商务无国界、开放性的特点，使得侵权行为的主体、受害地点都难以确定，因而对管辖权和诉讼程序形成了挑战。

2. 证据收集困难

《民事诉讼法》及《电子签名法》对数据电文的原件形式及作为证据的法律效力做出了规定，数据电文需在法律规定的各个方面都具有可靠性才能被纳入证据的范畴。但在电子商务知识产权相关的诉讼中，客体的无形性使得原告可能会在证据的收集上遇到困难，从而难以维护自己的合法权益。

电商企业增设“知识产权检索”岗

例如，电子商务中著作权的客体通常是数字化的，复制与传输效率极高。侵权人很容易对版权信息、交易数据等进行删除和伪造，以隐藏自己的侵权行为；而被侵权人也由于证据的缺乏和法律界限的模糊，从而难以对侵权行为进行有效制裁。

经典案例

直播网络游戏实况　平台侵犯游戏开发者著作权

《梦幻西游》是网易公司旗下一款十分火爆的网络游戏，玩家众多，在网络游戏领域拥有极高的话题度。2012 年起，YY 直播平台的运营者华多公司为了提高平台中的观众数量，开始着手打造《梦幻西游》直播项目，不仅签约了大量游戏主播，还为主播提供抓取计算机显示屏内容的工具，供主播进行《梦幻西游》游戏实况的录制和直播。直播一经上线，便吸引了大量观众，华多公司通过观众为主播打赏礼物的分成及发布广告等方式，牟取了巨额利益。得知相关情况后，网易公司多次书面发函、口头交涉，对华多公司未经许可直播游戏内容的行为表示抗议，希望华多公司能够停止直播《梦幻西游》。但华多公司不仅对网易公司的抗议不予理会，还煽动平台主播对抗网易公司。网易公司遂将华多公司告上法庭。

2017 年，广州知识产权法院对该案作出一审判决，认定华多公司的行为侵害了网易公司对涉案电子游戏画面作为类电影作品享有的著作权，其运营的 YY 直播平台应立即停止通过网络传播《梦幻西游》游戏画面，并赔偿网易公司经济损失 2 000 万元。

评析：网易公司在开发原创游戏的过程中耗费了巨大的人力物力，如创作游戏中的原画、设计游戏场景等。华多公司窃取网易公司的原创果实，严重侵犯了网易公司的知识产权。保护创作者对其作品进行许可传播或不许可传播的排他性权利，有利于对开发者形成激励，从而促进智慧产品的产出。

（资料来源：http://www.chinaiprlaw.cn/index.php?id=4998，有改动）

任务实施

案例分析：微信公众号纠纷案

2015 年 5 月 5 日，深圳南山法院正式受理一起涉及微信公众号的纠纷案件。“花边阅读”和“异见”起诉“酿名斋”和“文字撰稿人”抄袭其原创文章《谈恋爱好难，我都不想干了》《我执着，因为你值得》和《5 座“种子”城市，谁将成为下一个直辖市？》。

根据所学知识，回答以下问题：

（1）案例中的纠纷涉及电子商务知识产权中的哪一项内容？

（2）被侵权人在维权过程中会遇到哪些困难？（可结合“电子商务给知识产权保护带来的挑战”中的内容进行思考。）

任务评价

请根据表 6-1 对上述任务实施的结果进行评价。

表 6-1　任务实施评价表

评价内容	分值	自评分	小组评分	教师评分	实得分
能够掌握电子商务知识产权的内容	40				
能够理解电子商务给知识产权保护带来的挑战	40				
能够灵活运用所学知识回答问题	20				

任务二　熟悉域名相关法律法规

引导案例

“qunar.com”与“quna.com”域名之争

2005 年 5 月 9 日，庄某注册了域名“qunar.com”并创建了“去哪儿”网。2006 年，北京趣拿公司（以下简称“趣拿公司”）成立，庄某将“qunar.com”域名及“去哪儿”网转让给了趣拿公司。经过北京趣拿公司的多年经营，“去哪儿”网成为国内知名的旅游业网络搜索服务网站。

2009 年 5 月 26 日，广州一家公司的企业名称经核准变更为“广州市去哪信息技术有限公司”(以下简称“去哪公司”)，经营范围与北京趣拿公司接近。同年 7 月，去哪公司经受让取得“quna.com”域名，紧接着又注册了“手机去哪网 www.mquna.com”“去哪网 www.123quna.com”两个域名，使用“去哪”和“quna.com”字样对外宣传和经营。

2011 年 4 月 25 日，趣拿公司以去哪公司构成不正当竞争为由，向法院提起诉讼，请求法院判令去哪公司立即停止不正当竞争的行为，并向趣拿公司赔礼道歉，赔偿损失。

一审法院认为，去哪公司使用“quna.com”域名的行为，是对趣拿公司知名服务特有名称的侵害，构成了不正当竞争，去哪公司应当停止使用该域名并将其移转给趣拿公司。二审法院则认为，去哪公司对域名“quna.com”享有合法权益，且有正当理由使用该域名，不构成不正当竞争。双方均拥有来源合法的域名，需要彼此容忍、相互尊重，一方不能因为在经营过程中知名度提升，就剥夺另一方的生存空间；另一方也不能恶意攀附知名度较高一方的商誉，以谋取不正当的商业利益。据此，去哪公司有权继续使用“quna.com”的域名，但有义务在网站上加注区别性标识，使消费者能够将其与“qunar.com”相区分。2014 年，去哪公司将企业名称变更为“广州市到哪信息技术有限公司”。

（资料来源：http://www.taikunlv.com/jd2/1620.html，有改动）

想一想： 为什么使用相似的域名可能会构成不正当竞争？域名的使用中有哪些需要注意的法律问题？

一、域名概述

（一）域名的定义

互联网是由计算机连接而成的信息交换媒介，为了对各个计算机进行区分，每台计算机都分配有一个特定“地址”，这个地址便是我们熟悉的 IP 地址。IP 地址由一串数字构成，枯燥难记，为此人们研发出了一种与 IP 地址一一对应的、符合人们语言习惯的字符型标识——域名（如 www.taobao.com）。

域名，是指互联网中用于识别和定位计算机的一种字符标识，与该计算机的 IP 地址相对应。

全球各地域名注册机构中的每一个域名都是独一无二的。作为一种相对有限的资源，一些知名度较高、易于记忆的域名具有很高的商业价值。

（二）域名的特点

1. 唯一性

域名就像计算机在互联网中的门牌号，当一个企业注册了某个特定的域名后，其他企业或机构便无法注册同样的域名。通过域名可以区分不同的站点，对于站点来说，域名是唯一的。

2. 宣传性

互联网已经成为企业进行市场拓展、树立品牌形象的重要途径，域名作为一种字符型标识，可以作为载体向消费者传递企业信息，具有一定的广告宣传作用，是企业重要的无形资产。

3. 财产性

2014 年，小米启用了花费 360 万美元购买的新域名 mi.com；2015 年，360 收购了域名 360.com，成交价为 1 700 万美元。作为企业知识产权的一部分，与知名企业名称有直接关系的一些特定域名，售价会非常高昂。

（三）域名的结构

一个完整的域名是由多个层级构成的，各级名称间用“.”进行分隔。域名中，从左到右最后一个“.”的右边为顶级域名（又称一级域名），左边为二级域名。例如，域名“cnnic.com.cn”中，“.cn”是顶级域名，“.com”是二级域名。二级域名的左边为三级域名，三级域名的左边为四级域名，以此类推。

1. 顶级域名

顶级域名，由互联网名称与数字地址分配机构（以下简称“ICANN”）进行分配和审批，通常由两到三个英文字母组成。顶级域名可以分为通用顶级域名、国家（或地区）顶级域名、基础建设顶级域名和测试顶级域名四类。

➢ 通用顶级域名

常见的通用顶级域名有“.com”“.net”“.org”“.int”“.edu”等。2011 年，ICANN 出台了一项新的顶级域名命名政策，计划引入更多的通用顶级域名，例如“.mobi”“.travel”等。2011 年后批准通过的通用顶级域名被称为“新通用顶级域名”。

➢ 国家（或地区）顶级域名

国家（或地区）顶级域名基于国际标准化组织制定的“代表国家及其子行政区名称的代码”进行编写，表示该域所在的国家或地区，例如“.cn”代表中国，“.uk”代表英国等。此类域名一般由相应的国家或地区负责管理。

➢ 基础建设顶级域名

唯一的基础建设顶级域名是“.arpa”，原为美国军方使用，后改为国际互联网工程任务组等国际性的技术组织保留使用，用于解决互联网技术基础设施问题。

➢ 测试顶级域名

测试顶级域名是 ICANN 在 2007 年建立的国际化顶级域名测试网域，用于测试包括简体中文、繁体中文、俄文、日文在内的多语种域名。测试结束后，这批顶级域名功成身退，已于 2013 年 10 月 31 日废止。

2. 二级域名

二级域名是顶级域名的子域名，命名规则由对应的顶级域名管理机构制定，并由其进行管理。例如，我国顶级域名“.cn”由中国互联网络信息管理中心（以下简称“CNNIC”）管理和维护，因而“.cn”下的“.com.cn”“.gov.cn”等二级域名的规划和定义也应由 CNNIC 负责。

3. 三级域名

三级域名是二级域名的子域名，由对应的二级域名所有者管理，同时也应遵循对应顶级域名的管理政策。

二、域名相关法律法规

根据《互联网域名管理办法》的规定，与域名使用相关的法律法规如下。

（一）域名注册服务机构的设立

1．设立条件

域名注册服务机构，是指依法获得许可、受理域名注册申请并完成域名在顶级域名数据库中注册的机构。在我国境内设立域名注册服务机构，应当取得工业和信息化部或者省、自治区、直辖市通信管理局（以下统称电信管理机构）的相应许可。

申请设立域名注册服务机构的，应当具备以下条件：

第一，在境内设置域名注册服务系统、注册数据库和相应的域名解析系统。

第二，是依法设立的法人，该法人及其主要出资者、主要经营管理人员具有良好的信用记录。

第三，具有与从事域名注册服务相适应的场地、资金和专业人员及符合电信管理机构要求的信息管理系统。

第四，具有进行真实身份信息核验和用户个人信息保护的能力、提供长期服务的能力及健全的服务退出机制。

第五，具有健全的域名注册服务管理制度和对域名注册代理机构的监督机制。

第六，具有健全的网络与信息安全保障措施，包括管理人员、网络与信息安全管理制度、应急处置预案和相关技术、管理措施等。

第七，法律、行政法规规定的其他条件。

2．申请

申请设立域名注册服务机构的，应当向住所地省、自治区、直辖市通信管理局提交申请材料。申请材料应当包括：

第一，申请单位的基本情况及其法定代表人签署的依法诚信经营承诺书。

第二，对域名服务实施有效管理的证明材料，包括相关系统及场所、服务能力的证明材料、管理制度、与其他机构签订的协议等。

第三，网络与信息安全保障制度及措施。

第四，证明申请单位信誉的材料。

3．受理

申请材料齐全、符合法定形式的，电信管理机构应向申请单位出具受理申请通知书；申请材料不齐全或者不符合法定形式的，电信管理机构应当场或者在 5 个工作日内一次性书面告知申请单位需要补正的全部内容；不予受理的，应出具不予受理通知书并说明理由。

电信管理机构应当自受理之日起 20 个工作日内完成审查，作出予以许可或者不予许可的决定。20 个工作日内不能作出决定的，经电信管理机构负责人批准，可以延长 10 个工作日，并将延长期限的理由告知申请单位。需要组织专家论证的，论证时间不计入审查期限。予以许可的，应当颁发相应的许可文件；不予许可的，应当书面通知申请单位并说明理由。

4. 变更与终止

域名注册服务机构的名称、住所、法定代表人等信息发生变更的，应当自变更之日起 20 日内向原发证机关办理变更手续。

域名注册服务机构拟终止相关服务的，应当提前 30 日书面通知用户，提出可行的善后处理方案，并向原发证机关提交书面申请。原发证机关收到申请后，应当向社会公示 30 日。公示期结束 60 日内，原发证机关应当完成审查并做出决定。

（二）域名的取得与注销

域名注册服务原则上实行“先申请先注册”，相应域名注册实施细则另有规定的，从其规定。域名注册服务机构不得采用欺诈、胁迫等不正当手段要求他人注册域名。

1. 域名内容

任何组织或者个人注册、使用的域名中，不得含有下列内容：

第一，反对宪法所确定的基本原则的。

第二，危害国家安全，泄露国家秘密，颠覆国家政权，破坏国家统一的。

第三，损害国家荣誉和利益的。

第四，煽动民族仇恨、民族歧视，破坏民族团结的。

第五，破坏国家宗教政策，宣扬邪教和封建迷信的。

第六，散布谣言，扰乱社会秩序，破坏社会稳定的。

第七，散布淫秽、色情、赌博、暴力、凶杀、恐怖或教唆犯罪的。

第八，侮辱或者诽谤他人，侵害他人合法权益的。

第九，含有法律、行政法规禁止的其他内容的。

域名注册管理机构、域名注册服务机构不得为含有上述内容的域名提供服务。

2. 信息提供

域名注册服务机构提供域名注册服务，应当要求域名注册申请者提供域名持有者真实、准确、完整的身份信息等域名注册信息。域名注册管理机构和域名注册服务机构应当对域名注册信息的真实性、完整性进行核验。

域名注册申请者提供的域名注册信息不准确、不完整的，域名注册服务机构应当要求其予以补正。申请者不补正或者提供不真实的域名注册信息的，域名注册服务机构不得为其提供域名注册服务。

3. 信息公开和保护

域名注册服务机构应当公布域名注册服务的内容、时限、费用，保证服务质量，提供域名注册信息的公共查询服务。

域名注册管理机构、域名注册服务机构应当依法存储、保护用户个人信息。未经用户同意不得将用户个人信息提供给他人，但法律、行政法规另有规定的除外。

4. 域名变更

域名持有者的联系方式等信息发生变更的，应当在变更后 30 日内向域名注册服务机构办理域名注册信息变更手续。

域名持有者将域名转让给他人的，受让人应当遵守域名注册的相关要求。

域名持有者有权选择、变更域名注册服务机构。变更域名注册服务机构的，原域名注册服务机构应当配合域名持有者转移其域名注册相关信息。无正当理由的，域名注册服务机构不得阻止域名持有者变更域名注册服务机构。电信管理机构依法要求停止解析的域名，不得变更域名注册服务机构。

5. 应急处理

域名注册服务机构应当遵守国家相关法律、法规和标准，落实网络与信息安全保障措施，配置必要的网络通信应急设备，建立健全网络与信息安全监测技术手段和应急制度。域名系统出现网络与信息安全事件时，应当在 24 小时内向电信管理机构报告。

因国家安全和处置紧急事件的需要，域名注册服务机构应当服从电信管理机构的统一指挥与协调，遵守电信管理机构的管理要求。

6. 域名注销

已注册的域名有下列情形之一的，域名注册服务机构应当予以注销，并通知域名持有者：① 域名持有者申请注销域名的；② 域名持有者提交虚假域名注册信息的；③ 依据人民法院的判决、域名争议解决机构的裁决，应当注销的；④ 法律、行政法规规定予以注销的其他情形。

课堂互动

假如你是一家电子商务企业的老板，想要设立一个自己的购物网站，应当如何申请域名？申请过程中有哪些需要注意的问题？

申请成功后，你发现另一家购物网站注册并使用了与你极为相似的域名，你应当如何解决这个问题？

（三）域名纠纷的解决

根据最高人民法院《关于审理涉及计算机网络域名民事纠纷案件适用法律若干问题的解释》，在域名纠纷的解决上有以下需要注意的问题。

1．管辖

涉及域名的侵权纠纷案件，由侵权行为地或者被告住所地的中级人民法院管辖。对难以确定侵权行为地和被告住所地的，原告发现该域名的计算机终端等设备所在地可以视为侵权行为地。

涉外域名纠纷案件包括当事人一方或者双方是外国人、无国籍人、外国企业或组织、国际组织，或者域名注册地在外国的域名纠纷案件。在中华人民共和国领域内发生的涉外域名纠纷案件，依照《民事诉讼法》第四编涉外民事诉讼程序的特别规定确定管辖。

2．侵权或不正当竞争

人民法院审理域名纠纷案件，对符合以下各项条件的，应当认定被告注册、使用域名等行为构成侵权或者不正当竞争：

第一，原告请求保护的民事权益合法有效。

第二，被告域名或其主要部分构成对原告驰名商标的复制、模仿、翻译或音译；或者与原告的注册商标、域名等相同或近似，足以造成相关公众的误认。

第三，被告对该域名或其主要部分不享有权益，也无注册、使用该域名的正当理由。

第四，被告对该域名的注册、使用具有恶意。

被告的行为被证明具有下列情形之一的，人民法院应当认定其具有恶意：

第一，为商业目的将他人驰名商标注册为域名的。

第二，为商业目的注册、使用与原告的注册商标、域名等相同或近似的域名，故意造成与原告提供的产品、服务或者原告网站的混淆，误导网络用户访问其网站或其他在线站点的。

第三，曾要约高价出售、出租或者以其他方式转让该域名获取不正当利益的。

第四，注册域名后自己并不使用也未准备使用，而有意阻止权利人注册该域名的。

第五，具有其他恶意情形的。

被告举证证明在纠纷发生前其所持有的域名已经获得一定的知名度，且能与原告的注册商标、域名等相区别，或者具有其他情形足以证明其不具有恶意的，人民法院可以不认定被告具有恶意。

3．法律责任

人民法院在审理域名纠纷案件中，对符合使用域名等行为构成侵权或不正当竞争的规定的情形，依照有关法律规定构成侵权的，应当适用相应的法律规定；构成不正当竞争的，可以适用《民法通则》第四条、《中华人民共和国反不正当竞争法》（以下简称《反不正当竞争法》）第二条第一款的规定。涉外域名纠纷案件，依照《民法通则》第八章的有关规定处理。

人民法院认定域名注册、使用等行为构成侵权或者不正当竞争的，可以判令被告停止侵权、注销域名，或者依原告的请求判令由原告注册使用该域名；给权利人造成实际损害的，可以判令被告赔偿损失。

经典案例

恶意抢注知名品牌域名　国网公司连连败诉

知名连锁百货公司梅西公司（MACY'S）在1994年注册了域名"macys.com"，作为公司的官方购物主页。因认为一家名为国网公司的公司注册的域名"macys.com.cn"与"macys.cn"是恶意抢注，梅西公司展开了一场维权之旅。

梅西公司指出，其公司的商品和服务遍及包括中国在内的100多个国家或地区，具有较高的知名度，涉案争议域名完整包含了梅西公司的"MACY'S"商标和字号，极易导致消费者的混淆误认，且国网公司并没有实际使用所注册的域名，因此注册行为具有明显恶意，构成不正当竞争。2016年，北京知识产权法院对此案做出一审判决，判令国网公司将涉案争议域名"macys.cn"和"macys.com.cn"转移给梅西公司注册和使用，并赔偿梅西公司合理支出4万元人民币。

除梅西公司外，国网公司还注册了包括杜邦、宝洁、宜家、劳力士、欧莱雅等国际知名品牌在内的几千个域名。这些跨国公司纷纷起诉国网公司，国网公司均告败诉，被判注销域名、赔偿损失。

评析：根据《关于审理涉及计算机网络域名民事纠纷案件适用法律若干问题的解释》中的规定，国网公司注册的域名构成了对原告驰名商标的复制、模仿、翻译或音译，与原告的注册商标、域名等相同或近似，足以造成相关公众的误认；同时，国网公司也没有注册、使用该域名的正当理由，可以判断国网公司注册该域名的行为是具有恶意的。这一行为也符合《反不正当竞争法》中的规定：不正当竞争行为，是指经营者在生产经营活动中，违反本法规定，扰乱市场竞争秩序，损害其他经营者或者消费者的合法权益的行为。根据相关法律法规的规定，国网公司应当受到相应的惩罚。

（资料来源：https://www.tianyancha.com/lawsuit/5a599e58b11f4df6802f1e2c4fe707ce，有改动）

任务实施

在"中国庭审公开网"中使用关键词"域名"检索与域名纠纷相关的案件，选择一件案件，全班同学一起观看该案件庭审过程的录像。

在观看过程中思考以下问题：

（1）域名纠纷案件的审理流程是怎样的？

（2）域名纠纷案件的举证规则是怎样的？

任务评价

请根据表 6-2 对上述任务实施的结果进行评价。

表 6-2　任务实施评价表

评价内容	分值	自评分	小组评分	教师评分	实得分
能够了解法庭审判案件的流程	40				
能够了解域名纠纷中的举证规则	40				
能够提出自己的见解	20				

任务三　熟悉电子商务著作权相关法律法规

引导案例

国内首例电子商务著作权侵权案

2000 年 10 月 31 日，我国第一起因电子商务引起的著作权侵权案在京审结。案件的原被告均是经营建筑装修电子商务的网站，原告的网站名称为万家网，被告的网站名称为 e 家家居。2000 年 3 月 15 日，原告的网站正式开通；2000 年 6 月 22 日，原告以被告的网站有严重抄袭万家网栏目内容的行为为由在北京市公证处进行了证据保全，现场打印了两个网站的部分网页。2000 年 7 月 8 日，原告以侵犯著作权为由将被告诉至北京市海淀区人民法院。

原告认为，被告网站上有着与原告网站具体操作流程、网上家装广场各项管理办法等内容类似的内容，或是一字不改仅将“万家网”改成“e 家家居”，或是抄袭后略微改动顺序、条目，这种行为严重侵犯了原告的著作权，使原告的商业利益受到了损害。

经过审理，原被告双方均认可公证书中记载的原告 5 个网页的部分内容与被告网页内容相同或实质上相似。被告未举证证明这部分内容由其独立创作完成或已处于公有领域。经法庭主持调解，双方当事人自愿达成调解协议：① 被告立即停止侵权；② 在被告网站上刊登致歉声明，为期一周；③ 被告赔偿原告经济损失 3 万元。

（资料来源：http://www.fabang.com/a/20190511/1089769.html，有改动）

想一想：什么是著作权？电子商务活动中的哪些部分会涉及著作权？

一、网络著作权

（一）网络著作权的定义

网络著作权，又称网络版权，是指作者及其他著作权人对其创作的文学、艺术、自然科学、工程技术等作品依法享有网络环境下的著作权。其中包括传统作品在网络上的著作权，以及数字作品在网络上的著作权。

《中华人民共和国著作权法》（以下简称《著作权法》）所称的作品，包括以下形式创作的文学、艺术和自然科学、社会科学、工程技术等作品：① 文字作品；② 口述作品；③ 音乐、戏剧、曲艺、舞蹈、杂技艺术作品；④ 美术、建筑作品；⑤ 摄影作品；⑥ 电影作品和以类似摄制电影的方法创作的作品；⑦ 工程设计图、产品设计图、地图、示意图等图形作品和模型作品；⑧ 计算机软件；⑨ 法律、行政法规规定的其他作品。

《最高人民法院关于审理涉及计算机网络著作权纠纷案件适用法律若干问题的解释》规定，受著作权法保护的作品，包括上述规定的各类作品的数字化形式。在网络环境下无法归于上文列举的作品范围，但在文学、艺术和科学领域内具有独创性并能以某种有形形式复制的其他智力创作成果，人民法院应当予以保护。

《著作权法》不适用于以下内容：① 法律、法规，国家机关的决议、决定、命令和其他具有立法、行政、司法性质的文件及其官方正式译文；② 时事新闻；③ 历法、通用数表、通用表格和公式。

（二）著作权的内容与使用

1. 著作权的内容

著作权包括人身权和财产权。发表权、署名权、修改权、保护作品完整权属于人身权，由作者终身享有，不可转让、剥夺和限制；其他权利属于财产权。

第一，发表权，即决定作品是否公之于众的权利。

第二，署名权，即表明作者身份，在作品上署名的权利。

第三，修改权，即修改或者授权他人修改作品的权利。

第四，保护作品完整权，即保护作品不受歪曲、篡改的权利。

第五，复制权，即以印刷、复印、拓印、录音、录像、翻录、翻拍等方式将作品制作一份或者多份的权利。

第六，发行权，即以出售或者赠予方式向公众提供作品的原件或者复制件的权利。

第七，出租权，即有偿许可他人临时使用电影作品和以类似摄制电影的方法创作的作品、计算机软件的权利，计算机软件不是出租的主要标的的除外。

第八，展览权，即公开陈列美术作品、摄影作品的原件或者复制件的权利。

第九，表演权，即公开表演作品，以及用各种手段公开播送作品的表演的权利。

第十，放映权，即通过放映机、幻灯机等技术设备公开再现美术、摄影、电影和以类似摄制电影的方法创作的作品等的权利。

第十一，广播权，即以无线方式公开广播或者传播作品，以有线传播或者转播的方式向公众传播广播的作品，以及通过扩音器或者其他传送符号、声音、图像的类似工具向公众传播广播的作品的权利。

第十二，信息网络传播权，即以有线或者无线方式向公众提供作品，使公众可以在其个人选定的时间和地点获得作品的权利。

第十三，摄制权，即以摄制电影或者以类似摄制电影的方法将作品固定在载体上的权利。

第十四，改编权，即改变作品，创作出具有独创性的新作品的权利。

第十五，翻译权，即将作品从一种语言文字转换成另一种语言文字的权利。

第十六，汇编权，即将作品或者作品的片段通过选择或者编排，汇集成新作品的权利。

第十七，应当由著作权人享有的其他权利。

公民的作品，其发表权、著作权财产权的保护期为作者终生及其死亡后五十年，截止于作者死亡后第五十年的12月31日；如果是合作作品，截止于最后死亡的作者死亡后第五十年的12月31日。法人或者其他组织的作品、著作权（署名权除外）由法人或者其他组织享有的职务作品，其发表权、著作权财产权的保护期为五十年，截止于作品首次发表后第五十年的12月31日，但作品自创作完成后五十年内未发表的，不受保护。电影作品和以类似摄制电影的方法创作的作品、摄影作品，其发表权、著作权财产权的保护期为五十年，截止于作品首次发表后第五十年的12月31日，但作品自创作完成后五十年内未发表的，不受保护。作者的署名权、修改权、保护作品完整权的保护期不受限制。

2．著作权的合理使用

著作权的合理使用，是指可以不经著作权人许可使用他人享有著作权的作品，可以不向其支付报酬，但应当指明作者姓名、作品名称，并且不得侵犯著作权人依照《著作权法》享有的其他权利。在下列情况下使用作品，属于著作权的合理使用：

第一，为个人学习、研究或者欣赏，使用他人已经发表的作品。

第二，为介绍、评论某一作品或者说明某一问题，在作品中适当引用他人已经发表的作品。

第三，为报道时事新闻，在报纸、期刊、广播电台、电视台等媒体中不可避免地再现或者引用已经发表的作品。

第四，报纸、期刊、广播电台、电视台等媒体刊登或者播放其他报纸、期刊、广播电台、电视台等媒体已经发表的关于政治、经济、宗教问题的时事性文章，但作者声明不许刊登、播放的除外。

第五，报纸、期刊、广播电台、电视台等媒体刊登或者播放在公众集会上发表的讲话，但作者声明不许刊登、播放的除外。

第六，为学校课堂教学或者科学研究，翻译或者少量复制已经发表的作品，供教学或者科研人员使用，但不得出版发行。

第七，国家机关为执行公务在合理范围内使用已经发表的作品。

第八，图书馆、档案馆、纪念馆、博物馆、美术馆等为陈列或者保存版本的需要，复制本馆收藏的作品。

第九，免费表演已经发表的作品，该表演未向公众收取费用，也未向表演者支付报酬。

第十，对设置或者陈列在室外公共场所的艺术作品进行临摹、绘画、摄影、录像。

第十一，将中国公民、法人或者其他组织已经发表的以汉语言文字创作的作品翻译成少数民族语言文字作品在国内出版发行。

第十二，将已经发表的作品改成盲文出版。

上述对合理使用的规定适用于对出版者、表演者、录音录像制作者、广播电台、电视台的权利的限制。

3. 著作权的法定许可使用

著作权的法定许可使用，是指在一些特定的情形下，未经他人许可可以有偿使用他人享有著作权的作品。在下列情况下使用作品，属于著作权的法定许可使用：

第一，为实施九年制义务教育和国家教育规划而编写出版教科书，除作者事先声明不许使用的外，可以不经著作权人许可，在教科书中汇编已经发表的作品片段或者短小的文字作品、音乐作品或者单幅的美术作品、摄影作品，但应当按照规定支付报酬，指明作者姓名、作品名称，并且不得侵犯著作权人依照《著作权法》享有的其他权利。

第二，作品刊登后，除著作权人声明不得转载、摘编的以外，其他报刊可以转载。或者作为文摘、资料刊登，但应当按照规定向著作权人支付报酬。

第三，录音制作者使用他人已经合法录制为录音制品的音乐作品制作录音制品，可以不必征得权利人许可，但应当按照规定向其支付报酬；著作权人声明不许使用的不得使用。

第四，广播电台、电视台播放他人已发表的作品及已经出版的录音制品，可以不经著作权人许可，但应当支付报酬。当事人另有约定的除外。具体办法由国务院规定。

著作权的法定许可适用于对出版者、表演者、录音录像制作者、广播电台、电视台的权利限制。

相关法规

《保护文学和艺术作品伯尔尼公约》中的合理使用与法定许可使用

《保护文学和艺术作品伯尔尼公约》，简称《伯尔尼公约》，是关于著作权保护的国际条约，1886 年 9 月 9 日制定于瑞士伯尔尼。1992 年 10 月 15 日中国成为该公约成员国。

《伯尔尼公约》中对著作权的合理使用和法定许可使用做出了以下规定:

第十条　从一部合法公之于众的作品中摘出引文，包括以报刊提要形式引用报纸期刊的文章，只要符合合理使用，在为达到目的的正当需要范围内，就属合法。本同盟成员国法律及成员国之间现有或将要签订的特别协议规定，可以合法地通过出版物、无线电广播或录音录像使用文学艺术作品作为教学的解说的权利，只要是在为达到目的的正当需要范围内使用，并符合合理使用。前面各款提到的摘引和使用应说明出处，如原出处有作者姓名，也应同时说明。

第十条之二　本同盟各成员国的法律允许通过报刊、广播或对公众有线传播，复制发表在报纸、期刊上的讨论经济、政治或宗教的时事性文章，或具有同样性质的已经广播的作品，但以对这种复制、广播或有线传播并未明确予以保留的为限。然而，均应明确说明出处；对违反这一义务的法律责任由被要求给予保护的国家的法律确定。在用摄影或电影手段，或通过广播或对公众有线传播报道时事新闻时，在事件过程中看到或听到的文学艺术作品在为报道目的正当需要范围内予以复制和公之于众的条件，也由本同盟各成员国的法律规定。

（资料来源：https://wipolex.wipo.int/zh/text/283701）

（三）网络著作权的侵权情形

1．网络对传统形式作品的侵权

网络对传统形式作品的侵权，是指未经著作权人许可，在网络上传播、下载、转载、使用数字化的传统作品的行为。现行法律对著作权的规定仍然适用于被数字化的作品，即使作品形式从传统的纸质或其他形式转为了数字形式，著作权仍然由原著作权人享有。例如，1999 年王蒙等六位作家起诉北京世纪互联公司侵犯著作权案中，被告在未经原告许可也未支付版权使用费的情况下，将原告的作品以数字化的形式上传到网站上供人阅读或下载，严重侵犯了原告的著作权，被判对原告公开赔礼道歉，并赔偿经济损失。

2．传统媒体对数字化形式作品的侵权

随着网络的普及，越来越多的作品直接在网络上创作完成并发表。传统媒体对网络著作权的侵权，是指未经著作权人许可，在传统媒体中发表、转载网络上作品的行为。例如，中国社会出版社在未经著作权人允许的情况下，将文学网站“榕树下”中网络作家的作品进行出版，被控侵权并败诉。

3．网络对数字化形式作品的侵权

网络对数字化形式作品的侵权，是指未经著作权人许可，在网络上发表、使用、转载数字化形式作品的行为。例如，本任务引导案例中的案件，便属于此类侵权行为。

（四）网络著作权纠纷的解决

1．情节较轻的处罚

有下列侵权行为的，应当根据情况，承担停止侵害、消除影响、赔礼道歉、赔偿损失等民事责任：

第一，未经著作权人许可，发表其作品的。

第二，未经合作作者许可，将与他人合作创作的作品当作自己单独创作的作品发表的。

第三，没有参加创作，为谋取个人名利，在他人作品上署名的。

第四，歪曲、篡改他人作品的。

第五，剽窃他人作品的。

第六，未经著作权人许可，以展览、摄制电影和以类似摄制电影的方法使用作品，或者以改编、翻译、注释等方式使用作品的，《著作权法》另有规定的除外。

第七，使用他人作品，应当支付报酬而未支付的。

第八，未经电影作品和以类似摄制电影的方法创作的作品、计算机软件、录音录像制品的著作权人或者与著作权有关的权利人许可，出租其作品或者录音录像制品的，《著作权法》另有规定的除外。

第九，未经出版者许可，使用其出版的图书、期刊的版式设计的。

第十，未经表演者许可，从现场直播或者公开传送其现场表演，或者录制其表演的。

第十一，其他侵犯著作权及与著作权有关的权益的行为。

2．情节较重的处罚

有下列侵权行为的，应当根据情况，承担停止侵害、消除影响、赔礼道歉、赔偿损失等民事责任；同时损害公共利益的，可以由著作权行政管理部门责令停止侵权行为，没收违法所得，没收、销毁侵权复制品，并可处以罚款；情节严重的，著作权行政管理部门还可以没收主要用于制作侵权复制品的材料、工具、设备等；构成犯罪的依法追究刑事责任：

第一，未经著作权人许可，复制、发行、表演、放映、广播、汇编、通过信息网络向公众传播其作品的，《著作权法》另有规定的除外。

第二，出版他人享有专有出版权的图书的。

第三，未经表演者许可，复制、发行录有其表演的录音录像制品，或者通过信息网络向公众传播其表演的，《著作权法》另有规定的除外。

第四，未经录音录像制作者许可，复制、发行、通过信息网络向公众传播其制作的录音录像制品的，《著作权法》另有规定的除外。

第五，未经许可，播放或者复制广播、电视的，《著作权法》另有规定的除外。

第六，未经著作权人或者与著作权有关的权利人许可，故意避开或者破坏权利人为其作品、录音录像制品等采取的保护著作权或者与著作权有关的权利的技术措施的，法律、行政法规另有规定的除外。

第七，未经著作权人或者与著作权有关的权利人许可，故意删除或者改变作品、录音录像制品等的权利管理电子信息的，法律、行政法规另有规定的除外。

第八，制作、出售假冒他人署名的作品的。

3. 赔偿额度

侵犯著作权或者与著作权有关的权利的，侵权人应当按照权利人的实际损失给予赔偿；实际损失难以计算的，可以按照侵权人的违法所得给予赔偿。赔偿数额还应当包括权利人为制止侵权行为所支付的合理开支。权利人的实际损失或者侵权人的违法所得不能确定的，由人民法院根据侵权行为的情节，判决给予 50 万元以下的赔偿。

4. 保全措施

著作权人或者与著作权有关的权利人有证据证明他人正在实施或者即将实施侵犯其权利的行为，如不及时制止将会使其合法权益受到难以弥补的损害的，可以在起诉前向人民法院申请采取责令停止有关行为和财产保全的措施。

为制止侵权行为，在证据可能灭失或者以后难以取得的情况下，著作权人或者与著作权有关的权利人可以在起诉前向人民法院申请保全证据。人民法院接受申请后，必须在 48 小时内作出裁定；裁定采取保全措施的，应当立即开始执行。人民法院可以责令申请人提供担保，申请人不提供担保的，驳回申请。申请人在人民法院采取保全措施后 15 日内不起诉的，人民法院应当解除保全措施。

5. 复制品的侵权

复制品的出版者、制作者不能证明其出版、制作有合法授权的，复制品的发行者或者电影作品或者以类似摄制电影的方法创作的作品、计算机软件、录音录像制品的复制品的出租者不能证明其发行、出租的复制品有合法来源的，应当承担法律责任。

6. 网络著作权侵权纠纷案件的管辖

网络著作权侵权纠纷案件由侵权行为地或者被告住所地人民法院管辖。侵权行为地包括实施被诉侵权行为的网络服务器、计算机终端等设备所在地。对难以确定侵权行为地和被告住所地的，原告发现侵权内容的计算机终端等设备所在地可以视为侵权行为地。

经典案例

转载新闻却被诉　腾讯与今日头条著作权纠纷案

2017 年，腾讯公司发现字节跳动公司经营的今日头条网站和今日头条手机客户端中，有近三百篇来自腾讯新闻的体育、娱乐相关文章，这些文章均未取得腾讯公司的转载许可。腾讯公司遂将字节跳动公司诉至法院，主张字节跳动公司侵犯了自己对涉案文章的独家信息网络传播权。

字节跳动公司辩称，部分涉案文章为时事新闻或忠实记录访谈类节目内容的文章，没有体现出作者的独创性，根据《著作权法》的相关规定不应构成作品，故不受《著作权法》保护；其余文章是字节跳动公司基于授权协议从第三方平台处转载的，有合法的来源；且今日头条手机客户端提供的是链接的导流服务，涉案文章并不存储于字节跳动公司的服务器上。

法院经审理后认为，涉案文章中不只是对时事时间的简单描述，包含了作者自己的观点，体现了作者的独创性，故对于字节跳动公司提出的部分文章不构成作品的抗辩不予支持。相关证据还显示，腾讯公司经合法授权获得了涉案文章的独家信息网络传播权，字节跳动公司在今日头条网站或今日头条手机客户端中向公众提供涉案文章的行为，侵害了腾讯公司的信息网络传播权。

评析：虽然《著作权法》中规定，时事新闻不适用于本法，但本案中的涉案文章是具有独创性的智力创作成果，属于“新闻类作品”，应当受《著作权法》保护。字节跳动公司自动抓取其他新闻网站的信息，作为自己产品的内容，使得公众可以在其个人选定的时间和地点从今日头条中阅读到其他新闻网站的文章，侵害了其他新闻网站享有的信息网络传播权，应当承担侵权责任。

（资料来源：http://media.people.com.cn/n1/2017/0713/c40606-29403013.html，有改动）

二、计算机软件著作权

（一）计算机软件著作权的定义

新兴领域软件著作权登记量猛增

计算机软件，是指计算机程序及其有关文档。计算机程序，是指为了得到某种结果而可以由计算机等具有信息处理能力的装置执行的代码化指令序列，或者可以被自动转换成代码化指令序列的符号化指令序列或者符号化语句序列。同一计算机程序的源程序和目标程序为同一作品。文档，是指用来描述程序的内容、组成、设计、功能规格、开发情况、测试结果及使用方法的文字资料和图表等，如程序设计说明书、流程图、用户手册等。

计算机软件著作权，是指软件开发者及其他著作权人对计算机软件作品依法享有的著作权。

（二）计算机软件著作权人

计算机软件著作权人，是指依照法律规定，对软件享有著作权的自然人、法人或者其他组织。计算机软件开发者，是指实际组织开发、直接进行开发，并对开发完成的软件承担责任的法人或者其他组织；或者依靠自己具有的条件独立完成软件开发，并对软件承担责任的自然人。

计算机软件著作权属于软件开发者，另有规定的除外。如无相反证明，在软件上署名的自然人、法人或者其他组织为开发者。

（三）计算机软件著作权人的特殊情形

➢ 合作开发计算机软件

由两个以上的自然人、法人或者其他组织合作开发的软件，其著作权的归属由合作开发者签订书面合同约定。无书面合同或者合同未作明确约定，合作开发的软件可以分割使用的，开发者对各自开发的部分可以单独享有著作权；但是，行使著作权时，不得扩展到合作开发的软件整体的著作权。合作开发的软件不能分割使用的，其著作权由各合作开发者共同享有，通过协商一致行使；不能协商一致，又无正当理由的，任何一方不得阻止他方行使除转让权以外的其他权利，但是所得收益应当合理分配给所有合作开发者。

➢ 委托开发计算机软件

接受他人委托开发的软件，其著作权的归属由委托人与受托人签订书面合同约定；无书面合同或者合同未作明确约定的，其著作权由受托人享有。

➢ 国家机关下达任务开发计算机软件

由国家机关下达任务开发的软件，著作权的归属与行使由项目任务书或者合同规定；项目任务书或者合同中未作明确规定的，软件著作权由接受任务的法人或者其他组织享有。

➢ 在职开发计算机软件

自然人在法人或者其他组织中任职期间所开发的软件有下列情形之一的，该软件著作权由该法人或者其他组织享有，该法人或者其他组织可以对开发软件的自然人进行奖励：

第一，针对本职工作中明确指定的开发目标所开发的软件。

第二，开发的软件是从事本职工作活动所预见的结果或者自然的结果。

第三，主要使用了法人或者其他组织的资金、专用设备、未公开的专门信息等物质技术条件所开发并由法人或者其他组织承担责任的软件。

（四）计算机软件著作权的内容

软件著作权人享有下列各项权利：

第一，发表权，即决定软件是否公之于众的权利。

第二，署名权，即表明开发者身份，在软件上署名的权利。

第三，修改权，即对软件进行增补、删节，或者改变指令、语句顺序的权利。

第四，复制权，即将软件制作一份或者多份的权利。

第五，发行权，即以出售或者赠予方式向公众提供软件的原件或者复制件的权利。

第六，出租权，即有偿许可他人临时使用软件的权利，但是软件不是出租的主要标的的除外。

第七，信息网络传播权，即以有线或者无线方式向公众提供软件，使公众可以在其个人选定的时间和地点获得软件的权利。

第八，翻译权，即将原软件从一种自然语言文字转换成另一种自然语言文字的权利。

第九，应当由软件著作权人享有的其他权利。软件著作权人可以许可他人行使其软件著作权，并有权获得报酬。软件著作权人可以全部或者部分转让其软件著作权，并有权获得报酬。

（五）计算机软件合法复制品所有人的权利

软件的合法复制品所有人享有下列权利：

第一，根据使用的需要把该软件装入计算机等具有信息处理能力的装置内。

第二，为了防止复制品损坏而制作备份复制品。这些备份复制品不得通过任何方式提供给他人使用，并在所有人丧失该合法复制品的所有权时，负责将备份复制品销毁。

第三，为了把该软件用于实际的计算机应用环境或者改进其功能、性能而进行必要的修改；但是，除合同另有约定外，未经该软件著作权人许可，不得向任何第三方提供修改后的软件。

为了学习和研究软件内含的设计思想和原理，通过安装、显示、传输或者存储软件等方式使用软件的，可以不经软件著作权人许可，不向其支付报酬。

扩展阅读

计算机软件著作权侵权认定的三步判断法

第一步，对计算机程序进行抽象。首先，将程序分解为各级构成层次，如代码、子模块、模块、功能设计等。其次，对程序分层次进行逐级抽象，将思想抽象出来，随着抽象层次的上升，被抽象出来的思想就越多，剩下的“表现”就越少。著作权保护的是思想的表现，而不是思想，因此将思想和表现进行区分是著作权侵权认定中至关重要的一步。

第二步为过滤，即将抽象掉思想的各层次的表现逐层次进行“过滤”，根据硬件环境、兼容性条件、效率因素、公有领域因素等外部因素过滤出不受保护的内容。

第三步为比较，即把过滤后剩余的部分与被指控侵权的程序在逐个抽象层次进行比较，以确定被告是否复制了过滤后剩下的“表现”。如果确实有复制，还需进一步评价被复制部分在程序中所占的比重。

（资料来源：https://www.66law.cn/domainblog/101502.aspx，有改动）

（六）计算机软件著作权的许可与转让

1．计算机软件著作权的许可

许可他人行使软件著作权的，应当订立许可使用合同。许可使用合同中软件著作权人未明确许可的权利，被许可人不得行使。许可他人专有行使软件著作权的，当事人应当订立书面合同。没有订立书面合同或者合同中未明确约定为专有许可的，被许可行使的权利应当视为非专有权利。

2. 计算机软件著作权的转让

转让软件著作权的，当事人应当订立书面合同。订立许可他人专有行使软件著作权的许可合同，或者订立转让软件著作权合同，可以向国务院著作权行政管理部门认定的软件登记机构登记。中国公民、法人或者其他组织向外国人许可或者转让软件著作权的，应当遵守《中华人民共和国技术进出口管理条例》的有关规定。

（七）计算机软件著作权纠纷的解决

1. 情节较轻的处罚

除《著作权法》《计算机软件保护条例》或者另有规定外，有下列侵权行为的，应当根据情况，承担停止侵害、消除影响、赔礼道歉、赔偿损失等民事责任：

第一，未经软件著作权人许可，发表或者登记其软件的。

第二，将他人软件作为自己的软件发表或者登记的。

第三，未经合作者许可，将与他人合作开发的软件作为自己单独完成的软件发表或者登记的。

第四，在他人软件上署名或者更改他人软件上的署名的。

第五，未经软件著作权人许可，修改、翻译其软件的。

第六，其他侵犯软件著作权的行为。

2. 情节较重的处罚

除《著作权法》《计算机软件保护条例》或者其他法律、行政法规、条例另有规定外，未经软件著作权人许可，有下列侵权行为的，应当根据情况，承担停止侵害、消除影响、赔礼道歉、赔偿损失等民事责任；同时损害社会公共利益的，由著作权行政管理部门责令停止侵权行为，没收违法所得，没收、销毁侵权复制品，可以并处罚款；情节严重的，著作权行政管理部门并可以没收主要用于制作侵权复制品的材料、工具、设备等；触犯刑律的，依照《刑法》关于侵犯著作权罪、销售侵权复制品罪的规定，依法追究刑事责任：

第一，复制或者部分复制著作权人的软件的。

第二，向公众发行、出租、通过信息网络传播著作权人的软件的。

第三，故意避开或者破坏著作权人为保护其软件著作权而采取的技术措施的。

第四，故意删除或者改变软件权利管理电子信息的。

第五，转让或者许可他人行使著作权人的软件著作权的。

有上述第一项或者第二项行为的，可以并处每件 100 元或者货值金额 1 倍以上 5 倍以下的罚款；有上述第三项、第四项或者第五项行为的，可以并处 20 万元以下的罚款。

3．计算机软件复制品的法律责任

计算机软件复制品的出版者、制作者不能证明其出版、制作有合法授权的，或者计算机软件复制品的发行者、出租者不能证明其发行、出租的复制品有合法来源的，应当承担法律责任。

软件的复制品持有人不知道也没有合理理由应当知道该软件是侵权复制品的，不承担赔偿责任；但是，应当停止使用、销毁该侵权复制品。如果停止使用并销毁该侵权复制品将给复制品使用人造成重大损失的，复制品使用人可以在向软件著作权人支付合理费用后继续使用。

4．计算机软件著作权纠纷的解决途径

软件著作权侵权纠纷可以调解。软件著作权合同纠纷可以依据合同中的仲裁条款或者事后达成的书面仲裁协议，向仲裁机构申请仲裁。当事人没有在合同中订立仲裁条款，事后又没有书面仲裁协议的，可以直接向人民法院提起诉讼。

经典案例

未经授权使用字体　网络游戏被判侵权

美国暴雪娱乐股份有限公司（以下简称“暴雪公司”）是知名网络游戏《魔兽世界》的著作权人，授权上海第九城市信息技术有限公司（以下简称“第九城市公司”）在中国大陆地区运营《魔兽世界》，并对游戏内容进行汉化。

北大方正公司发现，中文版《魔兽世界》客户端中，未经许可安装了北大方正公司享有著作权的5款字体，用于游戏运行过程中各种界面的文字显示。北大方正公司向法院提起诉讼，请求判令暴雪公司停止侵权并赔偿损失。

一审法院认为，虽然北大方正公司开发的字库不属于《计算机软件保护条例》中的计算机程序，但每个字体的字形是由线条构成的具有一定审美意义的书法艺术，可以体现出作者的独创性，属于美术作品。暴雪公司和第九城市公司在《魔兽世界》客户端中安装相关字体，侵犯了北大方正公司方正兰亭字库中字体著作权的复制权、发行权、信息网络传播权。

北大方正公司和暴雪公司均不服一审判决，向最高人民法院提起上诉。最高人民法院认为，北大方正字库中字体文件的功能是支持相关字体在终端的显示和输出，需要经特定软件调用后才能产生运行结果，因此属于《计算机软件保护条例》中规定的计算机软件，暴雪公司等侵犯的是北大方正公司字库计算机软件的复制权、发行权和信息网络传播权。2012年，法院判决暴雪公司等立即停止侵权并赔偿北大方正公司200万元及诉讼合理支出5万元。

评析：字库的设计过程中，组字是一个抽掉个性的生产过程，即把大量文字包装在同一个“库”中供用户使用，修字和质检则在于保证产品质量，其中体现的是劳动，不是创造。综上而言，字库中的单个字体并不属于法律规定的作品。

从计算机程序的含义“为了得到某种结果而可以由计算机等具有信息处理能力的装置执行的代码化指令序列，或者可以被自动转换成代码化指令序列的符号化指令序列或者符号化语句序列”中可以看出，计算机程序的本质是可执行的代码指令，计算机在运行过程中通过执行代码指令得到某种结果。方正字库中的单字代码化指令序列能够使计算机执行特定操作并产生某种结果，因此字库是一种计算机软件，受计算机软件著作权的保护。

（资料来源：http://www.iprcn.com/IL_Zxjs_Show.aspx?News_PI=4997，有改动）

任务实施

翻转课堂

以小组为单位，通过互联网搜索与网络著作权或计算机软件著作权相关的裁判文书，仔细阅读文书内容，理解案件背后的法律内涵，制作 PPT（可包含原告诉讼请求、被告的答辩、案件事实、侵权行为、判决结果等内容），以教师的身份为全班同学讲解案件经过，并分析案件中涉及的法律知识。讲解结束后，教师对小组合作的成果作出点评，并为同学们解答资料搜集和分析过程中遇到的疑问。

任务评价

请根据表 6-3 对上述任务实施的结果进行评价。

表 6-3　任务实施评价表

评价内容	分值	自评分	小组评分	教师评分	实得分
能够掌握网络著作权与计算机著作权相关的法律法规	40				
能够灵活运用所学知识对现实事件进行分析	30				
能够借助互联网获取自己所需的信息	10				
小组成员间协作良好	20				

素质园地——公平正义

不断提高我国知识产权保护法治化水平

2021 年 10 月 28 日，国务院发布《“十四五”国家知识产权保护和运用规划》（以下简称《规划》），立足新发展阶段，贯彻新发展理念，围绕知识产权法律的制度建设、制度实践和制度接轨等方面，提出了一系列提高知识产权法治化水平的新任务和新举措，开启了知识产权法治建设的新征程。

《规划》坚持“以人民为中心”，聚焦药品专利纠纷、中医药领域发明专利审查和保护、绿色技术知识产权保护等方面，提出相关配套措施，有效提升人民群众的获得感、幸福感和安全感。

《规划》在法律制度实践方面更加突出“协同衔接”，提出构建司法、行政、仲裁、调解、公证、鉴定等相协调的协同保护工作体系。

同时，《规划》在法律制度接轨方面更加突出“开放共赢”。我国现已加入几乎所有主要的知识产权国际公约，与全球 80 多个国家和地区，以及国际组织建立了知识产权合作关系，基本形成了与国际接轨的知识产权法律制度体系。《规划》着眼国家改革开放大局，提出主动参与知识产权全球治理，这既是国内发展提出的新要求，也是国际形势使然，有利于知识产权国内规则的变革，也有利于推动构建开放包容、平衡普惠的国际规则。

此外，《规划》统筹发展与安全，更加强调内外平衡，提出完善知识产权对外转让审查制度、推进我国知识产权有关法律规定域外适用、建立知识产权涉外风险防控体系、完善海外知识产权预警机制、推动开展跨境知识产权司法协作等政策举措，既依法严格保护在华外资企业的合法权益，也推动外国政府加强对中国权利人的知识产权保护。

（资料来源：
https://www.xuexi.cn/lgpage/detail/index.html?id=5341406114741795323&item_id=5341406114741795323，有改动）

知行合一

一、名词解释

域名　网络著作权

二、单选题

1．下列不属于著作权的内容的是（　　）。

A．信息网络传播权　　B．展览权

C．形成权　　D．署名权

2．关于计算机软件著作权人，以下说法中正确的是（　　）。

A．计算机软件著作权人，是指依照法律规定对软件享有著作权的普通公民

B．由国家机关下达任务开发的软件，著作权的归属与行使由项目任务书或者合同规定；项目任务书或者合同中未作明确规定的，软件著作权由接受任务的法人或者其他组织享有

C．接受他人委托开发的软件，其著作权的归属由委托人与受托人签订书面合同约定；无书面合同或者合同未作明确约定的，其著作权由委托人享有

D．由两个以上的自然人、法人或者其他组织合作开发的软件，其著作权由开发者共同享有

3．下列情形不属于计算机软件著作权侵权中情节较轻的处罚的是（　　）。

A．未经软件著作权人许可，发表或者登记其软件的

B．在他人软件上署名或者更改他人软件上的署名的

C．未经软件著作权人许可，修改、翻译其软件的

D．故意避开或者破坏著作权人为保护其软件著作权而采取的技术措施的

三、简答题

1．简述电子商务知识产权包含了哪些内容。

2．简述域名侵权或不正当竞争的情形。

3．简述网络著作权侵权纠纷案件的管辖。

4．简述计算机软件著作权的内容。

四、案例分析

A 体育用品公司拥有自己的鞋类品牌“快速”，经过多年经营，已成为国内知名品牌。为了迎合互联网的发展趋势，拓展销售渠道，A 公司决定为“快速”品牌设立一个专门的购物网站，在网站中销售“快速”鞋类。但 A 公司在注册“www.快速.com”域名时发现，个体工商户沈某抢注了一个名为“www.快速鞋业.com”的域名，该域名很容易与自己的域名发生混淆，且该网站中销售的鞋类产品也与自己公司的产品极为相似。为了维护自己的合法权益，A 公司以沈某构成不正当竞争为由将沈某告上法庭，请求法院注销沈某恶意抢注的域名。

结合所学知识回答以下问题：

1．沈某的行为构成了对哪项知识产权的侵权？

2．你认为法院会做出怎样的判决结果？为什么？

项目七

特殊形态电子商务相关法律法规

日常生活中，广告、证券、拍卖等特殊的商业形式会受到特定法律法规的限制，如广告法、证券法、拍卖法等。当这些商业活动发展到互联网中时，对其进行有效的规范和调整，是电子商务行业发展面临的一项重要任务。

素质目标

- 提高辨别是非的能力，形成正确的世界观、人生观和价值观。
- 坚守诚信、负责的道德原则，做事谨慎，信誉至上。

知识目标

- 了解互联网广告的管辖权、主体与内容相关法律法规，以及互联网广告的违规表现。
- 了解垃圾邮件的构成及电子邮件营销相关法律法规。
- 熟悉网上证券交易及网上证券服务相关法律法规。
- 熟悉网络拍卖中拍卖企业与拍卖师的行业准入规则，以及拍卖中当事人、拍卖标的及网络司法拍卖相关法律法规。

技能目标

- 通过互联网从事广告宣传、证券交易、拍卖等工作时，能够避免法律纠纷，并为工作中遇到的法律问题提出解决方案。
- 能够在生活和工作中运用所学知识维护自己或企业的合法权益。

任务一 认识互联网广告相关法律法规

引导案例

市监局：深入开展互联网广告整治工作

2019 年 3 月 22 日，市场监管总局印发《市场监管总局关于深入开展互联网广告整治工作的通知》，部署各地市场监管部门深入开展互联网广告整治工作。

根据市监局的要求，各地市场监管部门应严肃查处涉及导向问题、政治敏感性、低俗庸俗媚俗或者社会影响大的互联网违法广告。整治工作应以门户网站、搜索引擎、电子商务平台为重点，尤其是移动客户端和自媒体账户等媒介，针对医疗、药品、保健品、房地产、金融投资理财等关系人民群众身体健康和财产安全的违法广告，加大执法力度，压实互联网平台主体责任，着力祛除互联网广告市场“顽疾”。

据市场监管总局相关司局负责人介绍，2018 年全国市场监管部门共查处违法互联网广告案件 23 102 件，罚没金额 33 451 万元。与去年相比，查办互联网广告违法案件数量同比增长 55%，罚没款同比增长 37.4%。

（资料来源：http://www.samr.gov.cn/xw/zj/201903/t20190329_292442.html，有改动）

想一想：互联网广告有哪些表现形式？为什么要加强对互联网广告的监管？

一、互联网广告概述

1. 互联网广告的定义

广告，是指商品经营者或服务提供者通过一定形式的媒介直接或间接地推销商品或服务的活动。广告大致可分为两类，一类是不以营利为目的的广告，如政府公告，政党、宗教团体等发布的声明，公益广告等；另一类是以营利为目的的广告，是工商企业以付费方式向消费者传播信息的手段。

互联网广告，是指通过网站、网页、互联网应用程序等互联网媒介，以文字、图片、音频、视频或其他多媒体形式，直接或间接地推销商品或服务的活动。互联网广告的投放平台和投放方式多种多样，如电商平台、搜索引擎、微博、电子邮件等。互联网广告具有快捷性、广泛性、开放性等特点，这些特点决定了互联网广告的监管工作会更加复杂。

2. 互联网广告的形式

互联网广告主要有以下几种类型：

第一，推销商品或者服务的含有链接的文字、图片或者视频等形式的广告。这类广告是互联网广告最常见的表现形式，包括旗帜广告（banner 广告）、按钮广告、文字链接广告、弹窗广告等，用户点击相应广告便会链接到特定的网站。

第二，推销商品或者服务的电子邮件广告。电子邮件广告是将广告内容以电子邮件形式发送到目标消费者邮箱的广告。

第三，推销商品或者服务的付费搜索广告。付费搜索广告，也称搜索引擎广告，是指广告主撰写广告内容并在搜索引擎中投放的广告，当用户搜索相应的关键词时，广告便会显示在搜索结果中。

第四，推销商品或者服务的商业性展示广告。这类广告是指利用互联网的特殊功能进行商品展示的广告，如在大型门户网站的科技频道中以视频方式展示最新的智能手机产品等。

第五，其他通过互联网媒介推销商品或者服务的商业广告，如以软文形式呈现的广告，在抖音、快手等视频媒体播放的广告等。

二、互联网广告的管辖权

（一）广告管辖权的内容

根据《中华人民共和国广告法》（以下简称《广告法》）和《中华人民共和国行政处罚法》（以下简称《行政处罚法》）的相关规定，广告的管辖权包含以下内容。

1. 广告的级别管辖权

我国国务院市场监督管理部门主管全国的广告监管工作，国务院有关部门在各自的职责范围内负责广告管理相关工作。县级以上地方市场监督管理部门主管本行政区域的广告监管工作，县级以上地方人民政府有关部门在各自的职责范围内负责广告管理相关工作。

2. 广告的地域管辖权

行政处罚由违法行为发生地的县级以上地方人民政府具有行政处罚权的行政机关，依据《行政处罚法》的相关规定做出，法律、行政法规另有规定的除外。

3. 广告的具体监管权限

市场监督管理部门履行广告监督管理职责，可以行使下列职权：

第一，对涉嫌从事违法广告活动的场所实施现场检查。

第二，询问涉嫌违法当事人或其法定代表人、主要负责人和其他有关人员，对有关单位或者个人进行调查。

第三，要求涉嫌违法当事人限期提供有关证明文件。

第四，查阅、复制涉嫌违法广告有关的合同、票据、账簿、广告作品和其他有关资料。

第五，查封、扣押与涉嫌违法广告直接相关的广告物品、经营工具、设备等财物。

第六，责令暂停发布可能造成严重后果的涉嫌违法广告。

第七，法律、行政法规规定的其他职权。

市场监督管理部门应当建立健全广告监测制度，完善监测措施，及时发现和依法查处违法广告行为。

（二）广告投诉、举报的受理

任何单位或者个人有权向市场监督管理部门和有关部门投诉、举报违反《广告法》的行为。市场监督管理部门和有关部门应当向社会公开受理投诉、举报的电话、信箱或者电子邮件地址，接到投诉、举报的部门应当自收到投诉之日起 7 个工作日内，对相关事项予以处理并告知投诉、举报人。市场监督管理部门和有关部门不依法履行职责的，任何单位或者个人有权向其上级机关或者监察机关举报。接到举报的机关应当依法作出处理，并将处理结果及时告知举报人。有关部门应当为投诉、举报人保密。

（三）互联网广告管辖权相关法律法规

《互联网广告管理暂行办法》第十八条对互联网广告的管辖权进行了规定。

对互联网广告违法行为实施行政处罚，由广告发布者所在地工商行政管理部门管辖。广告发布者所在地工商行政管理部门管辖异地广告主、广告经营者有困难的，可以将广告主、广告经营者的违法情况移交广告主、广告经营者所在地工商行政管理部门处理。

广告主所在地、广告经营者所在地工商行政管理部门先行发现违法线索或者收到投诉、举报的，也可以进行管辖。由于互联网广告的发布通常都具有很强的针对性，会根据网民的具体情况进行精准投放，不同的网民在同一时间同一区域看到的广告可能会不一样，因此应根据实际情况对管辖权进行适当的调整。

对广告主自行发布的违法广告实施行政处罚，由广告主所在地工商行政管理部门管辖。目前，大量的互联网广告都是由广告主自行发布的，没有广告发布者和广告经营者的参与。当有关部门接到投诉、举报后，由广告主所在地管辖，有利于及时对违法广告进行处理，监管效率更高，可操作性更强。

扩展阅读

全国互联网广告监测中心启用　互联网监管更上一层楼

2017 年 9 月 1 日，国家工商行政管理总局（现已划入“国家市场监督管理总局”，以下简称“国家工商总局”）在浙江杭州举行了全国互联网广告监测中心启用仪式。

随着互联网的迅速普及，互联网广告已成为商业广告最主要的发布形式之一。但互联网广告形式多样、发布便捷的特点，使得如何有效管控互联网广告中的违法行为，成为政府部门亟待破解的新课题。

在这种情况下，全国互联网广告监测中心应运而生。2012 年底，国家工商总局与浙江签署战略合作协议，同意由浙江省工商管理局承建该中心，并于 2016 年 9 月 1 日上线试运行。

全国互联网广告监测中心在中国国内外无类似监测机构经验可循的情况下，坚持“互联网+广告监管”，利用互联网技术反制互联网违法广告，打造了一个具备监测、预警、研判等功能的全国性互联网广告监测平台。平台充分利用云计算、智能语义分析、分布式爬虫等信息化技术，确定了一条先主后次、先源头后支流的监测路径，对电子商务交易平台、大型门户网站、广告联盟、搜索引擎等重点经营者实行 24 小时监测，并通过其中的链接内容将监测范围辐射至全网。

浙江省工商行政管理局党委书记表示，监测中心能够有效提高互联网广告监管效能，为各地工商部门快速、精确打击违法广告提供强有力的保障。

（资料来源：https://www.thepaper.cn/newsDetail_forward_1783360，有改动）

三、互联网广告主体相关法律法规

广告主体，是指参与设计、制作、代理、发布广告的自然人、法人或者其他组织，主要包括广告主、广告经营者、广告发布者和广告代言人等。其中，广告主，是指为推销商品或者服务，自行或者委托他人设计、制作、发布广告的自然人、法人或者其他组织；广告经营者，是指接受委托提供广告设计、制作、代理服务的自然人、法人或者其他组织；广告发布者，是指为广告主或者广告主委托的广告经营者发布广告的自然人、法人或者其他组织；广告代言人，是指广告主以外的，在广告中以自己的名义或者形象对商品、服务作推荐、证明的自然人、法人或者其他组织。

互联网广告主体，是指参与设计、制作、代理、发布互联网广告的自然人、法人或者其他组织，主要包括互联网广告主、互联网广告经营者和互联网广告发布者等。

根据《广告法》及《互联网广告管理暂行办法》，互联网广告主体相关法律法规有以下内容。

1．订立书面合同

互联网广告主、广告经营者、广告发布者之间在互联网广告活动中应当依法订立书面合同。

2．互联网广告主的职责

互联网广告主应当对广告内容的真实性负责。广告主发布互联网广告需具备的主体身份、行政许可、引证内容等证明文件，应当真实、合法、有效。

广告主可以通过自设网站或者拥有合法使用权的互联网媒介自行发布广告，也可以委托互联网广告经营者、广告发布者发布广告。互联网广告主委托互联网广告经营者、广告发布者发布广告，修改广告内容时，应当以书面形式或者其他可以被确认的方式通知为其提供服务的互联网广告经营者、广告发布者。

3．互联网广告发布者、广告经营者的职责

互联网广告发布者、广告经营者应当按照国家有关规定建立、健全互联网广告业务的承接登记、审核、档案管理制度；审核查验并登记广告主的名称、地址和有效联系方式等主体身份信息，建立登记档案并定期核实更新。

互联网广告发布者、广告经营者应当查验有关证明文件，核对广告内容，对内容不符或者证明文件不全的广告，不得设计、制作、代理、发布。

互联网广告发布者、广告经营者应当配备熟悉广告法规的广告审查人员；有条件的还应当设立专门机构，负责互联网广告的审查。

4．互联网广告的程序化购买

互联网广告可以以程序化购买广告的方式，通过广告需求方平台、媒介方平台，以及广告信息交换平台等所提供的信息整合、数据分析等服务进行有针对性的发布。通过程序化购买广告方式发布的互联网广告，广告需求方平台经营者应当清晰标明广告来源。

其中，广告需求方平台是指整合广告主需求，为广告主提供发布服务的广告主服务平台，广告需求方平台的经营者是互联网广告发布者、广告经营者；媒介方平台是指整合媒介方资源，为媒介所有者或者管理者提供程序化的广告分配和筛选的媒介服务平台；广告信息交换平台是提供数据交换、分析匹配、交易结算等服务的数据处理平台。

广告需求方平台经营者、媒介方平台经营者、广告信息交换平台经营者，以及媒介方平台的成员，在订立互联网广告合同时，应当查验合同相对方的主体身份证明文件、真实名称、地址和有效联系方式等信息，建立登记档案并定期核实更新。媒介方平台经营者、广告信息交换平台经营者，以及媒介方平台成员，对其明知或者应知的违法广告，应当采取删除、屏蔽、断开链接等技术措施和管理措施，予以制止。

课堂互动

你在使用智能手机时，有没有留意过手机App的“开屏”广告？简单谈谈这类互联网广告中有哪些主体的参与，并思考广告中应当有哪些禁止出现的内容。

四、互联网广告内容相关法律法规

根据《广告法》《互联网广告管理暂行办法》中的相关规定，互联网广告的内容需要遵守以下规定。

1．广告中不得有的情形

第一，使用或者变相使用中华人民共和国的国旗、国歌、国徽，军旗、军歌、军徽。

第二，使用或者变相使用国家机关、国家机关工作人员的名义或者形象。

第三，使用“国家级”“最高级”“最佳”等用语。

第四，损害国家的尊严或者利益，泄露国家秘密。

第五，妨碍社会安定，损害社会公共利益。

第六，危害人身、财产安全，泄露个人隐私。

第七，妨碍社会公共秩序或者违背社会良好风尚。

第八，含有淫秽、色情、赌博、迷信、恐怖、暴力的内容。

第九，含有民族、种族、宗教、性别歧视的内容。

第十，妨碍环境、自然资源或者文化遗产保护。

第十一，法律、行政法规规定禁止的其他情形。

2. 互联网广告活动中不得有的行为

第一，提供或者利用应用程序、硬件等对他人正当经营的广告采取拦截、过滤、覆盖、快进等限制措施。

第二，利用网络通路、网络设备、应用程序等破坏正常广告数据传输，篡改或者遮挡他人正当经营的广告，擅自加载广告。

第三，利用虚假的统计数据、传播效果或者互联网媒介价值，诱导错误报价，谋取不正当利益或者损害他人利益。

3. 行政许可与知识产权等事项

广告内容涉及的事项需要取得行政许可的，应当与许可的内容相符合。

广告使用数据、统计资料、调查结果、文摘、引用语等引证内容的，应当真实、准确，并表明出处。引证内容有适用范围和有效期限的，应当明确注明。涉及专利产品或者专利方法的，应当标明专利号和专利种类。未取得专利权，不得在广告中谎称已取得。禁止使用未授予专利权的专利申请和已经终止、撤销、无效的专利作广告。

4. 互联网广告的识别性

广告应当具有可识别性，能够使消费者辨明其为广告。大众传播媒介不得以新闻报道形式变相发布广告。通过大众传播媒介发布的广告应当显著标明“广告”，从而与其他非广告信息相区别，不得使消费者产生误解。广播电台、电视台发布广告，应当遵守国务院有关部门关于时长、方式的规定，并应当对广告时长作出明显提示。

互联网广告也应当具有可识别性，显著标明“广告”。付费搜索广告应当与自然搜索结果明显区分。利用互联网发布、发送广告，不得影响用户正常使用网络。在互联网页面以弹出等形式发布的广告，应当显著标明关闭标志，确保一键关闭。不得以欺骗方式诱使用户点击广告内容。未经允许，不得在用户发送的电子邮件中附加广告或者广告链接。

《电子商务法》第四十条规定，电子商务平台经营者应当根据商品或者服务的价格、销量、信用等以多种方式向消费者显示商品或者服务的搜索结果；对于竞价排名的商品或者服务，应当显著标明“广告”。

经典案例

非法诱使用户点击广告链接 学校被处罚款

2017 年 7 月 4 日，洛阳市工商局执法人员接到举报，称 B 职业学院的网站冒用 A 技术学院的名义，诱骗用户点击广告链接，损害了 A 技术学院的利益。

经查，B 职业学院的官方网站下设立有一个专门用于招生的二级网站，由其招生办老师负责发布一些招生信息，并在线接受用户咨询。为了增加网站访问量，B 职业学院招生办的老师在该网站后台加载了一条“A 技术学院 2017 年火爆招生，仅限初中生”的标题。由于百度搜索会根据关键字做宽泛搜索，当用户在百度中搜索“A 技术学院”时，搜索引擎会根据这条标题自动抓取到 B 职业学院网站，并显示在搜索结果中。且 B 职业学院购买过百度推广服务，其招生网站会出现在搜索结果的最顶端，显示为“A 技术学院 2017 年火爆招生，仅限初中生”，极易对想要报名 A 技术学院的学生及家长产生误导。对于这种恶劣行为，洛阳市工商局对 B 职业学院处以了罚款。

评析：B 职业学院为自己的网站购买的百度推广服务，属于一种付费搜索广告。B 职业学院通过在网站后台加载 A 技术学院的关键词，利用搜索引擎运作中的漏洞，将自己的网站伪装成他人网站，诱骗用户点击，这一行为违反了《互联网广告管理暂行办法》第八条“不得以欺骗方式诱使用户点击广告内容”的规定。

（资料来源：http://www.ysnns.com/bbs/read.php?tid=177792，有改动）

5. 互联网广告发布的禁止和审查规定

麻醉药品、精神药品、医疗用毒性药品、放射性药品等特殊药品，药品类易制毒化学品，以及戒毒治疗的药品、医疗器械和治疗方法，不得做广告。上述药品外的处方药，只能在国务院卫生行政部门和药品监督管理部门共同指定的医学、药学专业刊物上作广告。

禁止在大众传播媒介或者公共场所、公共交通工具、户外发布烟草广告。禁止向未成年人发送任何形式的烟草广告。禁止利用其他商品或者服务的广告、公益广告，宣传烟草制品名称、商标、包装、装潢及类似内容。烟草制品生产者或者销售者发布的迁址、更名、招聘等启事中，不得含有烟草制品名称、商标、包装、装潢及类似内容。

法律、行政法规规定禁止生产、销售的商品或者提供的服务，以及禁止发布广告的商品或者服务，任何单位或者个人不得在互联网上设计、制作、代理、发布广告。禁止利用互联网发布处方药和烟草的广告。医疗、药品、特殊医学用途配方食品、医疗器械、农药、兽药、保健食品广告等法律、行政法规规定须经广告审查机关进行审查的特殊商品或者服务的广告，未经审查，不得发布。

五、互联网广告的违规表现

1. 隐性广告

隐性广告，是指用巧妙、隐蔽的方式宣传自己的商品或服务，使受众在潜移默化中接受广告信息的广告形式。广告的作用是介绍自己所推销的商品或者服务，应具有识别性，帮助消费者做出客观、理性的判断。隐性广告披着普通信息的外衣出现在消费者面前，骗取人们的信任，极易导致市场不公平竞争，破坏市场的正常秩序。

互联网广告的表现形式较传统形式更为多样，使得互联网中的隐性广告隐蔽性更强。例如，互联网新闻媒体以新闻形式发布广告，借新闻报道的客观性间接宣传产品或服务，很容易对消费者产生误导；在论坛、博客类平台中，以网友“种草”的方式出现的广告，也是隐性软文广告的一种表现形式。

2. 虚假广告

虚假广告，是指以虚假或者引人误解的内容欺骗、误导消费者的广告。其中“虚”是指夸大广告中商品或服务的质量和功效，“假”是指广告中的商品或服务是凭空捏造的。虚假广告不利于市场秩序的规范，会损害消费者的合法权益。

《广告法》第二十八条规定，广告有下列情形之一的，为虚假广告：

① 商品或者服务不存在的；② 商品的性能、功能、产地、用途、质量、规格、成分、价格、生产者、有效期限、销售状况、曾获荣誉等信息，或者服务的内容、提供者、形式、质量、价格、销售状况、曾获荣誉等信息，以及与商品或者服务有关的允诺等信息与实际情况不符，对购买行为有实质性影响的；③ 使用虚构、伪造或者无法验证的科研成果、统计资料、调查结果、文摘、引用语等信息作证明材料的；④ 虚构使用商品或者接受服务的效果的；⑤ 以虚假或者引人误解的内容欺骗、误导消费者的其他情形。

《反不正当竞争法》第八条规定，经营者不得对其商品的性能、功能、质量、销售状况、用户评价、曾获荣誉等作虚假或者引人误解的商业宣传，欺骗、误导消费者。经营者不得通过组织虚假交易等方式，帮助其他经营者进行虚假或者引人误解的商业宣传。

3. 不正当竞争广告

互联网理财平台虚假广告

不正当竞争，是指经营者在生产经营活动中，违反《反不正当竞争法》规定，扰乱市场竞争秩序，损害其他经营者或者消费者的合法权益的行为。经营者在拓展市场、吸引消费者的过程中，除了会采用软文广告、虚假宣传等方式外，还可能会恶意诋毁竞争对手的商品或服务，以达到抬高自己身价的目的。《反不正当竞争法》第十一条规定，经营者不得编造、传播虚假信息或者误导性信息，损害竞争对手的商业信誉、商品声誉。《广告法》第十三条规定，广告不得贬低其他生产经营者的商品或者服务。

在互联网广告中，还存在着一些特殊的不正当竞争行为：

第一，加框链接。加框链接技术，是将一些知名网站的内容产品分割出来，呈现在自己的网站中，并为该部分内容加上一个“框”，使其能够“嵌”在自己的网页或客户端应用中，将他人的内容产品伪装成自己的产品。最为常见的加框链接是一些号称能够聚合全网影视资源的视频网站，此类网站往往只链接被链网站中的视频播放器，并将其“嵌”在自己的播放器中。这种盗取他人网站内容的行为会侵害被链接网站的权益，破坏市场秩序。

第二，模仿知名网站。一些小型网站为了吸引流量，赚取点击率，会将网站页面布局为与知名网站类似的模式，更有甚者还会注册并使用与知名网站类似的域名，误导用户使用假冒网站。此类行为构成了对被模仿网站的知识产权侵权。

第三，关键字技术。搜索引擎是一种帮助用户在互联网中快速搜集信息的系统，一些不法经营者会利用搜索引擎的漏洞，将知名网站的关键词嵌入自己的网站，使自己的网站能够出现在知名网站关键词的搜索结果中。上文“经典案例”中的案件，便属于此类情形。

经典案例

“种草笔记”套路？小红书以软文形式发布烟草广告

下单前上小红书浏览一下“种草笔记”，已成为新时代网民的一种购物习惯。从素人心得，到明星“带货”，小红书“种草笔记”斩获了众多热爱“买买买”的网友。

2019 年 4 月 15 日，北京疾控中心 2018 年中国互联网烟草营销数据监测结果中显示，青少年用户众多、监管相对缺位的互联网平台已成为烟草营销的重灾区。据报道，小红书 App 上曾有 9 万多条与“烟”相关的笔记，多以“测评”“种草”等软文方式展开，很容易对用户产生误导。小红书上的“种草笔记”主要分为情怀软文和伪科学信息两类。其中，情怀软文通过渲染烟草与爱情、友情、亲情之间的关系，美化吸烟行为，提升公众对烟草的认同度；伪科学信息则传播错误知识，造成公众对烟草功效的错误认知，如烟草对身体健康没有损害等。

仅 2019 年上半年，小红书便收到了来自监管部门的多张罚单。上海嘉定市场监管局的一封行政处罚决定书中显示，小红书曾因违反《广告法》发布虚假广告被罚款 3 万元。

评析：《广告法》及《互联网广告管理暂行办法》规定，禁止向未成年人发送任何形式的烟草广告，禁止利用互联网发布烟草的广告。小红书 App 的用户中不乏未成年人，以软文形式发布的烟草广告违反了上述规定，应当承担相应的责任。

（资料来源：https://tech.sina.com.cn/i/2019-04-20/doc-ihvhiqax4018259.shtml，有改动）

任务实施

以小组为单位，搜集若干不同形式的互联网广告实例，向同学们介绍这些广告的发布平台、发布方式、广告内容、宣传亮点等，并结合所学知识回答下列问题：

（1）互联网广告与传统广告有哪些异同点？

（2）与传统广告相比，互联网广告在法律上有哪些需要特别注意的地方？

任务评价

请根据表 7-1 对上述任务实施的结果进行评价。

表 7-1　任务实施评价表

评价内容	分值	自评分	小组评分	教师评分	实得分
能够分析出互联网广告与传统广告的异同	30				
能够掌握互联网广告相关法律法规	40				
能够借助互联网获取自己所需的信息	10				
小组成员间协作良好	20				

任务二　了解垃圾邮件相关法律法规

引导案例

垃圾邮件暗藏诈骗信息　大学生被骗两万元

小田是天津一所高校的学生，前不久，她的QQ电子邮箱中收到了一封名为“国家励志奖学金”的邮件，并附有一个附件。打开附件后，电脑页面忽然弹出了一个QQ登录窗口，要求小田再次输入QQ账号和密码进行身份验证。小田误以为这是QQ掉线导致的，便重新输入了账号和密码，但网页中并没有显示出关于奖学金的信息。两天后，远在老家的妈妈忽然给小田打来电话，小田由于正在上课没能及时接听。下课后，小田给妈妈回电话时，却听到了一个让她震惊的消息：有人用小田的QQ号告诉小田妈妈，她要参加一个英语培训班，学费是 19 300 元人民币。妈妈没有打通小田的电话，便将钱汇了过去。这时，小田才意识到自己的 QQ 号被盗了，盗号的途径正是那封所谓的“励志奖学金”邮件。

（资料来源：http://www.zhicheng.com/n/20140113/1687_4.html，有改动）

想一想：你收到过垃圾邮件吗？什么样的电子邮件属于垃圾邮件？

一、垃圾邮件概述

1．垃圾邮件的定义

垃圾邮件，是指未经收件人同意发送的或不受收件人欢迎的电子邮件。

《中国互联网协会反垃圾邮件规范》中规定，垃圾邮件为包括了以下属性的电子邮件：① 收件人事先没有提出要求或者同意接收的广告、电子刊物、各种形式的宣传品等宣传性的电子邮件；② 收件人无法拒收的电子邮件；③ 隐藏发件人身份、地址、标题等信息的电子邮件；④ 含有虚假的信息源、发件人、路由等信息的电子邮件。

2．垃圾邮件的类型

第一，商业广告垃圾邮件。商业广告垃圾邮件，是指广告商为了推销自己的商品或服务，针对特定用户群或以无目的的“海投”形式发送的电子邮件。

第二，欺诈邮件。欺诈邮件的发件人会对邮箱头像、姓名等信息进行伪装。例如，设置为银行、培训机构、电商平台等，以办理信用卡、电商订单退货换货等理由欺骗收件人。

第三，病毒邮件。病毒邮件会在邮件的附件或邮件正文链接中附加计算机病毒、木马程序等非法程序，当收件人打开附件或链接后，计算机便会感染病毒，不法分子从而能够控制收件人的计算机或盗取计算机中的重要信息。

二、垃圾邮件的构成要件

根据垃圾邮件的定义及类型，可以总结出垃圾邮件的形式及实质要件。

（一）垃圾邮件的形式要件

1．盲目发送

垃圾邮件的发件人与收件人在发送邮件前并没有建立过联系，收件人从未同意过接收邮件。同意接收邮件的主动权在于收件人，只有得到了收件人的允许，发件人才有权发送邮件，未经请求发送的邮件即为垃圾邮件。

垃圾邮件背后的利益链条

2．身份虚假

垃圾邮件的发件人会故意隐藏自己的身份或使用虚假的身份。例如，使用技术手段屏蔽或篡改邮件头信息、修改发件账户的昵称、仿冒知名企业等，使收件人无法确认发件人身份，从而达到欺骗收件人或隐藏犯罪行为的目的。

3．大量发送

垃圾邮件的发件人通常会针对海量用户一次性发送大量邮件。如果发件人只是无意中输入了错误的电子邮件地址，使得收件人收到了自己未同意发送的邮件，则不属于垃圾邮件的范畴。

（二）垃圾邮件的实质要件

1. 目的非法

垃圾邮件的目的通常是不正当甚至非法的，如强行推销收件人并不需要的商品、传播不健康信息、窃取他人隐私信息等。

2. 内容重复

垃圾邮件的内容通常是重复的。为了提高收件人点击垃圾邮件的可能性，发件人通常会不断向收件人发送内容相同的邮件。

3. 后果有害

带有计算机病毒、木马程序等的垃圾邮件，会侵犯收件人的计算机安全；大量无用的邮件充斥收件箱，也会使收件人难以分辨有用的邮件，影响收件人的日常工作和生活，甚至导致电子邮件服务器崩溃。

相关法规

美国《反垃圾邮件法》

电子邮件方便快捷的特性导致了迅速膨胀的大量垃圾电子邮件。

2004 年 1 月，美国《反垃圾邮件法》生效，对滥发垃圾邮件的行为进行了规范。

根据《反垃圾邮件法》，垃圾电子邮件有以下表现形式：① 未经授权访问受保护电脑，并故意进行各种商业性电子邮件的传播；② 为了欺骗或误导收件人，利用受保护电脑转发和传播商业性电子邮件；③ 故意在商业性电子邮件中伪造头信息并传播此类邮件；④ 利用伪造的注册人身份信息注册 5 个或 5 个以上电子邮箱账户、在线用户账户，并以此故意进行商业性电子邮件的传播；⑤ 伪造 5 个或 5 个以上 IP 地址，并利用或试图利用这些地址故意进行商业性电子邮件的传播。

三、电子邮件营销相关法律法规

电子邮件营销，是在收件人许可的前提下，以电子邮件的形式向消费者传递商品或服务信息的一种营销手段。电子邮件营销的三个基本要素为：收件人许可，通过电子邮件，信息对于收件人具有价值。电子邮件广告是互联网广告的一种表现形式，传播范围广，成本低，且能够包含文字、图片、视频、超链接等多种媒体表现形式。

与电子邮件营销相关的法律法规如下：

《广告法》第四十三条规定，任何单位或者个人未经当事人同意或者请求，不得向其住宅、交通工具等发送广告，也不得以电子信息方式向其发送广告。以电子信息方式发送广告的，应当明示发送者的真实身份和联系方式，并向接收者提供拒绝继续接收的方式。

《互联网广告管理暂行办法》中规定，未经允许，不得在用户发送的电子邮件中附加广告或者广告链接。

《互联网电子邮件服务管理办法》第十三条规定，任何组织或者个人不得有下列发送或者委托发送互联网电子邮件的行为：① 故意隐匿或者伪造互联网电子邮件信封信息；② 未经互联网电子邮件接收者明确同意，向其发送包含商业广告内容的互联网电子邮件；③ 发送包含商业广告内容的互联网电子邮件时，未在互联网电子邮件标题信息前部注明“广告”或者“AD”字样。

经典案例

领英因滥发邮件遭起诉　赔偿 1 300 万美元

如果你使用过职场社交平台“领英”的扩大关系网（Add Connections）功能，恐怕你的朋友会很讨厌你——领英会获取使用你邮箱的权限，给你所有的邮箱联系人发一封电子邮件：嗨，我注册领英了，你为什么不一起呢？除此以外，领英还会读取用户的电子邮件联系人列表，为用户查找已注册领英的好友，向他们发送添加好友的申请邮件。漫长的邮件之旅到这里还没有结束，领英还会继续发送两封提醒邮件，鼓励对方接受或拒绝申请。

2015 年，领英因滥发邮件和侵犯隐私被众多用户告上法庭。原告指出，扩大关系网功能没有按照约定只发出一封邮件，而是发出了很多，多出的邮件在法律上很容易被判定为垃圾邮件。2015 年 10 月，诉讼双方最终达成和解，领英需偿付总计 1 300 万美元的和解金。但诉讼结束后，领英居然又向所有在诉讼期间可能使用过扩大关系网功能的用户发送了一封邮件，在邮件中告知了诉讼的结果。

（资料来源：http://www.chinaz.com/news/2015/1004/453606.shtml，有改动）

任务实施

目前，世界各国在电子邮件营销和垃圾邮件的区分上存在两种观点。

第一，“Opt-in”，即选择性加入，用户主动将自己的电子邮箱地址加入邮件列表，如用户在网站的订阅框输入电子邮箱对某一类信息进行订阅。此时，消费者掌握主动权，只有消费者主动订阅信息，商家才被允许发送邮件，未经允许发送的邮件为垃圾邮件。

第二，“Opt-out”，即选择性退出，网站未经用户允许向用户发送电子邮件，但用户可以选择继续接收或是退订。商家掌握主动权，消费者退订后才会停止收到邮件。

阅读以上内容，并结合所学知识回答下列问题：

（1）你认为垃圾邮件的定义应采取“Opt-in”还是“Opt-out”？为什么？

（2）如果你是一个电子邮件营销从业者，发送广告邮件时应该注意哪些法律问题？

任务评价

请根据表 7-2 对上述任务实施的结果进行评价。

表 7-2　任务实施评价表

评价内容	分值	自评分	小组评分	教师评分	实得分
能够掌握垃圾邮件的定义及表现形式	40				
能够运用所学知识对行业具体实践作出指导	40				
小组成员间协作良好	20				

任务三　理解网上证券交易相关法律法规

引导案例

打击股市“黑嘴”　证监会召开案件调度推进会

2018 年 6 月，中国证券监督管理委员会在上海召开案件调度推进会，集中督办 2018 年第一批专项执法行动部署的 8 起市场“黑嘴”相关案件。

股市“黑嘴”违法从事投资咨询业务，误导投资者参与交易，甚至编造、传播虚假信息，从中谋取非法利益。“黑嘴”案件普遍具有主体身份复杂、行为方式隐蔽、违法行为多样的特点。参与主体既有持牌咨询机构和分析师，也有网络工作室、微博大 V 等并未取得业务许可的机构和人员。在信息传播的形式上，互联网、自媒体成为虚假信息散布传播的主要载体，既有通过微博、贴吧、视频直播等公开平台进行的“一对多”客户招揽，也有通过微信、QQ 私聊进行的“点对点”诱导。从涉嫌违法行为的类型看，有的涉嫌编造、传播证券期货虚假信息，有的涉嫌蛊惑交易。

股市“黑嘴”及衍生的违法行为严重扰乱了资本市场的信息传播秩序和公平交易秩序，是危害市场健康运行的“毒瘤”。坚决打好这场专项执法行动攻坚战，有效震慑违法行为，对于切实维护市场信息传播和公平交易秩序具有全局性的意义。

（资料来源：http://www.csrc.gov.cn/pub/newsite/zjhxwfb/xwdd/201806/t20180615_339933.html，有改动）

想一想：你接触过证券交易吗？互联网环境下的证券交易存在哪些风险？

一、网上证券交易概述

（一）网上证券交易的定义

证券，是指用来证明券票持有人享有的某种特定权益的法律凭证。证券市场中的证券产品包含了股票、债券，以及衍生市场产品（如股票期货、期权、利率期货等）。

网上证券交易，是指投资者通过互联网获取经济金融信息，对证券的所有权进行交易的活动。

我国证券市场起步于 20 世纪 90 年代。1990 年 12 月 19 日，上海证券交易所开业，1991 年 7 月 3 日，深圳证券交易所开业。上交所和深交所成立以来，我国的证券市场取得了长足的进步，证券品种逐渐增加，交易技术不断进步，法律法规体系也逐步完善。截至 2018 年 12 月，我国股票发行人为 3 587 家，投资者共 14 650.44 万人。

（二）网上证券交易的优势

1. 降低成本，便于管理

通过互联网进行证券交易，使得券商能够降低营业场所建设、交易设备购置、通信设备运营等成本。网上证券交易运用的大数据、云计算等技术，还能够实现对业务的高效整合，加强对业务的管理。

2. 操作便捷，降低风险

网上办理证券业务具有便捷性的特点，对于投资者来说，借助计算机、手机甚至电视机便可以查阅到证券市场的最新行情，并完成开户、交易、交割、结算等步骤，无须前往交易所排队等待，速度快、效率高。网络证券交易系统在数据传输安全、身份识别等方面会使用到严格的保密技术，能够为投资者降低交易风险。

3. 促进行业发展，提高资源配置效率

网上证券交易的技术性强，透明度高，行业竞争激烈，有利于激励券商进行业务创新，促进证券交易市场的不断完善。互联网等信息技术还能够打破证券交易的地域限制，解决券商资源地域分布不均的问题。

（三）网上证券交易的模式

根据是否依托实体证券交易所和证券营业部，网上证券交易可以分为三种模式：完全网上证券交易模式、非完全网上证券交易模式、券商理财模式。

1. 完全网上证券交易模式

完全的网上证券交易模式，是指投资者能够通过网上交易系统完成证券交易全过程的一种交易模式。证券交易的过程一般包括开户、销户、股市行情查询、证券的买卖、支付结算等环节。

2. 非完全网上证券交易模式

非完全网上证券交易模式，是指投资者借助互联网接入证券交易所进行交易的一种交易模式。证券公司开办网上委托业务，并通过互联网向在本机构开户的投资者提供证券交易服务。目前，我国的网上证券交易普遍采用非完全网上证券交易模式进行。

3. 券商理财模式

券商理财模式，是指券商既能够提供网上证券交易服务，又能够提供网上理财服务的模式。例如，国金证券与腾讯合作推出的互联网证券服务产品“佣金宝”，除了通过计算机及移动终端为投资者提供股票等产品的投资建议外，还能够为投资者的股票账户保证金余额提供理财服务。

扩展阅读

嘉信理财——践行互联网思维的先驱

嘉信理财（Charles Schwab）是一家知名金融服务公司，成立于 1971 年，总部设在美国旧金山。以小型传统证券经纪商起家的嘉信理财，如今已成为美国个人金融服务市场的领导者，现有业务包括证券经纪、资产管理、银行、金融咨询服务。嘉信理财的成功，归功于其对互联网思维的精准把握。

随着金融业的蓬勃发展，美国共同基金数量急剧增长，但落后的交易方式使得投资者购买基金时需要经历层层烦琐的手续，耗时很长。如何才能方便快捷地进行基金买卖，是美国基金市场面临的一个至关重要的问题。1992 年，嘉信理财开发出了共同基金统一账户。通过这种“一卡通”式的账户，投资者可以自由选择自己想要的基金产品，并在嘉信理财网站上直接进行基金的申购和赎回，大大简化了操作流程。

1996 年，互联网开始普及，以互联网为基础的证券交易开始兴起。嘉信理财在现有业务之外成立了一家独立公司“eSchwab”，开始涉足互联网交易。“eSchwab”平台线上提供快捷交易方式，线下提供复杂的支持和咨询，线上线下客户可以转换，增强了客户对平台的依赖度，开创了将电子商务与传统零售业务相结合的增值新模式。

2010 年，嘉信理财首次推出手机客户端，客户可以通过智能手机随时随地完成自己在投资、交易、咨询方面的诉求。至今，嘉信理财已经推出了 iPhone、iPad、Android、Kindle 等多种版本的移动 App，基本覆盖了所有常用的移动终端。

（资料来源：https://www.thepaper.cn/newsDetail_forward_1783360，有改动）

二、网上证券交易相关法律法规

（一）网上证券交易主体相关法律法规

网上证券交易的主体是证券交易中的买卖双方，即证券公司和证券投资者。根据《中华人民共和国证券法》（以下简称《证券法》）及相关法律法规，网上证券交易中的各个主体在市场准入上需要遵守以下规定。

1. 证券公司设立的审查批准

设立证券公司，必须经国务院证券监督管理机构审查批准。未经批准，任何单位和个人不得经营证券业务。

2. 证券公司设立的条件

设立证券公司，应当具备下列条件：① 有符合法律、行政法规规定的公司章程；② 主要股东具有持续盈利能力，信誉良好，最近3年无重大违法违规记录，净资产不低于人民币2亿元；③ 有符合法律规定的注册资本；④ 董事、监事、高级管理人员具备任职资格，从业人员具有证券从业资格；⑤ 有完善的风险管理与内部控制制度；⑥ 有合格的经营场所和业务设施；⑦ 法律、行政法规规定的和经国务院批准的国务院证券监督管理机构规定的其他条件。

3. 证券公司的业务范围

经国务院证券监督管理机构批准，证券公司可以经营下列部分或者全部业务：① 证券经纪；② 证券投资咨询；③ 与证券交易、证券投资活动有关的财务顾问；④ 证券承销与保荐；⑤ 证券自营；⑥ 证券资产管理；⑦ 其他证券业务。

4. 证券公司的设立程序

国务院证券监督管理机构应当自受理证券公司设立申请之日起6个月内，依照法定条件和法定程序并根据审慎监管原则进行审查，作出批准或者不予批准的决定，并通知申请人；不予批准的，应当说明理由。证券公司设立申请获得批准的，申请人应当在规定的期限内向公司登记机关申请设立登记，领取营业执照。

证券公司应当自领取营业执照之日起15日内，向国务院证券监督管理机构申请经营证券业务许可证。未取得经营证券业务许可证，证券公司不得经营证券业务。

证券公司设立、收购或者撤销分支机构，变更业务范围，增加注册资本且股权结构发生重大调整，减少注册资本，变更持有5%以上股权的股东、实际控制人，变更公司章程中的重要条款，合并、分立、停业、解散、破产，证券公司在境外设立、收购或者参股证券经营机构，必须经国务院证券监督管理机构批准。

5. 证券公司的网络业务资格申请

《网上证券委托暂行管理办法》规定，获得中国证监会颁发的《经营证券业务许可证》的证券公司，可向中国证监会申请开展网上委托业务。未经批准，任何机构不得开展网上委托业务。获得网上委托业务资格的证券公司可在其达到《证券经营机构营业部信息系统技术管理规范》要求的证券营业部开展网上委托业务。

证券公司申请开展网上委托业务，需具备以下条件：① 建立了规范的内部业务与信息系统管理制度；② 具有一定的公司级的技术风险控制能力；③ 建立了一支稳定的、高素质的技术管理队伍；④ 在过去两年内未发生重大技术事故。

证券公司以外的机构，不得开展或变相开展网上委托业务。证券公司不得以支付或变相支付交易手续费的方式与提供技术、信息服务的非证券公司合作开展网上委托业务。

6. 证券公司的网络业务审批程序

根据《证券公司网上委托业务核准程序》中的规定，证券公司开展网络业务时需经过证监会的审批，审批程序如下：

➢ 申请受理

拟申请网上委托业务的证券公司（以下简称“申请公司”），应准备申请文件一式三份，报送中国证监会机构监管部和信息中心，并送当地派出机构备案。中国证监会收到申请文件后，在 5 个工作日内作出是否受理申请的决定。未按规定要求制作申请文件的不予受理。

➢ 初审

中国证监会受理申请后，应对申请文件的合规性进行初审，并在 30 日内将初审意见函告申请公司。中国证监会进一步审核按照初审意见修改完善的申请文件，形成初审报告。

➢ 专家审核

证监会聘请专家组成审核委员会，对申请文件中的有关事宜和技术应用方案进行审核。申请公司应派技术及相关业务负责人到场答辩。必要时，证监会可要求申请公司主要技术合作方参加。审核委员会进行充分讨论后，采用投票方式表决，提出审核意见。

➢ 核准决定

依据公司基本情况和专家审核意见，中国证监会对申请作出是否核准的决定。予以核准的，出具同意开展网上委托业务的文件；不予核准的，出具书面意见说明理由。因重大违规事件、重大技术事故等因素导致整体质量差、风险隐患大的公司，不予核准开展网上委托业务。中国证监会自受理申请文件到作出决定的期限为 3 个月。

➢ 复议

申请未被核准的公司，可在接到中国证监会书面决定之日起 60 日内提出复议申请。中国证监会在收到复议申请 60 日内，对复议申请作出决定。经复议仍未被核准的公司，自收到中国证监会书面决定起，一年内不得再次提出申请。

7. 网上证券投资者相关法律法规

投资者应与证券公司签订证券交易委托协议，并在证券公司开立证券交易账户，以书面、电话及其他方式，委托该证券公司代其买卖证券。

《网上证券委托暂行管理办法》第六条规定，在证券公司合法营业场所依法开户的投资者，经本人申请办理相关手续后，方能进行网上委托。证券公司在为投资者办理网上委托相关手续时，应要求投资者提供身份证明原件，并向投资者提供证实证券公司身份、资格的证明材料。禁止代理办理网上委托相关手续。

（二）网上证券开户相关法律法规

证券账户，是记录证券及证券衍生品种持有及其变动情况的载体。

《证券账户管理规则》规定，中国证券登记结算有限公司（以下简称“中国结算公司”）对证券账户实施统一管理，具体账户业务可以委托开户代理机构办理。开户代理机构，是指取得中国结算公司开户代理资格，与其签订开户代理协议，代理其办理证券账户业务的证券公司等机构。

1. 证券账户开立的范围

符合法律、行政法规、国务院证券监督管理机构及中国结算公司有关规定的自然人、法人、合伙企业及其他投资者，可以申请开立证券账户。证券资产托管人或资产管理人，可以按中国结算公司规定为证券投资基金、保险产品、信托产品、资产管理计划、企业年金计划、社会保障基金投资组合等依法设立的证券投资产品申请开立证券账户。

2. 证券账户的开立

中国结算公司实行实时配号开户方式，根据投资者的申请为其开立一码通账户及相应的子账户。其中一码通账户用于汇总记载投资者各个子账户下证券持有及变动的情况，子账户用于记载投资者参与特定交易场所或用于投资特定证券品种的证券持有及变动的具体情况。投资者申请开立 A 股账户时，开户代理机构应当为其同时开立沪市及深市 A 股账户，投资者确有需要开立单边 A 股账户的除外。

开户代理机构应当按规定采集投资者证券账户信息，包括投资者姓名或名称、有效身份证明文件类型及号码等身份信息，出生日期、性别、机构类别、法定代表人等基本信息，联系电话、通信地址、住所信息等联系信息，开户日期、开户方式等账户管理信息，以及中国结算公司规定的其他信息。

在收到业务申请后，中国结算公司实时对其进行审核并将处理结果反馈开户代理机构。开户代理机构应当通过适当方式及时将处理结果告知申请人。

3. 网上开立证券账户

网上开户，是指开户代理机构通过数字证书验证投资者身份，并通过互联网为投资者办理证券账户开立手续。《证券账户非现场开户实施暂行办法》规定，开户代理机构应通过其公司网站为投资者办理网上开户业务，不得利用第三方网站办理网上开户业务。

➢ 网上开立证券账户的要求

开户代理机构办理证券账户非现场开户业务，应当严格落实账户实名制要求，认真审核投资者身份真实性，确保投资者资料真实、准确和完整。自然人投资者通过非现场方式开户的，应当由本人亲自办理。

➢ 网上开立证券账户的办理

开户代理机构接受投资者通过数字证书办理相关业务，应当符合相关法律法规的规定，确保相关手续的合法性和有效性。投资者应当使用数字证书登录开户代理机构网站，按要求提交开户申请材料。

开户代理机构应当对数字证书记载的投资者信息与投资者开户申请表填报的投资者信息进行一致性比对，审核开户申请材料后，按照相关规定为投资者办理开户手续。

4．已有账户开通网络证券业务

已开立账户的投资者在进行网络证券交易时不需要另外开立账户，但应当申请开通网络证券业务。投资者可按中国结算公司有关规定申请成为其网站用户，开通网络服务功能。

课堂互动

下载证券交易平台手机 App，尝试进行证券交易账户的开户。浏览并体会 App 中的各项功能，想一想网上证券交易较传统证券交易有哪些便捷之处。

（三）网上证券交易过程相关法律法规

根据《证券法》及《网上证券委托暂行管理办法》的规定，进行网上证券交易时应参考以下法律法规。

1．证券交易的程序

在证券交易中，证券公司首先根据投资者的委托提出交易申报，参与证券交易所内的集中交易，并根据成交结果承担相应的清算交收责任；证券登记结算机构负责根据成交结果与证券公司进行证券和资金的清算交收，并为证券公司的客户办理证券的登记过户。

2．证券持股的限制

通过证券交易所的证券交易，投资者持有或者通过协议、其他安排与他人共同持有一个上市公司已发行的股份达到 5%时，应当在该事实发生之日起 3 日内，向国务院证券监督管理机构、证券交易所作出书面报告，通知该上市公司，并予公告；在上述期限内，不得再行买卖该上市公司的股票。投资者持有或者通过协议、其他安排与他人共同持有一个上市公司已发行的股份达到 5%后，其所持该上市公司已发行的股份比例每增加或者减少 5%，应当依照上述规定进行报告和公告。在报告期限内和作出报告、公告后 2 日内，不得再行买卖该上市公司的股票。

通过证券交易所的证券交易，投资者持有或者通过协议、其他安排与他人共同持有一个上市公司已发行的股份达到 30%时，继续收购应当依法向该上市公司所有股东发出收购上市公司全部或者部分股份的要约。收购上市公司部分股份的收购要约应当约定，被收购公司股东承诺出售的股份数额超过预定收购的股份数额的，收购人按比例进行收购。

3．禁止操纵证券市场

禁止任何人以下列手段操纵证券市场：

第一，单独或者通过合谋，集中资金优势、持股优势或者利用信息优势联合或者连续买卖，操纵证券交易价格或者证券交易量。

第二，与他人串通，以事先约定的时间、价格和方式相互进行证券交易，影响证券交易价格或者证券交易量。

第三，在自己实际控制的账户之间进行证券交易，影响证券交易价格或者证券交易量。

第四，以其他手段操纵证券市场。

操纵证券市场行为给投资者造成损失的，行为人应当依法承担赔偿责任。

4. 网上证券交易系统

证券公司必须自主决策网上委托系统的建设、管理和维护。有关投资者资金账户、股票账户、身份识别等数据的程序或系统不得托管在证券公司的合法营业场所之外。证券公司应采取严格、完善的技术措施，确保网上委托系统和其他业务系统在技术上隔离。禁止通过网上委托系统直接访问任何证券公司的内部业务系统。

网上委托系统应有完善的系统安全、数据备份和故障恢复手段。在技术和管理上要确保客户交易数据的安全、完整与准确。客户交易指令数据至少应保存 15 年（允许使用能长期保存的、一次性写入的电子介质）。证券公司应安排本单位专业人员负责管理、监督网上委托系统的运行，并建立完善的技术管理制度和内部制约制度。

网上证券交易系统在技术上应当遵守以下要求：

第一，证券公司应采用可靠的技术或管理措施，正确识别网上投资者的身份，防止仿冒客户身份或证券公司身份；必须有防止事后否认的技术或措施。

第二，网上委托系统应包含实时监控和防范非法访问的功能或设施；应妥善存储网上委托系统的关键软件（如网络操作系统、数据库管理系统、网络监控系统）的日志文件、审计记录。

第三，在互联网上传输的过程中，必须对网上委托的客户信息、交易指令及其他敏感信息进行可靠的加密。

第四，证券公司应根据本公司的具体情况，采取技术和管理措施，限制每位投资者通过网上委托的单笔委托最大金额、单个交易日最大成交总金额。

第五，网上委托系统中有关数据传输安全、身份识别等关键技术产品应通过国家权威机构的安全性测评；网上委托系统及维护管理制度应通过国家权威机构的安全性认证；涉及系统安全及核心业务的软件应由第三方公证机构（或双方认可的机构）托管程序源代码及必要的编译环境。

经典案例

虚假承诺高收益　不法分子非法侵占投资者财产

一日，投资者张某忽然接到一个电话，对方自称是广州某投资公司，希望能了解一下张某的炒股情况。张某说自己不会炒股，对方便表示自己可以代为操作，保证每月有 50%

以上的利润，获利后三七分成，不获利不收钱。张某有一丝心动，便将5 000元钱汇至对方账户。没过几天，张某就收到了该公司发过来的对账单，上面显示张某的股票已获利2 000元。欣喜之下，张某又汇去3万元。此后，该公司定期给张某发送对账单，获利最高的时候张某账上股票市值已有20万元。当张某要求该公司卖出股票并退回现金时，该公司却以各种理由推脱，甚至拒绝接听张某的电话，张某无奈之下向监管部门进行了投诉。经过监管部门的核查，这家机构根本不具备证券经营相关资质，发给客户的对账单均系伪造。

评析：不法分子借合法证券公司或者证券投资咨询公司之名，以高额利润为诱饵骗取投资者信任，以此获取非法利益，是一种非法经营行为。《证券法》规定，机构开展证券投资咨询业务必须经国务院证券监督管理机构和有关部门的批准。投资者在接受证券理财服务时，应注意识别真假，选择取得了中国证监会颁发证券经营许可证的合法机构，不要盲目轻信网络、陌生来电中所谓的“专业公司”。合法机构的名称和具体信息可通过中国证监会网站（www.csrc.gov.cn）或中国证券业协会网站（www.sac.net.cn）查询。

（资料来源：http://www.sohu.com/a/305847492_99918917，有改动）

（四）网上证券结算相关法律法规

根据《证券登记结算管理办法》中的相关规定，证券的登记结算是指证券交易所上市的股票、债券、证券投资基金份额等证券及证券衍生品种（以下统称“证券”）的登记结算。证券登记结算机构是为证券交易提供集中登记、存管与结算服务，不以营利为目的的法人。证券登记结算业务采取全国集中统一的运营方式，由证券登记结算机构依法集中统一办理。证券登记结算机构实行行业自律管理。

1．证券的结算登记

证券公开发行后，证券发行人应当向证券登记结算机构提交已发行证券的证券持有人名册及其他相关资料。证券登记结算机构据此办理证券持有人名册的初始登记。证券发行人应当保证其所提交资料的合法、真实、准确、完整。证券登记结算机构不承担由于证券发行人原因导致证券持有人名册及其他相关资料有误而产生的损失和法律后果。

证券在证券交易所上市交易的，证券登记结算机构应当根据证券交易的交收结果办理证券持有人名册的变更登记。证券以协议转让、继承、捐赠、强制执行、行政划拨等方式转让的，证券登记结算机构根据业务规则变更相关证券账户的余额，并相应办理证券持有人名册的变更登记。证券因质押、锁定、冻结等原因导致其持有人权利受到限制的，证券登记结算机构应当在证券持有人名册上加以标记。

2．证券的托管

投资者应当委托证券公司托管其持有的证券，证券公司应当将其自有证券和所托管的客户证券交由证券登记结算机构存管，但法律、行政法规和中国证监会另有规定的除外。

证券登记结算机构为证券公司设立客户证券总账和自有证券总账，用以统计证券公司交存的客户证券和自有证券。证券公司应当委托证券登记结算机构维护其客户及自有证券账户，但法律、行政法规和中国证监会另有规定的除外。

证券公司应当采取有效措施保证其托管的证券的安全，证券登记结算机构应当采取有效措施保证其存管的证券的安全，禁止挪用、盗卖。

3．证券和资金的清算交收

证券公司参与证券和资金的集中清算交收，应向证券登记结算机构申请取得结算参与人资格，与证券登记结算机构签订结算协议，明确双方的权利义务。没有取得结算参与人资格的证券公司，应当与结算参与人签订委托结算协议，委托结算参与人代其进行证券和资金的集中清算交收。证券登记结算机构应当制定并公布结算协议和委托结算协议范本。

4．证券登记和结算的风险防范控制

证券登记结算机构应采取下列措施，加强证券登记结算业务的风险防范和控制：① 制定完善的风险防范制度和内部控制制度；② 建立完善的技术系统，制定由结算参与人共同遵守的技术标准和规范；③ 建立完善的结算参与人和结算银行准入标准和风险评估体系；④ 对结算数据和技术系统进行备份，制定业务紧急应变程序和操作流程。

三、网上证券服务相关法律法规

（一）证券公司的网上证券服务

根据《网上证券委托暂行管理办法》，证券公司提供的网上证券服务包含以下内容。

1．提供接入点

证券公司应提供一个固定的互联网站点，作为网上委托的入口网站。

2．风险揭示

证券公司应在入口网站和客户终端软件上进行风险揭示。揭示的风险至少应包括：

第一，互联网中的交易指令可能会出现中断、停顿、延迟、数据错误等情况。

第二，机构或投资者的身份可能会被仿冒。

第三，行情信息及其他证券信息，有可能出现错误或误导。

第四，证券监管机关认为需要披露的其他风险。

3．行情发布

证券公司开展网上委托业务的同时，如向客户提供证券交易的行情信息，应标识行情的发布时间或滞后时间；如向客户提供证券信息，应说明信息来源，并应提示投资者对行情信息及证券信息等进行核实。

（二）证券服务机构相关法律法规

根据《证券法》的相关规定，证券服务机构在提供服务时需要遵守以下规定。

1．批准

投资咨询机构、财务顾问机构、资信评级机构、资产评估机构、会计师事务所从事证券服务业务，必须经国务院证券监督管理机构和有关主管部门批准。审批管理办法由国务院证券监督管理机构和有关主管部门制定。

2．人员要求

投资咨询机构、财务顾问机构、资信评级机构从事证券服务业务的人员，必须具备证券专业知识和从事证券业务或者证券服务业务 2 年以上经验。认定其证券从业资格的标准和管理办法，由国务院证券监督管理机构制定。

3．投资咨询机构不得有的行为

投资咨询机构及其从业人员从事证券服务业务不得有下列行为：① 代理委托人从事证券投资；② 与委托人约定分享证券投资收益或者分担证券投资损失；③ 买卖本咨询机构提供服务的上市公司股票；④ 利用传播媒介或者通过其他方式提供、传播虚假或者误导投资者的信息；⑤ 法律、行政法规禁止的其他行为。

有上述行为之一，给投资者造成损失的，依法承担赔偿责任。

经典案例

证券交易遇“堵单” 损失谁来赔偿？

2007 年 4 月 23 日上午 9 时 33 分，股民袁某通过中银证券的网上交易系统，以单价 3.47 元人民币的价格买入了 9 000 股某股票，随后其资金账户中的 31 311.21 元被冻结。而袁某却迟迟没有查询到该笔股票交易的委托记录。次日，该股票股价上涨至 3.82 元。没能及时买进股票的袁某认为，由于中银证券未能及时接受交易委托，给自己造成了 3 230 元的损失，中银证券应予赔偿。中银证券辩称，当日证券公司的电脑系统繁忙，造成了“堵单”，因此未能及时接受袁某的交易委托，属于不可抗力因素。经过法院调解，中银证券与袁某达成和解，由中银证券补偿袁某 2 000 元交易损失。

评析：《民法总则》中规定，不可抗力是指不能预见、不能避免且不能克服的客观情况。中银证券交易系统的交易委托“堵单”，是由于通信线路堵塞，通过技术改进能予以克服，并不符合不可抗力的特征。《网上证券委托暂行管理办法》第十四条规定，网上委托系统应有完善的系统安全、数据备份和故障恢复手段。如果证券公司的交易系统不能适应火爆的行情，发生“堵单”事件，证券公司应承担相应赔偿责任。

（资料来源：http://news.sohu.com/20070620/n250677347.shtml，有改动）

任务实施

案例分析：证券之星

证券之星始创于 1996 年，是自中国互联网发展早期就开始提供财经资讯的专业网站之一。为中国的投资者提供专业、立体、精准、及时的全球财经数据与资讯服务，全面覆盖股票、基金、外汇、期货、保险、黄金等投资领域。

证券之星专注于建设成为中国最大的投资理财产品及服务的交易平台。其金融证券产品包括行情分析软件、手机信息服务、股评、理财等系列产品，向大众化用户提供市场行情、资料查询及综合信息分析。同时通过和行业其他伙伴合作，根据投资者的使用场景建立互联网证券的服务链，形成投资决策、投资交易和投资管理为一体的全产业链服务平台。

通过证券之星交易平台，金融机构可以把金融产品和服务精准推送给客户；证券之星对金融的理解，也有助于证券之星与金融机构的沟通，并为客户提供更加人性化的服务。

阅读案例材料，结合所学知识回答下列问题：

（1）证券之星网站体现了网上证券交易的哪些优势？

（2）借助互联网查询证券之星的业务范围。（可通过“中国证券业协会”进行查询。）

（3）证券之星在开展网络业务时，需要经过哪些审批程序？

任务评价

请根据表 7-3 对上述任务实施的结果进行评价。

表 7-3 任务实施评价表

评价内容	分值	自评分	小组评分	教师评分	实得分
能够理解网上证券交易的优势	40				
能够掌握证券公司相关法律法规	40				
能够借助互联网获取自己所需的信息	20				

任务四　熟悉网络拍卖相关法律法规

引导案例

200 元拍到旧鼠标　买家怀疑网络拍卖有陷阱

花 200 元拍下一枚专业游戏鼠标，本以为捡了大便宜，没想到收到的竟是个“老古董”。2014 年，范某在浏览京东夺宝岛时，发现一款价值 339 元的雷蛇鼠标正在拍卖，页面上对商品的描述为“简易包装，物品完好”。看到当时的最高出价是 140 元，范某便出价 200 元，成功拍下了这枚鼠标。

几天后，范某收到了拍品，只见鼠标全身沾满了深色的泥巴，根本不符合商品描述中的“物品完好”。范某打电话向京东夺宝岛客服投诉，对方表示可以做退货处理。

“虽然他们答应退货，但我还是觉得受到了欺骗。”范某认为，根据物品描述参与竞拍并竞拍成功，就有权得到符合描述的商品，即使收到了退款也不足以弥补自己的损失。

（资料来源：http://www.iwshang.com/Post/Default/Index/pid/259813.html，有改动）

想一想：什么是网络拍卖？网络拍卖存在哪些风险？应接受怎样的监管？

一、网络拍卖概述

1. 网络拍卖的定义

《中华人民共和国拍卖法》（以下简称《拍卖法》）第三条规定，拍卖，是指以公开竞价的形式，将特定物品或财产权利转让给最高应价者的买卖方式。

网络拍卖，是指利用现代信息技术，以公开竞价的方式，将特定物品或者财产权利转让给最高应价者的买卖方式。

2. 网络拍卖的流程

- 注册。拍卖企业应制定拍卖业务规则，要求委托人、竞买人在拍卖网站中注册。
- 签订合同。合同委托人应与拍卖人签订委托拍卖合同。
- 竞买人交纳保证金。竞买人完成注册后，应交纳相应的竞买保证金。竞买成功后，保证金会转为支付标的价款的定金，竞买未成功，或保证金转为定金后还有剩余，拍卖企业会退还保证金或余额。交纳保证金后，竞买人会领取到竞买号码。
- 发布信息。拍卖企业在拍卖网站中发布拍卖标的的信息。
- 拍卖。根据《拍卖法》等法律法规的规定，在网络上进行拍卖活动。

- 结算。买受人按照约定向拍卖公司支付佣金、税费等费用。
- 交付。按照约定的方式交付拍卖标的。

网络拍卖的流程如图 7-1 所示。

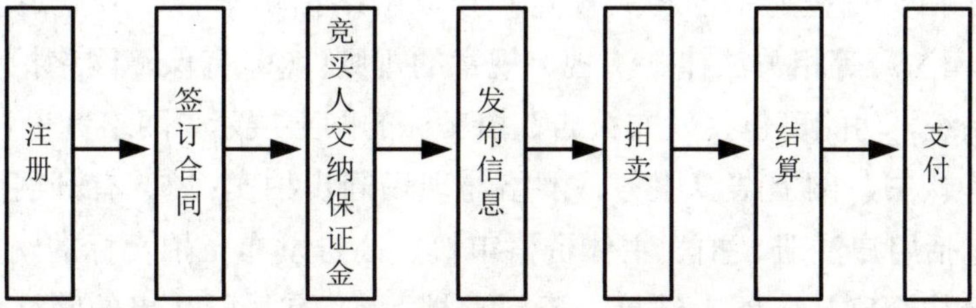

图 7-1　网络拍卖的流程

二、网络拍卖企业与拍卖师相关法律法规

（一）网络拍卖企业的设立条件

1. 办理工商登记

《拍卖监督管理办法》第四条规定，设立拍卖企业应当依照《拍卖法》《公司法》等法律法规的规定，向工商行政管理部门申请登记，领取营业执照，并经所在地的省、自治区、直辖市人民政府负责管理拍卖业的部门审核，取得从事拍卖业务的许可。

2. 取得拍卖许可

《拍卖法》《拍卖管理办法》规定，各种经营性拍卖活动，应当由依法取得从事拍卖业务许可的企业进行。拍卖行业主管部门是商务部，对全国实施监督管理。省、自治区、直辖市人民政府和设区的市人民政府商务主管部门对本行政区域内拍卖业实施监督管理。

一般企业申请取得从事拍卖业务的许可，应当具备下列条件：① 有 100 万元人民币以上的注册资本；② 有自己的名称、组织机构和章程；③ 有固定的办公场所；④ 有至少一名拍卖师；⑤ 有符合有关法律、行政法规等规定的拍卖业务规则；⑥ 符合商务主管部门有关拍卖行业发展规划。

外商投资企业申请取得从事拍卖业务的许可，除应符合一般企业取得拍卖许可的规定外，还应当符合下列条件：① 符合外商投资企业注册资本和投资总额的有关规定；② 外商投资拍卖企业的经营期限一般不超过 30 年，在中西部设立外商投资拍卖企业的经营期限一般不超过 40 年。

《文物拍卖管理办法》第五条规定，拍卖企业申请文物拍卖许可证，应当符合下列条件：① 有 1 000 万元人民币以上注册资本，非中外合资、中外合作、外商独资企业；② 有

5 名以上文物拍卖专业人员；③ 有必要的场所、设施和技术条件；④ 近两年内无违法违规经营文物行为；⑤ 法律、法规规定的其他条件。

3．网络拍卖平台的设立

根据《网络拍卖规程》中的相关规定，设立网络拍卖平台，应满足以下基本要求：① 有符合《拍卖法》等相关法律、法规、规章的规则；② 有保障网络拍卖业务正常开展的计算机信息系统，功能可包括发布公告、拍卖标的网上展示、网络竞价、记录竞价过程、生成电子成交确认书、网上结算服务、网络与现场同步拍卖；③ 有开展网络拍卖活动的业务流程，可包括用户注册、拍卖主体资格审核、公告发布、拍卖标的网上展示、竞买登记、网络竞价及成交确认、网上结算、资料存档；④ 有与所从事的网络拍卖业务和规模相配套的服务器、网络设施、技术人员、拍卖专业人员和资金；⑤ 根据《互联网信息服务管理办法》，按照平台性质取得许可或备案。

（二）拍卖师的执业资格

根据《拍卖法》《拍卖管理办法》及相关法律法规的规定，拍卖活动应当由拍卖师主持。拍卖师可在线主持，可通过其他认可的预设拍卖程序、文字、语言或动画等方式主持。

1．拍卖师的条件

拍卖师应当具备下列条件：① 具有高等院校专科以上学历和拍卖专业知识；② 在拍卖企业工作 2 年以上；③ 品行良好。被开除公职或者吊销拍卖师资格证书未满 5 年的，或者因故意犯罪受过刑事处罚的，不得担任拍卖师。

2．拍卖师的资格考核

国家对拍卖专业技术人员实行执业资格制度，获得拍卖师执业资格证书的人员，经注册后，方可主持拍卖活动。拍卖师是指经全国统一考试合格，取得人事部、商务部联合用印的，由中国拍卖行业协会颁发的《中华人民共和国拍卖师执业资格证书》，并经注册登记的人员。拍卖师资格考核由拍卖行业协会统一组织，经考核合格的，由拍卖行业协会颁发拍卖师资格证书。

3．拍卖师从业相关规定

拍卖师只能在一个拍卖企业注册执业且不得以其拍卖师个人身份在其他拍卖企业兼职。拍卖师不得将《中华人民共和国拍卖师执业资格证书》借予他人或其他单位使用。

拍卖师可以变更执业注册单位，变更时应当向中国拍卖行业协会办理注册变更手续。中国拍卖行业协会应将拍卖师注册登记及变更情况每月定期报商务部备案。

《文物拍卖管理办法》规定，文物拍卖专业人员不得参与文物商店销售文物、文物拍卖标的审核、文物进出境审核工作，不得同时在两家及以上的拍卖企业从事文物拍卖活动。

扩展阅读

2018 年中国拍卖行业发展现状：网络拍卖关注度提高

全国拍卖行业管理信息系统显示，2018 年，全国拍卖企业拍卖成交额为 6 699.66 亿元，同比下降 8.57%；成交场次 60 366 场，同比增长 5.11%。

大型电商平台的加入，使得网络拍卖的社会关注度逐渐提升，逐步进入大众视线。根据几家全国性主流网络拍卖平台的浏览数据，与大众关系密切的拍品关注度提高，与日常生活联系紧密的拍品关注人数更是达到万级，其中又以价值偏低的大众消费品为甚，如二手手机、茶叶、酒类、黄金玉石饰品、奢侈品等。

但是，从中国拍卖行业协会对几家平台进行的数据抽样来看，尽管关注人数有所增加，但用户还未能真正转化为有效参拍用户，主流平台的拍品成交率基本维持在 25%～35% 之间。而据商务部统计，2017 年实体拍卖企业拍卖成交率为 63.65%。导致这一现象的因素有很多，如拍品的地域属性，对网络拍卖的认可程度等。

（资料来源：http://www.huaon.com/story/427894，有改动）

课堂互动

你参与过拍卖吗？想一想，网络拍卖中拍卖各方的权利和义务与传统拍卖相比发生了哪些变化？

三、网络拍卖当事人相关法律法规

根据《拍卖法》《拍卖管理办法》《拍卖监督管理办法》《最高人民法院关于人民法院网络司法拍卖若干问题的规定》，网上拍卖中当事人具有以下权利和义务。

（一）网络拍卖委托人的权利与义务

拍卖的委托人，是指委托拍卖人拍卖物品或者财产权利的公民、法人或者其他组织。

1. 网络拍卖委托人的权利

第一，委托人有权确定拍卖标的的保留价并要求拍卖人保密；拍卖国有资产时，依照法律或者按照国务院规定需要评估的，应当经依法设立的评估机构评估，并根据评估结果确定拍卖标的的保留价。

第二，委托人在拍卖开始前可以撤回拍卖标的；撤回拍卖标的应当向拍卖人支付约定的费用，未作约定的应当向拍卖人支付为拍卖支出的合理费用。

第三，网络司法拍卖服务提供者从事与网络司法拍卖相关的行为，应当接受人民法院的管理、监督和指导。

第四，网络司法拍卖应当由人民法院参照评估价确定保留价，保留价即起拍价，未作评估的参照市价确定并征询当事人意见，起拍价不得低于评估价或者市价的 70%。

2．网络拍卖委托人的义务

第一，委托人应当向拍卖人说明拍卖标的的来源和瑕疵。

第二，委托人不得参与竞买，也不得委托他人代为竞买。

第三，按照约定由委托人移交拍卖标的的，成交后委托人应将拍卖标的移交给买受人。

第四，实施网络司法拍卖的，人民法院应履行下列职责：制作、发布拍卖公告；查明拍卖财产现状、权利负担等内容，并予以说明；确定拍卖保留价、保证金的数额、税费负担等；确定保证金、拍卖款项等支付方式；通知当事人和优先购买权人；制作拍卖成交裁定；办理财产交付和出具财产权证照转移协助执行通知书；开设网络司法拍卖专用账户等。

（二）网络拍卖竞买人的权利与义务

拍卖的竞买人，是指参加竞购拍卖标的的公民、法人或者其他组织。

1．网络拍卖竞买人的权利

第一，竞买人可以自行参加竞买，也可以委托其代理人参加竞买。

第二，竞买人有权了解拍卖标的的瑕疵，有权查验拍卖标的和查阅有关拍卖资料；拍卖企业应当向竞买人说明其知道或者应当知道的拍卖标的的瑕疵。

第三，网络司法拍卖的竞买人在拍卖竞价程序结束前交纳保证金，经人民法院或者网络服务提供者确认后取得竞买资格；网络服务提供者应当向取得资格的竞买人赋予竞买代码、参拍密码，竞买人以该代码参与竞买。

第四，网络司法拍卖竞价程序结束前，人民法院及网络服务提供者对竞买人及其他能够确认竞买人真实身份的信息、密码等应予以保密。

第五，网络司法拍卖中优先购买权人经人民法院确认后，取得优先竞买资格及优先竞买代码、参拍密码，人民法院应当为顺序不同的优先购买权人确认顺序，赋予不同顺序的优先竞买代码。

2．网络拍卖竞买人的义务

第一，法律、行政法规对拍卖标的的买卖条件有规定的，竞买人应当具备规定的条件。

第二，竞买人一经应价，不得撤回，当其他竞买人有更高应价时其应价即丧失约束力。

第三，竞买人之间、竞买人与拍卖人之间不得恶意串通，损害他人利益。竞买人之间不得做出以下恶意串通行为：相互约定一致压低拍卖应价，相互约定拍卖应价，相互约定买受人或相互约定排挤其他竞买人等；竞买人与拍卖人之间不得作出以下恶意串通行为：私下约定成交价，拍卖人违背委托人的保密要求向竞买人泄露拍卖标的的保留价等。

第四，网络司法拍卖的竞买人应当在参加拍卖前以实名交纳保证金，申请执行人参加竞买的可以不交保证金，但债权数额小于保证金数额的按差额部分交纳。

（三）网络拍卖买受人的权利与义务

拍卖的买受人，是指以最高应价购得拍卖标的的竞买人。

1. 网络拍卖买受人的权利

第一，拍卖成交后，买受人和拍卖人应当签署成交确认书。

第二，买受人未按照约定取得拍卖标的的，有权要求拍卖人或者委托人承担违约责任。

第三，未说明拍卖标的的瑕疵，给买受人造成损害的，买受人有权向拍卖人要求赔偿；属于委托人责任的，拍卖人有权向委托人追偿；拍卖人、委托人在拍卖前声明不能保证拍卖标的的真伪或者品质的，不承担瑕疵担保责任。

第四，网络司法拍卖成交后，买受人交纳的保证金可以冲抵价款，其他竞买人交纳的保证金应当在竞价程序结束后 24 小时内退还或者解冻；拍卖未成交的，竞买人交纳的保证金应当在竞价程序结束后 24 小时内退还或者解冻。

2. 网络拍卖买受人的义务

第一，买受人应当按照约定支付拍卖标的的价款，未按照约定支付价款的，应当承担违约责任，或者由拍卖人征得委托人的同意，将拍卖标的再行拍卖；拍卖标的再行拍卖的，原买受人应当支付第一次拍卖中本人及委托人应当支付的佣金，再行拍卖的价款低于原拍卖价款的，原买受人应当补足差额。

第二，买受人未按照约定受领拍卖标的的，应当支付由此产生的保管费用。

第三，拍卖成交时，对佣金比例未作约定，拍卖人可以向委托人买受人各收取不超过拍卖成交价 5%的佣金，收取佣金的比例按照同拍卖成交价成反比的原则确定。

第四，网络司法拍卖成交后买受人悔拍的，交纳的保证金不予退还，依次用于支付拍卖产生的费用损失、弥补重新拍卖价款低于原拍卖价款的差价、冲抵本案被执行人的债务及与拍卖财产相关的被执行人的债务；悔拍后重新拍卖的，原买受人不得参加竞买。

第五，网络司法拍卖成交后，买受人应当在拍卖公告确定的期限内将剩余价款交付人民法院指定账户；拍卖成交后 24 小时内，网络服务提供者应当将冻结的买受人交纳的保证金划入人民法院指定账户。

四、网络拍卖标的相关法律法规

拍卖标的，是指委托人所有或者依法可以处分的物品或者财产权利。但法律、行政法规禁止买卖的物品或者财产权利，不得作为拍卖标的。

（一）一般拍卖标的

《拍卖管理办法》中对拍卖的一般标的做出了以下规定。

1. 拍卖标的展示

拍卖企业应当在拍卖会前展示拍卖标的，为竞买人提供查看拍卖标的的条件并向竞买人提供有关资料。展示时间应不少于两日，鲜活物品或其他不易保存的物品除外。

2. 拍卖标的的禁止事项

下列物品或者财产权利禁止拍卖：① 法律、法规禁止买卖的；② 所有权或者处分权有争议未经司法、行政机关确权的；③ 尚未办结海关手续的海关监管货物。拍卖企业发现拍卖标的中有公安机关通报协查物品或赃物，应立即向所在地公安机关报告。

3. 拍卖标的造成的拍卖中止

有下列情形之一的，应当终止拍卖：① 人民法院、仲裁机构或者有关行政机关认定委托人对拍卖标的无处分权并书面通知拍卖企业的；② 拍卖标的被认定为赃物的；③ 发生不可抗力或意外事件致使拍卖活动无法进行的；④ 拍卖标的在拍卖前毁损、灭失的；⑤ 委托人在拍卖会前书面通知拍卖企业终止拍卖的；⑥ 出现其他依法应当终止的情形的。终止拍卖由拍卖企业宣布。拍卖终止后，委托人要求继续进行拍卖的，应当重新办理拍卖手续。

扩展阅读

阿里拍卖售出300多只梅花鹿　还卖飞机和火箭

2013年2月，养殖户凌某租用了一片土地，用于经营鹿业公司。租约到期后，凌某既没有续租，也一直未将养殖的梅花鹿搬离。2016年，土地所有者将凌某起诉至法院，法院判决凌某及某鹿业公司将土地腾空并支付租金4万余元及土地使用费11万余元。经济赔偿并不是难事，可300只活蹦乱跳的梅花鹿该何去何从？

考虑到网络拍卖的影响力，法院决定将梅花鹿放入阿里拍卖平台进行整体拍卖。2017年11月29日，拍卖以172万余元成交，买家是苏州一家动物园。

除梅花鹿外，网络拍卖中还有很多“奇葩”的拍品：50元起拍的冬虫夏草一根，1万元起拍的2006年茅台酒一瓶，1.29万元起拍的脆皮树树桩，甚至15万起拍的中国运载火箭箭体残骸合作开发权等。2017年时，还曾有三架波音747货机在阿里拍卖上拍卖，经过多轮竞价，其中两架被顺丰集团以3.2亿元的价格拍下。

（资料来源：http://www.iwshang.com/Post/Default/Index/pid/254050.html，有改动）

（二）文物拍卖标的

委托拍卖的文物，在拍卖前应当经拍卖人住所地的文物行政管理部门依法鉴定、许可。《文物拍卖管理办法》对我国文物拍卖的标的做出了以下规定。

1. 文物拍卖标的的范围

我国境内，以下列物品为标的的拍卖活动为文物拍卖：

第一，1949 年以前的各类艺术品、工艺美术品。

第二，1949 年以前的文献资料及具有历史、艺术、科学价值的手稿和图书资料。

第三，1949 年以前，与各民族社会制度、社会生产、社会生活有关的代表性实物。

第四，1949 年以后，与重大事件或著名人物有关的代表性实物。

第五，1949 年以后，反映各民族生产活动、生活习俗、文化艺术和宗教的代表性实物。

第六，列入限制出境范围的 1949 年以后已故书画家、工艺美术家作品。

第七，法律法规规定的其他物品。

我国境内，以下物品不得作为文物拍卖标的：

第一，应依法上交国家的出土（水）文物。

第二，被盗窃、盗掘、走私的文物或者明确属于历史上被非法掠夺的中国文物。

第三，公安、海关、工商等执法部门和人民法院、人民检察院依法没收、追缴的文物，以及银行、冶炼厂、造纸厂及废旧物资回收单位拣选的文物。

第四，国有文物收藏单位及其他国家机关、部队和国有企业、事业单位等收藏、保管的文物，以及非国有博物馆馆藏文物。

第五，国有文物商店收存的珍贵文物。

第六，国有不可移动文物及其构件。

第七，涉嫌损害国家利益或者有可能产生不良社会影响的标的。

第八，其他法律法规规定不得流通的文物。

2. 文物标的的报审与备案

拍卖企业须在文物拍卖会举办前，将拟拍卖标的整场报省、自治区、直辖市人民政府文物行政部门审核。报审材料应当由文物拍卖专业人员共同签署标的征集鉴定意见。

省、自治区、直辖市人民政府文物行政部门受理文物拍卖标的审核申请后，应组织开展实物审核，于 20 个工作日内办理审核批复文件，并同时报国家文物局备案。参加文物拍卖标的审核的人员，不得在拍卖企业任职。

拍卖企业应当在文物拍卖活动结束后 30 日内，将拍卖纪录报原审核的省、自治区、直辖市人民政府文物行政部门备案。省、自治区、直辖市人民政府文物行政部门应当将文物拍卖纪录报国家文物局。

3. 文物标的的国家优先购买权

国家对拍卖企业拍卖的珍贵文物拥有优先购买权。国家文物局可以指定国有文物收藏单位行使优先购买权。优先购买权以协商定价或定向拍卖的方式行使。

以协商定价方式实行国家优先购买的文物拍卖标的，购买价格由国有文物收藏单位的代表与文物的委托人协商确定，不得进入公开拍卖流程。

五、网络司法拍卖相关法律法规

（一）网络司法拍卖的定义

网络司法拍卖，是指人民法院依法通过互联网拍卖平台，以网络电子竞价方式公开处置财产的行为。网络司法拍卖是网络拍卖的一种非常常见的表现形式。

（二）网络司法拍卖平台

根据《最高人民法院关于人民法院网络司法拍卖若干问题的规定》，网络司法拍卖平台需要注意以下问题。

碰上老赖　网上司法拍卖来解决

1．申请纳入拍卖名单库的条件

最高人民法院依法建立全国性网络服务提供者名单库，只有入库的网络服务提供者可以从事网络司法拍卖业务。网络服务提供者申请纳入名单库的，其提供的网络司法拍卖平台应当符合下列条件：

第一，具备全面展示司法拍卖信息的界面。

第二，具备本规定要求的信息公示、网上报名、竞价、结算等功能。

第三，具有信息共享、功能齐全、技术拓展等功能的独立系统。

第四，程序运作规范、系统安全高效、服务优质价廉。

第五，在全国具有较高的知名度和广泛的社会参与度。

最高人民法院组成专门的评审委员会，负责网络服务提供者的选定、评审和除名。最高人民法院每年引入第三方评估机构对已纳入和新申请纳入名单库的网络服务提供者予以评审并公布结果。

2．被除名的情形

网络服务提供者有下列情形之一的，应当将其从名单库中除名：

第一，在拍卖程序中设置阻碍适格竞买人报名、参拍、竞价及监视竞买人信息等后台操控功能，从而操控拍卖程序、修改拍卖信息等。

第二，存在恶意串通、弄虚作假、泄漏保密信息等行为。

第三，因违反法律、法规和司法解释等受到处罚，不适于继续从事网络司法拍卖。

第四，相关机构和人员违反“不得竞买并不得委托他人代为竞买与其行为相关的拍卖财产”的规定进行竞买的，其中相关机构和人员是指执行的人民法院、网络服务提供者、承担拍卖辅助工作的社会机构或者组织的工作人员及其近亲属。

第五，其他应当除名的情形。

3．对网络司法拍卖平台的要求

《最高人民法院关于建立和管理网络服务提供者名单库的办法》第七条规定，为保障网络司法拍卖有序进行，网络司法拍卖平台应当符合下列要求：

第一，为司法拍卖设置首页入口和专用频道以提高用户辨识度和使用便捷性，并通过该频道向社会公众真实、准确、完整展示网络司法拍卖的各类信息。

第二，具备实时在线核验报名竞买人身份信息功能，确保竞买人可自主完成报名和随机生成竞买代码、密码。

第三，使用具备合法经营牌照和符合安全标准的网络支付系统，可自动处理保证金的交纳、冻结和结算。

第四，具备通过互联网进行电子竞价的功能。

第五，为不同层级人民法院设置系统操作功能及管理权限，并具备自动化统计功能，确保人民法院随时发布、管理、统计和监督司法拍卖活动。

第六，对拍卖形成的全部数据进行加密保护，确保安全，并具备自动归档留存功能，可下载制作副本。

第七，具备大数据实时计算分析、精准投放与推介能力，确保拍卖信息及时推送潜在竞买人，扩大参与竞买人数量。

第八，具备包括 PC 端和移动端的多终端登录系统与操作功能，方便竞买人参与竞买。

第九，为网络司法拍卖交易各方提供及时全面的咨询、答疑和提醒等服务。

第十，后台未设置监控竞买人信息和操控、干预竞价程序的功能等。

第十一，其他人民法院认为应当符合的要求。

（三）网络司法拍卖标的

《拍卖法》第九条规定，国家行政机关依法没收的物品，充抵税款、罚款的物品和其他物品，按照国务院规定应当委托拍卖的，由财产所在地的省、自治区、直辖市人民政府和设区的市人民政府指定的拍卖人进行拍卖。拍卖由人民法院依法没收的物品，充抵罚金、罚款的物品及无法返还的追回物品，适用以上规定。

《最高人民法院关于人民法院网络司法拍卖若干问题的规定》中规定，人民法院以拍卖方式处置财产的，应当采取网络司法拍卖方式，但法律、行政法规和司法解释规定必须通过其他途径处置，或者不宜采用网络拍卖方式处置的除外。

经典案例

国内首例网上拍卖纠纷案

2000 年，海淀区人民法院公开审理了一件网上拍卖纠纷案。20 岁的张某是一家拍卖网站的注册用户。1999 年 10 月 1 日，拍卖网站举办了一场电脑拍卖会，张某阅读了拍卖公告后参加了竞拍，并拍得 3 台电脑，在网站公布的拍卖结果中确认拍卖已成交。网站的

“买家须知”中显示，本次拍卖的拍卖周期是10月1日至10月5日，但10月8日时，张某发现拍卖网站仍在举行电脑拍卖会，但截止日期改为了10月10日，已经成交的3台电脑正在以张某的拍价为底价继续拍卖。对于拍卖网站出尔反尔的做法，张某当即提出抗议，将拍卖网站与拍卖活动的委托方某拍卖公司等多家单位告上法庭。

拍卖网站辩称，拍卖会原定时间为10月6日9时至10月10日9时，由于网站故障拍卖系统提前启动，但截止日期未改变，因此10月10日9时前出价最高者为最终买受人。

海淀法院对此案进行了宣判。法院认为，由于张某的拍卖价低于电脑的最终成交保留价，所以他的拍卖不成功，但是拍卖造成的误解是由于拍卖网站的技术故障导致的，拍卖网站及委托方应退还张某的汇款，并赔偿相应的利息。

（资料来源：
http://bjgy.chinacourt.gov.cn/article/detail/2016/07/id/2010686.shtml，有改动）

任务实施

访问“阿里拍卖”平台，浏览平台中的拍品，并阅读《阿里拍卖平台管理规范》，了解资产处置拍卖、珍品拍卖、大众拍卖中当事人的权利义务及违规处理。以小组为单位，分析网络拍卖具有哪些优势，并讨论网络拍卖平台中存在哪些隐患，该如何进行改进。

任务评价

请根据表7-4对上述任务实施的结果进行评价。

表7-4 任务实施评价表

评价内容	分值	自评分	小组评分	教师评分	实得分
能够掌握网络拍卖中当事人相关法律法规	40				
能够结合所学知识分析网络拍卖平台的具体实践	40				
能够借助互联网获取自己所需的信息	10				
小组成员间协作良好	10				

素质园地——明辨是非

网络“名医”

“主业演员，副业医生”，一些以“名医”身份从事医疗广告营销的假医生、假专家，不仅出现在电视里，还频频现身于近年流行的微信营销领域。一些微商机构先在搜索引擎平台或微信公众号投放广告，引流至“名医”私人微信后，再按话术模板“问诊”并进行诈骗。

微信之所以会被诈骗者选中，一方面，因为其用户群体庞大，信息可以得到高频、反复传播，诈骗信息混杂其间，实现病毒式扩散；另一方面，相比其他电商平台，微信的交易更利于骗子针对不同对象，反复实施同一类型诈骗。

2019 年以来，国内法院终审宣判的在微信端冒充医学专家卖假药、销售“医疗服务”且被定性为诈骗罪的案件共 22 件，其中涉及“假医生”328 人，至少涉及受害人 2.9 万人，被骗走的钱财高达 1.9 亿元。

当电信诈骗团伙“转型”干起给人“看病”的微商，当网络“名医”成为电信诈骗新形式，人们在震惊之余，更得提高警惕意识和甄别能力，不能轻信来路不明的网络“名医”。若把网络“名医”式微商诈骗比做洪水，人们至少需要修筑这样几道防洪墙：第一道墙是个人信息安全保护；第二道墙是网络平台监管；最后一道墙是司法打击。只有每一道墙都修筑得更加牢固，微商诈骗才不至于洪水泛滥。

（资料来源：http://www.ipraction.gov.cn/article/xwfb/mtgd/202104/341413.html，有改动）

知行合一

一、名词解释

互联网广告　虚假广告　垃圾邮件　网上证券交易　拍卖标的

二、单选题

1．下列广告不属于互联网广告的是（　　）。

A．推销商品或者服务的含有链接的文字、图片或者视频等形式的广告

B．推销商品或服务的写字楼楼体 LED 屏幕广告

C．推销商品或者服务的电子邮件广告

D．推销商品或者服务的付费搜索广告

2．（　　）应当对广告内容的真实性负责。

A．互联网广告主　　B．互联网广告发布者

C．互联网广告代言人　　D．互联网广告经营者

3．下列不属于垃圾邮件的实质要件的是（　　）。

A．目的非法　　B．大量发送

C．内容重复　　D．后果有害

4．证券交易开户中，（　　）对证券账户实施统一管理，具体账户业务可以委托开户代理机构办理。

A．证券公司　　B．证券服务机构

C．中国证券登记结算有限公司　　D．网上委托系统

5．我国境内，文物拍卖标的的范围包括（　　）年以前的各类艺术品、工艺美术品。

A．1912　　B．1999

C．1949　　D．1978

三、简答题

1．简述互联网广告的形式。

2．简述电子邮件营销相关法律法规。

3．简述禁止操纵证券市场相关法律法规。

4．简述网络司法拍卖标的。

四、案例分析

2019年5月20日上午10点，一套西湖边的名人故居在网络上正式开拍。这套别墅位于杭州长生路32号不老里3号，于2013年4月被法院查封，并通过阿里司法拍卖平台进行拍卖。拍卖正式开始7个小时后，加价已有6轮，27位买家谁都不甘落后，数字不断刷新。在经历了近26个小时激烈角逐后，这套别墅最终以8 804万元成交。

结合所学知识回答以下问题：

1．案例中别墅的拍卖属于哪种拍卖？

2．网络司法拍卖中标的物的来源是怎样的？

3．网络司法拍卖具有哪些优势？

项目八

电子商务消费者权益保护相关法律法规

面对电商交易中出现的一些新的侵权情形，建立起与电子商务更为匹配的消费者权益保护制度，对于打造公平、有序的互联网商业环境至关重要。对于电子商务中的维权和解纷需求，除了选择原有司法程序外，也应发挥互联网便捷、高效、透明的信息优势，积极探索更加适应电子商务的纠纷解决方式。

素质目标

☑ 树立互利共赢、团结一致的理念。

☑ 培养集体荣誉感和爱国主义精神。

知识目标

☑ 认识电子商务消费者，以及电子商务消费者权益保护的意义与难点。

☑ 掌握电子商务消费者权益的具体内容及其相关法律法规。

☑ 了解电子商务在线争议解决方式及网络纠纷的管辖权相关法律法规。

技能目标

☑ 能够在工作中为电子商务企业制定出更好的消费者服务策略。

☑ 遇到电子商务纠纷时，能够根据所学知识选择合适、高效的争议解决方式来解决问题。

任务一　认识电子商务消费者权益保护

引导案例

中消协发布《信用消费与消费者认知情况调查报告》

在2019年3月15日举行的“信用让消费更放心”主题活动上，中国消费者协会发布了《信用消费与消费者认知调查报告》。针对广大消费者的维权意识及消费者对于消费领域信用体系建设的认知、需求及意愿等问题，中消协以在线分层随机抽样的形式开展了“信用消费与消费者认知”问卷调查活动，获取了10 000个有效样本。

调查结果表明，广大消费者并不满足于现有消费水平，且对提高消费水平充满信心，这对于进一步释放消费潜力、建设强大的国内市场十分有利。且消费者已经意识到“信用”的重要性，在日常消费行为中十分注重对个人信用的维护，但我国现阶段信用约束和激励机制尚不健全，使得广大消费者还无法做到放心消费。

中消协指出，当前消费领域假冒伪劣、虚假宣传、信息泄露、霸王条款等损害消费者权益的情况仍时有发生，消费者的安全权、知情权、公平交易权等未能得到充分保障。为此，中消协向监管部门、经营者及广大消费者提出了以下意见及建议：

第一，建议有关部门强化监管执法，在坚决打击失信及违法违规行为的同时，加大失信联合惩戒力度，着力构建以信用为核心的新型监管机制。

第二，希望广大经营者坚持“消费者优先”，在经营中营造尊重消费者监督、重视消费者意见的良好氛围。

第三，积极引导和鼓励广大消费者参与信用评价，让消费者敢监督、愿监督、能监督，形成有效的信用约束和激励机制。

第四，呼吁全社会坚持消费维权社会共治，督促行业组织强化自律，努力让经营者、消费者及社会各方共同参与、共同维权、共同受益。

（资料来源：http://www.cca.org.cn/zxsd/detail/28428.html，有改动）

想一想： 什么是消费者？对消费者权益进行保护具有怎样的意义？

一、电子商务消费者

（一）电子商务消费者的定义

消费者，是指为生活消费需要购买、使用商品或者接受服务的自然人、法人和非法人组织。

《消费者权益保护法》第二条、第三条规定，消费者为生活消费需要购买、使用商品或者接受服务，其权益受本法保护；本法未作规定的，受其他有关法律、法规保护；经营者为消费者提供其生产、销售的商品或者提供服务，应当遵守本法；本法未作规定的，应当遵守其他有关法律、法规。《消费者权益保护法》中只对以生活消费为目的的消费做出了规定，但在消费领域中，还包含了以生产消费为目的进行消费的单位、组织。因此，无论是进行生产消费还是生活消费，都应当纳入消费的范畴。

电子商务消费者，是指通过互联网等信息网络购买商品或者接受服务的自然人、法人和非法人组织。2019 年中国互联网络信息中心发布的第 43 次《中国互联网络发展状况统计报告》显示，我国通过网络进行购物的消费者已达 6.1 亿。

（二）电子商务消费者的特点

1．需求的个性化

电子商务市场由于没有店铺营业面积和营业时间的限制，因而能够提供种类繁多的商品或服务，从而为满足电子商务消费者的个性化需求提供了条件。这种个性化需求也促使电子商务经营者生产出更加多样化的商品，从而又反过来推动了电子商务市场的发展。

2．消费的主动性

日益发达的信息技术，为电子商务消费者从互联网中主动获取商品或服务信息提供了便利，消费者可以通过多方对比、权衡，能够做出更为理性的购物决策。除了主动选择外，消费者还会主动提出对商品或服务的要求，如包装方式、设计思路等。与传统商务模式中的消费者相比，电子商务消费者更具主动性。

3．追求体验感

现代社会生活节奏较快，消费者通过互联网进行购物时，除获取自己所需的商品或服务外，还会追求购物的便利性和乐趣性。这两项需求使得消费者对网购体验感的要求越来越高。

扩展阅读

网购家具纠纷成为维权难点

根据全国消费者协会组织（以下简称“全国消协组织”）受理投诉情况统计，2018 年全国消协组织共受理 62 346 件日用商品类投诉，其中家具类商品投诉 14 276 件，占 22.90%。与历年相比，通过网络购买家具的消费争议成为解决难点。网络购物虽方便了消费者购买家具，但在维权上还存在困难。

网购家具相关投诉主要有以下情形：① 产品质量问题。例如，受南北方湿度差异影响，南方生产的实木家具在北方地区可能会出现开裂、变形。② 交货时间与合同约定不符。例如，因制作周期过长无法按合同约定时间交付等。③ 计价方式存在“猫腻”。例如，销售人员只告诉消费者每平方米材料的价格，而轨道、合页等配件则另行收费。④ 安装施工环节造成家具损坏。例如，一些商家为降低成本，将物流配送和安装业务外包给第三方公司，部分第三方公司安装时会造成家具、地板的磕碰、损坏等。⑤ 售后退货难。例如，很多消费者在家具定制完成前已预支全款或大部分款项，部分商家在钱到手后便消极应对消费者诉求。

浙江的林女士在网上订制了一组私人衣柜，支付定金 2 万元。下单 20 多天后，林女士发现这套家具仍处于测量画稿阶段，便有些心急，多次催促商家能够尽快进行设计，但商家的进度仍然很慢，仅给出了简单的结构图，迟迟没有进行下一步的工程。林女士欲取消订单，但遭到商家拒绝，并要求林女士支付尺寸测量费及设计费。双方协商不成，林女士向消费者保护委员（以下简称“消保委”）会进行了投诉。由于双方未签订书面合同，对于工程的完成时间没有明确约定，消保委的工作人员只能依据双方口述及微信聊天记录进行调查，并站在双方当事人的角度分别进行说理明法，最终商家同意向林女士退还全部定金。

（资料来源：https://finance.china.com/consume/11173302/20190124/35075108_2.html，有改动）

课堂互动

你喜欢在网上购物吗？结合实际经历，谈一谈电子商务中的消费者权益保护存在哪些困难。

二、电子商务消费者权益保护

（一）电子商务消费者权益保护的意义

1962 年 3 月 15 日，美国前总统肯尼迪在美国国会发表了《关于保护消费者利益保护的总统特别咨文》，提出了“消费者四项权利”，即有权获得安全保障，有权获得正确信息、有权进行自由选择，有权提出消费意见。从此，3 月 15 日成为“国际消费者权益日”。1984 年 12 月 26 日，中国消费者协会经国务院批准成立，它是对商品和服务进行社会监督的保护消费者合法权益的全国性社会团体，也是中国第一个保护消费者权益的协会。中国消费者协会于 1987 年 9 月被国际消费者联盟组织接收为正式成员。

与电子商务经营者相比，消费者的经济力量较弱，对商品或服务相关专业知识的掌握也比较欠缺，很容易成为电子商务活动中的从属者，受到不法经营者的侵害。对消费者权益进行保护，能够让消费者购买到称心如意的商品和服务，并打击不法商家，限制不正当竞争行为。

（二）电子商务消费者权益保护的难点

1. 参与主体较多

电子商务活动的参与主体比较复杂，会涉及平台经营者、平台内经营者、生产厂商、货物配送机构等，跨境电商还会涉及境外厂商、通关、外汇支付等环节。由于参与主体过多，主体间地域间隔较远，一些不法经营者会趁机推卸责任，造成消费者归责困难。且很多小型网店的经营者没有进行过工商登记，经营地点也比较分散，使得监管部门很难对违法行为进行管控。

2. 证据难以保留

小规模的电子商务订单通常不会开具发票，消费者在遇到纠纷时，除了电子商务平台订单或转账记录等电子记录外，很难提供明确的实体证据。电子记录不仅证明力较低，也很难达到法律规定的证据保留条件，不利于维权。

3. 侵权极易发生

由于消费者与经营者对商品或服务具体信息的了解程度不对等，消费者有时无法有效辨别经营者提供的商品介绍信息及广告宣传信息的真实性和可靠性，因此，消费者的安全权、知情权、选择权等权益极易受到侵害。同时，由于维权困难，一些消费者还会放弃维权，从而助长了不良之风。

经典案例

共享单车押金难退　消协协助消费者调解纠纷

为了便于出行，沈阳的王女士下载并注册了“酷骑单车”App，支付了298元押金。2017年8月底，王女士发现街头的酷骑单车越来越少，且损坏率较高，便欲停止使用酷骑单车服务，并在App上申请退还298元押金。酷骑单车App的充值协议中显示，申请退款后，押金会在1到7个工作日到账，申请退款链接处还有“银行存管，安心放心”字样，但直到第7个工作日，298元的押金也未退回。

从2017年9月13日起，王女士每次打开酷骑单车App的押金退款页面，都会弹出一条“补偿您的2张黄金车骑行券已发放到你的账户，请注意查收。对您的理解和包容，我们表示最深的感谢”。王女士多次拨打酷骑单车的经营者北京酷骑公司的客服电话，却一直无人接听。于是，王女士将酷骑公司投诉到了区消协。经过区消协调解，酷骑公司为王女士及部分消费者退还了押金与余额。

评析：本案中，经营主体的虚拟性使得消费者难以与酷骑公司取得直接联系，酷骑公司便投机取巧，故意拖延，拒绝为消费者退还押金，从而损害了消费者的合法权益。《电子商务法》第二十一条规定，电子商务经营者按照约定向消费者收取押金的，应当明示押金退还的方式、程序，不得对押金退还设置不合理条件。消费者申请退还押金，符合押金退还条件的，电子商务经营者应当及时退还。酷骑公司拒绝退还押金的行为十分恶劣，区消协协助受害消费者与酷骑公司进行调解，有效维护了消费者的合法权益。

（资料来源：http://www.cca.org.cn/tsdh/detail/28696.html，有改动）

任务实施

电子商务信用消费调研活动

模拟2019年中国消费者协会开展的“信用消费与消费者认知调查活动”，在学校范围内开展一次关于电子商务信用消费的调研活动。

调研目的：

了解电子商务中信用消费的发展现状及存在的问题，获取消费者对于信用消费的期望与诉求，从中体会消费者权益保护的意义。

调研设计：

以小组为单位，各小组选择不同的样本进行调研，如不同的小组负责不同的班级。借助互联网检索并阅读中消协《信用消费与消费者认知调查报告》，参考报告内容设计调查问卷并发放调查问卷。

体验感悟：

调研结束后，分析问卷结果，撰写调研报告，并将调研结果分享给全班同学。

任务评价

请根据表8-1对上述任务实施的结果进行评价。

表8-1　任务实施评价表

评价内容	分值	自评分	小组评分	教师评分	实得分
能够理解消费者对电子商务环境的诉求	30				
能够体会电子商务消费者权益保护的意义	30				
能够掌握调查问卷的设计与发放方法	20				
能够借助互联网获取自己所需的信息	10				
小组成员间协作良好	10				

任务二　熟悉电子商务消费者权益保护相关法律法规

引导案例

亚马逊假评论泛滥　英国消费者组织提出抗议

2019年4月，英国消费者组织“Which？”向跨国电子商务平台亚马逊（Amazon.com）提出抗议，指出亚马逊平台上存在的大量假评论和可疑评论，可能会误导消费者购买劣质商品。该组织发现，亚马逊“耳机”类产品新增的评论中，绝大部分都来自没有进行实名验证的用户，且都对相关商品给予了五星好评，这两个因素表明这些评论存在造假嫌疑。

亚马逊回应称，“Which？”的调查存在缺陷，所获得的结果是不准确的。然而“Which？”表示，评论检查工具ReviewMeta的数据显示，亚马逊中未经验证评论的占比从2018年第一季度的6%大幅上升至2019年第一季度的31%，平均给出的星级达到4.95星。

“Which？”家用产品和服务负责人娜塔莉·希金斯表示：“我们的研究表明，尽管每月亚马逊都会删除数千条假评论，但与此同时也有更多的假评论出现。约97%的消费者会基于商品下的用户评论来完成购物决策，亚马逊中泛滥的假评论会让电商购物者面临十分严重的问题。”

（资料来源：http://www.chinaeclaw.com/show.php?contentid=23800，有改动）

想一想：电子商务消费者有哪些合法权利？亚马逊商品评论中“刷好评”的行为侵犯了消费者的哪些权利呢？

一、电子商务消费者安全权及其保护

1. 电子商务消费者安全权的定义

《消费者权益保护法》第七条规定，消费者在购买、使用商品和接受服务时享有人身、财产安全不受损害的权利。消费者有权要求经营者提供的商品和服务，符合保障人身、财产安全的要求。

电子商务消费者的安全权，是指消费者通过互联网等信息网络购买、使用商品和接受服务时的生命安全权、健康安全权及财产安全权等权利。

生命安全权，是指消费者生命不受危害的权利。例如，“误食有毒食品导致人体中毒身亡”即侵犯了消费者的生命安全权。

健康安全权，是指消费者健康不受损害的权利。例如，“含有尖利部件的玩具划伤人体”即侵犯了消费者的健康安全权。

财产安全权，是指消费者财产不受损失的权利。例如，“购买到伪劣产品”即侵犯了消费者的财产安全权。

《民法总则》第三条规定，民事主体的人身权利、财产权利及其他合法权益受法律保护，任何组织或者个人不得侵犯。《电子商务法》第十三条规定，电子商务经营者销售的商品或者提供的服务应当符合保障人身、财产安全的要求和环境保护要求，不得销售或者提供法律、行政法规禁止交易的商品或者服务。

2. 电子商务消费者安全权的保护

安全是消费者在消费过程中最基本的需求。《消费者权益保护法》第十一条规定，消费者因购买、使用商品或者接受服务受到人身、财产损害的，享有依法获得赔偿的权利。第四十九条规定，经营者提供商品或者服务，造成消费者或者其他受害人人身伤害的，应当赔偿医疗费、护理费、交通费等为治疗和康复支出的合理费用，以及因误工减少的收入。造成残疾的，还应当赔偿残疾生活辅助具费和残疾赔偿金。造成死亡的，还应当赔偿丧葬费和死亡赔偿金。

《电子商务法》第三十八条规定，电子商务平台经营者知道或者应当知道平台内经营者销售的商品或者提供的服务不符合保障人身、财产安全的要求，或者有其他侵害消费者合法权益行为，未采取必要措施的，依法与该平台内经营者承担连带责任。对关系消费者生命健康的商品或者服务，电子商务平台经营者对平台内经营者的资质资格未尽到审核义务，或者对消费者未尽到安全保障义务，造成消费者损害的，依法承担相应的责任。

二、电子商务消费者知情权及其保护

1. 电子商务消费者知情权的定义

《消费者权益保护法》第八条规定，消费者享有知悉其购买、使用的商品或者接受的服务的真实情况的权利。消费者有权根据商品或者服务的不同情况，要求经营者提供商品的价格、产地、生产者、用途、性能、规格、等级、主要成分、生产日期、有效期限、检验合格证明、使用方法说明书、售后服务，或者服务的内容、规格、费用等有关情况。

第二十八条规定，采用网络、电视、电话、邮购等方式提供商品或者服务的经营者，以及提供证券、保险、银行等金融服务的经营者，应当向消费者提供经营地址、联系方式、商品或者服务的数量和质量、价款或者费用、履行期限和方式、安全注意事项和风险警示、售后服务、民事责任等信息。

电子商务消费者的知情权，是指消费者通过互联网等信息网络购买、使用商品和接受服务时享有的知悉商品或服务真实情况的权利。在电子商务中，消费者的知情权更加容易受到侵犯。

《消费者权益保护法》中规定的信息可以分为基本信息、技术信息和销售信息三类。

➢ 基本信息

基本信息主要指商品名称、商标、产地、生产者、生产日期等。明确生产者和生产地等信息，可以帮助消费者判断商品的品质。例如，一些中药材会由于产地地理环境的不同而在某些成分的含量上存在差异。

➢ 技术信息

技术信息主要指商品用途、性能、规格、等级、主要成分、有效期限、使用说明书、检验合格证书等信息。例如，说明书中应当对商品的使用方法进行描述，以防消费者错误使用商品。

➢ 销售信息

销售信息主要指商品或服务的价格、运输、售后服务等信息。电子商务中，由于商品需要通过货物配送机构进行运输，且由于商家与消费者距离很远，因而在售后服务的提供上存在困难。因此，商家更应明确此类信息，如提前告知消费者将使用哪家快递、与消费者距离最近的保修网店位置等。

2. 电子商务消费者知情权的保护

《侵害消费者权益行为处罚办法》第六条规定，经营者向消费者提供有关商品或者服务的信息应当真实、全面、准确，不得有下列虚假或者引人误解的宣传行为：

第一，不以真实名称和标记提供商品或者服务。

第二，以虚假或引人误解的商品说明、商品标准、实物样品等方式销售商品或者服务。

第三，作虚假或者引人误解的现场说明和演示。

第四，采用虚构交易、虚标成交量、虚假评论或雇佣他人等方式进行欺骗性销售诱导。

第五，以虚假的清仓价、甩卖价、最低价、优惠价或者其他欺骗性价格促销商品或者服务。

第六，以虚假的有奖销售、还本销售、体验销售等方式销售商品或者服务。

第七，将处理品、残次品等谎称正品销售。

第八，夸大或隐瞒所提供商品或者服务的数量、质量、性能等与消费者有重大利害关系的信息，以误导消费者。

第九，以其他虚假或者引人误解的宣传方式误导消费者。

电子商务活动中，许多耳熟能详的不法行为都与消费者的知情权有关。由于消费者习惯从“买家秀”、评论、追加评论中对商品的实际情况进行判断，电子商务经营者为了提高销量，会通过“五星好评返现”等方式诱惑消费者给予好评，甚至会威胁、骚扰给了差评的消费者。对于这种行为，《电子商务法》第十七条第二款规定，电子商务经营者不得以虚构交易、编造用户评价等方式进行虚假或者引人误解的商业宣传，欺骗、误导消费者。

我们也常常会遇到电商企业的搭售“套路”。例如，在购买飞机票时，一些提供旅行服务的电商平台会为机票默认捆绑各类保险、接送机券、酒店优惠券、景点门票折扣券等缺乏实用性的产品。《电子商务法》第十九条规定，电子商务经营者搭售商品或者服务，应当以显著方式提请消费者注意，不得将搭售商品或者服务作为默认同意的选项。搭售产品只能由消费者主动选择，没有相关需求的消费者不能被强制要求购买。

经典案例

仅索赔 1 元　全国首例电商平台诉差评师案开庭

2017 年 4 月，杜某、邱某、张某三人利用卖家在意差评的心理，在购物后恶意进行虚假差评，再以删除差评为条件向卖家索要钱财，威胁商家不“花钱消灾”的话会有“更多的人来给你差评”。阿里巴巴安全部接到商家举报后，协助警方侦破了此案。

杜某三人在通过差评进行敲诈勒索一事上分工明确：杜某负责在网上挑选店铺和商品，邱某购买商品、收货、给差评，杜某联系商家索要钱财、讨价还价。2017 年 11 月，江苏海门法院以敲诈勒索罪判处杜某等三人缓刑，并处罚金。

在海门法院做出刑事判决后，阿里巴巴公司又以杜某三人向评价系统中恶意注入虚假数据、损害了阿里对评价数据所享有的权利为由，向海门法院提起了民事诉讼，索赔 1 元。2018 年 11 月 8 日，本案开庭审理。2019 年 1 月，海门法院对此案作出一审判决，被告杜某等三人的行为损害了淘宝公司的合法民事权益，判决三人共同赔偿淘宝公司损失 1 元、合理支出 2 万元。

评析：目前，电商平台的信用评价系统已成为消费者做出购物决策的重要参考之一。我们都知道“刷好评”是一种破坏市场公平性的行为，但“刷差评”也会对原本客观呈现给消费者的评价内容造成污染。杜某等 3 人的行为，不仅直接损害了商家的权益，也侵犯了阿里对评价数据所享有的合法权益，还对广大消费者产生了误导，破坏了良好的营商环境。

（资料来源：http://www.chinaeclaw.com/show.php?contentid=23613，有改动）

三、电子商务消费者选择权及其保护

1. 电子商务消费者选择权的定义

《消费者权益保护法》第九条规定，消费者享有自主选择商品或者服务的权利。消费者有权自主选择提供商品或者服务的经营者，自主选择商品品种或者服务方式，自主决定购买或者不购买任何一种商品、接受或者不接受任何一项服务。消费者在自主选择商品或者服务时，有权进行比较、鉴别和挑选。

电子商务消费者的选择权，是指消费者通过互联网等信息网络购买、使用商品和接受服务时享有的自主选择商品或服务的权利。

2. 电子商务消费者选择权的保护

《消费者权益保护法》第十六条第三款规定，经营者向消费者提供商品或者服务，应当恪守社会公德，诚信经营，保障消费者的合法权益；不得设定不公平、不合理的交易条件，不得强制交易。

每个消费者的收入水平、需求、兴趣爱好都不相同，违背消费者的意愿销售商品，或在销售商品时附加不合理条件等行为，都是对消费者选择权的侵害。电子商务活动中，为了使销售更具针对性，常常会通过大数据计算方式为消费者提供其更为感兴趣的商品。但这一技术被某些电商平台用于“大数据杀熟”，即以“个性化推荐”的借口，向对价格不敏感的人群推荐高价商品，获取不法利益。

视频网站会员背后的陷阱

《电子商务法》第十七条规定，电子商务经营者应当全面、真实、准确、及时地披露商品或者服务信息，保障消费者的知情权和选择权。第十八条规定，电子商务经营者根据消费者的兴趣爱好、消费习惯等特征向其提供商品或者服务的搜索结果的，应同时向该消费者提供不针对其个人特征的选项，尊重和平等保护消费者的合法权益。这要求电商平台根据大数据实行“个性化推荐”时，不能仅展示推荐的商品，也要将其他商品选项共同推荐给消费者，以保护消费者的选择权。

四、电子商务消费者退货权及其保护

（一）电子商务消费者退货权的定义

消费者退货权，是指消费者在某一期限内要求对购买的商品或享受的服务进行退货的权利。退货权也可以称为“反悔权”，是消费者知情权和选择权的延伸。

电子商务消费者退货权，是指消费者在某一期限内要求对通过互联网等信息网络购买的商品或服务进行退货的权利。电子商务中消费者通常处于弱势地位，退货权是对消费者的一种有效的保护。

《消费者权益保护法》第二十四条规定，经营者提供的商品或者服务不符合质量要求的，消费者可以依照国家规定、当事人约定退货，或者要求经营者履行更换、修理等义务。没有国家规定和当事人约定的，消费者可以自收到商品之日起七日内退货；七日后符合法定解除合同条件的，消费者可以及时退货，不符合法定解除合同条件的，可以要求经营者履行更换、修理等义务。依照上述规定进行退货、更换、修理的，经营者应当承担运输等必要费用。

（二）网络购物七日无理由退货

《消费者权益保护法》第二十五条规定，经营者采用网络、电视、电话、邮购等方式销售商品，消费者有权自收到商品之日起七日内退货，且无须说明理由，但下列商品除外：① 消费者定做的；② 鲜活易腐的；③ 在线下载或者消费者拆封的音像制品、计算机软件等数字化商品；④ 交付的报纸、期刊。消费者退货的商品应当完好。经营者应当自收到退回商品之日起七日内返还消费者支付的商品价款。退回商品的运费由消费者承担；经营者和消费者另有约定的，按照约定。

关于网络购物中的七日无理由退货，国家工商行政管理总局（现已划入“国家市场监督管理总局”）2017 年颁布了《网络购买商品七日无理由退货暂行办法》，对不适用退货的商品范围、商品完好标准、退货的程序等内容进行了更加详细的规定。

网络商品销售者应当依法履行七日无理由退货义务。网络交易平台提供者应当引导和督促平台上的网络商品销售者履行七日无理由退货义务，进行监督检查，并提供技术保障。

1. 不适用退货的商品范围和商品完好标准

不适用退货的商品除了《消费者权益保护法》第二十五条规定的外，还包含一些性质较特殊的商品。下列性质的商品经消费者在购买时确认，可以不适用七日无理由退货规定：① 拆封后易影响人身安全或者生命健康的商品，或者拆封后易导致商品品质发生改变的商品；② 一经激活或者试用后价值贬损较大的商品；③ 销售时已明示的临近保质期的商品、有瑕疵的商品。

消费者退回的商品应当完好。商品能够保持原有品质、功能，商品本身、配件、商标标识齐全的，视为商品完好。消费者基于查验需要而打开商品包装，或者为确认商品的品质、功能而进行合理的调试不影响商品的完好。

对超出查验和确认商品品质、功能需要而使用商品，导致商品价值贬损较大的，视为商品不完好。具体判定标准如下：

① 食品（含保健食品）、化妆品、医疗器械、计生用品：必要的一次性密封包装被损坏；② 电子电器类：进行未经授权的维修、改动，破坏、涂改强制性产品认证标志、指示标贴、机器序列号等，有难以恢复原状的外观类使用痕迹，或者产生激活、授权信息、不合理的个人使用数据等数据类使用痕迹；③ 服装、鞋帽、箱包、玩具、家纺、家居类：商标标识被摘、标识被剪，商品受污、受损。

2. 退货程序

选择无理由退货的消费者应当自收到商品之日起七日内向网络商品销售者发出退货通知，七日期限自消费者签收商品的次日起开始计算。

➢ 消费者退货

网络商品销售者收到退货通知后应当及时向消费者提供真实、准确的退货地址、退货联系人、退货联系电话等有效联系信息。消费者获得上述信息后应当及时退回商品，并保留退货凭证。

消费者退货时应当将商品本身、配件及赠品一并退回。赠品包括赠送的实物、积分、代金券、优惠券等形式。如果赠品不能一并退回，经营者可以要求消费者按照事先标明的赠品价格支付赠品价款。

➢ 销售者退款

消费者退回的商品完好的，网络商品销售者应当在收到退回商品之日起七日内向消费者返还已支付的商品价款。退货价款以消费者实际支出的价款为准。

退款方式比照购买商品的支付方式。另有约定的，从其约定。购买商品时采用多种方式支付价款的，一般应当按照各种支付方式的实际支付价款以相应方式退款。除征得消费者明确表示同意的以外，网络商品销售者不应当自行指定其他退款方式。

➢ 退款中的特殊情形

消费者采用积分、代金券、优惠券等形式支付价款的，网络商品销售者在消费者退还商品后应当以相应形式返还消费者。对积分、代金券、优惠券的使用和返还有约定的，可以从其约定。

消费者购买商品时采用信用卡支付方式并支付手续费的，网络商品销售者退款时可以不退回手续费。消费者购买商品时采用信用卡支付方式并被网络商品销售者免除手续费的，网络商品销售者可以在退款时扣除手续费。

套装或者满减优惠活动中的部分商品退货，导致不能再享受优惠的，根据购买时各商品价格进行结算，多退少补。

消费者参加满足一定条件免运费活动，但退货后已不能达到免运费活动要求的，网络商品销售者在退款时可以扣除运费。

➢ 退货方式

网络商品销售者可以与消费者约定退货方式，但不应当限制消费者的退货方式。网络商品销售者可以免费上门取货，也可以征得消费者同意后有偿上门取货。

扩展阅读

7 次退换同款手机　“七日无理由退货”现极端情形

“七日无理由退货”制度设计的初衷，是解决消费者在网购中由于信息不对称导致误买或冲动消费的问题。但由于各方理解不一，现实中有关“七日无理由退货”的极端纠纷也时有发生。

2016 年 12 月，消费者施某向南京市玄武区市场监管局举报称，其于 2016 年 5 月 27 日在某电商平台网购了一部苹果手机，七日内申请无理由换新，但店铺只同意退货、不同意换新。他认为店铺侵害了他的合法权益，要求执法机关对其进行依法查处。

经查，施某自 2015 年 12 月 15 日至 2016 年 6 月 23 日期间，共网购了 7 次苹果手机，其中前 4 次均申请了无理由退货，店铺都同意了；第 5 次申请无理由更换同款手机时，店铺认为施某的行为违反了诚实信用基本原则，只同意办理退货手续，但拒绝无理由换新。之后，施某又在该店铺第 6 次、第 7 次购买了同款手机，并申请无理由退货，店铺也同意了。施某称，他之所以对同样的手机实施了 7 次购买和退（换）货，是由于 7 部手机的质量均有问题，为了避免举证责任和检测成本，才选择了“七日无理由退换货”。

南京市玄武区市场监管局调查分析后指出，“七日无理由退货”制度的初衷，是为了解决消费者在远程交易中由于信息不对称所导致的误解或冲动消费的问题，用以平衡买卖双方利益。可如果在商品没有质量问题、且消费者有购买意愿的前提下，不断重复更换同样的新商品，是对社会资源的浪费。本案消费者不愿举证、无法举证或举证不能证明商品存在质量问题，连续 7 次购买退换同一款产品，不符合交易逻辑。投诉人任性解读和选择对自己有利的规则，违背诚实信用原则，也有违“七日无理由退货”制度设置的根本目的。

（资料来源：http://njrb.njdaily.cn/njrb/html/2018-01/16/content_486734.htm?div=-1，有改动）

五、电子商务消费者公平交易权及其保护

1．电子商务消费者公平交易权的定义

《消费者权益保护法》第十条规定，消费者享有公平交易的权利。消费者在购买商品或者接受服务时，有权获得质量保障、价格合理、计量正确等公平交易条件，有权拒绝经营者的强制交易行为。

电子商务消费者公平交易权，是指消费者通过互联网等信息网络购买商品或者接受服务时享有公平交易的权利。当消费者支付货币时，有权获得与货币同等价值的商品或服务，当经营者作出有违公平的行为时，消费者有权拒绝交易。

2．电子商务消费者公平交易权的保护

《消费者权益保护法》第十六条第二款规定，经营者向消费者提供商品或者服务，应当恪守社会公德，诚信经营，保障消费者的合法权益；不得设定不公平、不合理的交易条件，不得强制交易。

电子商务消费者仅能根据互联网中显示的商品信息来判断商品与服务的价格与实际价值是否相符，因此很容易遭到不法商家的欺骗，以高价购买到品质较差甚至假冒伪劣的商品。《中华人民共和国价格法》第十四条第四款规定，经营者不得利用虚假的或者使人误解的价格手段，诱骗消费者或者其他经营者与其进行交易。电子商务经营者应当合理定价，使商品物有所值。

六、电子商务消费者索赔权及其保护

1．电子商务消费者索赔权的定义

《消费者权益保护法》第四十四条规定，消费者通过网络交易平台购买商品或者接受服务，其合法权益受到损害的，可以向销售者或者服务者要求赔偿。

电子商务消费者索赔权，是指消费者使用通过互联网等信息网络购买的商品和服务，合法利益受到侵害时享有获得赔偿的权利。根据《消费者权益保护法》及相关法律法规，消费者的索赔权分为安全权受到损害时的索赔权、超时服务的索赔权、因产品缺陷造成损害时的索赔权等。

2．电子商务消费者索赔权的保护

经营者提供商品或者服务有下列情形之一的，除《消费者权益保护法》另有规定外，应当依照其他有关法律、法规的规定，承担民事责任：

第一，商品或者服务存在缺陷的。

第二，不具备商品应当具备的使用性能而出售时未作说明的。

第三，不符合在商品或者其包装上注明采用的商品标准的。

第四，不符合商品说明、实物样品等方式表明的质量状况的。

第五，生产国家明令淘汰的商品或者销售失效、变质的商品的。

第六，销售的商品数量不足的。

第七，服务的内容和费用违反约定的。

第八，对消费者提出的修理、重作、更换、退货、补足商品数量、退还货款和服务费用或者赔偿损失的要求，故意拖延或者无理拒绝的。

第九，法律、法规规定的其他损害消费者权益的情形。经营者对消费者未尽到安全保障义务，造成消费者损害的，应当承担侵权责任。

经营者提供商品或者服务，造成消费者或者其他受害人人身伤害的，应当赔偿医疗费、护理费、交通费等为治疗和康复支出的合理费用，以及因误工减少的收入。造成残疾的，还应当赔偿残疾生活辅助具费和残疾赔偿金。造成死亡的，还应当赔偿丧葬费和死亡赔偿金。经营者有侮辱诽谤、搜查身体、侵犯人身自由等侵害消费者或者其他受害人人身权益的行为，造成严重精神损害的，受害人可以要求精神损害赔偿。

经营者提供商品或者服务有欺诈行为的，应当按照消费者的要求增加赔偿其受到的损失，增加赔偿的金额为消费者购买商品的价款或者接受服务的费用的 3 倍；增加赔偿的金额不足 500 元的，为 500 元。法律另有规定的，依照其规定。经营者明知商品或者服务存在缺陷，仍然向消费者提供，造成消费者或者其他受害人死亡或者健康严重损害的，受害人有权要求经营者按照上文中与造成人身伤害及侵害人身权益有关的法律规定赔偿损失，并有权要求所受损失 2 倍以下的惩罚性赔偿。

消费者索偿时，网络交易平台提供者不能提供销售者或者服务者的真实名称、地址和有效联系方式的，消费者也可以向网络交易平台提供者要求赔偿；网络交易平台提供者作出更有利于消费者的承诺的，应当履行承诺。网络交易平台提供者赔偿后，有权向销售者或者服务者追偿。网络交易平台提供者明知或者应知销售者或者服务者利用其平台侵害消费者合法权益，未采取必要措施的，依法与该销售者或者服务者承担连带责任。

经典案例

进口奶粉不符合安全标准　消费者索赔十倍赔偿金

消费者徐某在敬某经营的淘宝店中购买了几罐俄罗斯进口奶粉。收到奶粉后徐某发现，国家认证认可监督管理委员会的“进口乳品境外生产企业注册名单”中并没有“俄罗斯”一项，淘宝店主敬某也无法提供进口食品应具备的检验检疫等资料。徐某认为敬某销售的奶粉系未经检验检疫的食品，自己的安全权受到了侵害，遂将敬某告上法庭，请求敬某退还货款并进行十倍赔偿；而淘宝网作为网络服务提供者，未对进入其平台销售的商品进行审核，存在监管上的过错，应承担连带责任。

上海铁路运输法院于 2017 年 9 月对本案作出了判决。敬某违规销售食品，应退还原告徐某货款 5 000 余元，并进行十倍赔偿。而淘宝网在敬某开设淘宝店时，已经对其主体信息、经营资质进行了审核，并在许某寻求维权援助时提供了销售者的真实姓名、地址和有效联系方式，对涉案商品进行了下架处理，已履行了注意义务，不应承担连带赔偿责任。

评析：本案中，敬某通过淘宝网店销售的俄罗斯进口奶粉不是我国目前准许进口的食品，且敬某也无法提供进口货物的相关报关单据、入境货物检验检疫证明、产品检验检疫卫生证书、海关发放的通关证明等进口食品所应具备的资料，因此，这批俄罗斯奶粉属于不符合我国食品安全标准的食品。敬某明知商品不符合食品安全标准，却仍在销售，损害了包括徐某在内的广大消费者的合法权益，应当对消费者进行赔偿。《中华人民共和国食品安全法》规定，生产不符合食品安全标准的食品或者经营明知是不符合食品安全标准的食品，消费者除要求赔偿损失外，还可以向生产者或者经营者要求支付价款十倍或者损失三倍的赔偿金。

（资料来源：https://www.chinacourt.org/article/detail/2018/08/id/3459557.shtml，有改动）

七、电子商务消费者受尊重权及其保护

1. 电子商务消费者受尊重权的定义

《消费者权益保护法》第十四条第一款规定，消费者在购买、使用商品和接受服务时，享有人格尊严、民族风俗习惯得到尊重的权利。经营者应尊重消费者的名誉权、姓名权、肖像权等合法权益。

电子商务消费者受尊重权，是指消费者使用通过互联网等信息网络购买、使用商品和接受服务时享有人格尊严、民族风俗习惯得到尊重的权利。

2．电子商务消费者受尊重权的保护

《中华人民共和国宪法》第三十八条规定，中华人民共和国公民的人格尊严不受侵犯，禁止用任何方法对公民进行侮辱、诽谤和诬告陷害。

《消费者权益保护法》第二十七条规定，经营者不得对消费者进行侮辱、诽谤，不得搜查消费者的身体及其携带的物品，不得侵犯消费者的人身自由。

电子商务活动中侵犯消费者受尊重权也十分常见。例如，商品广告或简介中含有不适当的图片或用语，以及当消费者给出差评时，经营者为删除差评采取不当方式侵犯消费者人格尊严等。对人格尊严的侵害会涉及公民、法人的名誉权，有时也会涉及姓名权及肖像权等权利。《民法总则》规定，自然人享有生命权、身体权、健康权、姓名权、肖像权、名誉权、荣誉权、隐私权、婚姻自主权等权利，法人、非法人组织享有名称权、名誉权、荣誉权等权利。《民法通则》规定，公民的人格尊严受法律保护，禁止用侮辱、诽谤等方式损害公民、法人的名誉；未经本人同意，不得以营利为目的使用公民的肖像；公民有权决定、使用和依照规定改变自己的姓名，禁止他人干涉、盗用、假冒，企业法人、个体工商户、个人合伙有权使用、依法转让自己的名称。

八、电子商务消费者个人信息权及其保护

1．电子商务消费者个人信息权的定义

《中华人民共和国网络安全法》第七十六条第五款规定，个人信息，是指以电子或者其他方式记录的能够单独或者与其他信息结合识别自然人个人身份的各种信息，包括但不限于自然人的姓名、出生日期、身份证件号码、个人生物识别信息、住址、电话号码等。

《民法总则》第一百一十一条规定，自然人的个人信息受法律保护。任何组织和个人需要获取他人个人信息的，应当依法取得并确保信息安全，不得非法收集、使用、加工、传输他人个人信息，不得非法买卖、提供或者公开他人个人信息。

《消费者权益保护法》第十四条第二款规定，消费者在购买、使用商品和接受服务时，享有个人信息依法得到保护的权利。

电子商务消费者个人信息权，是指消费者享有在互联网中对个人信息的支配、控制和排除他人侵害的权利。互联网环境下，电子邮箱地址、QQ 号码、微信号码、网名、聊天记录等，都属于个人信息的新增内容，也不应被他人非法搜集、非法传播或非法利用。

手机易泄漏个人信息
消费者需谨慎

2．电子商务消费者个人信息权的保护

《消费者权益保护法》第二十九条规定，经营者收集、使用消费者个人信息，应当遵循合法、正当、必要的原则，明示收集、使用信息的目的、方式和范围，并经消费者同意。

经营者收集、使用消费者个人信息，应当公开其收集、使用规则，不得违反法律、法规的规定和双方的约定收集、使用信息。经营者及其工作人员对收集的消费者个人信息必须严格保密，不得泄露、出售或者非法向他人提供。经营者应当采取技术措施和其他必要措施，确保信息安全，防止消费者个人信息泄露、丢失。在发生或者可能发生信息泄露、丢失的情况时，应当立即采取补救措施。经营者未经消费者同意或者请求，或者消费者明确表示拒绝的，不得向其发送商业性信息。

《关于审理利用信息网络侵害人身权益民事纠纷案件适用法律若干问题的规定》第十二条规定，网络用户或者网络服务提供者利用网络公开自然人基因信息、病历资料、健康检查资料、犯罪记录、家庭住址、私人活动等个人隐私和其他个人信息，造成他人损害，被侵权人请求其承担侵权责任的，人民法院应予支持。

《电子商务法》第二十三条、第二十四条、第二十五条对电子商务活动中个人信息的保护做出了详细规定。

电子商务经营者收集、使用其用户的个人信息，应当遵守法律、行政法规有关个人信息保护的规定。

电子商务经营者应当明示用户信息查询、更正、删除及用户注销的方式、程序，不得对用户信息查询、更正、删除及用户注销设置不合理条件。电子商务经营者收到用户信息查询或者更正、删除的申请的，应当在核实身份后及时提供查询或者更正、删除用户信息。用户注销的，电子商务经营者应当立即删除该用户的信息；依照法律、行政法规的规定或者双方约定保存的，依照其规定。

有关主管部门依照法律、行政法规的规定要求电子商务经营者提供有关电子商务数据信息的，电子商务经营者应当提供。有关主管部门应当采取必要措施保护电子商务经营者提供的数据信息的安全，并对其中的个人信息、隐私和商业秘密严格保密，不得泄露、出售或者非法向他人提供。

经典案例

用户买机票后被骗12万　携程被曝存在信息管理漏洞

2018年8月，从事行政工作的申女士通过携程手机App帮同事预订了8月10日北京飞嘉峪关经西安转机的机票。当天上午10点15分，她收到一条署名“东方航空”的手机短信，表示因起落架故障西安到嘉峪关的航班取消，建议申女士及时联系客服办理改签或退票。申女士信以为真，与所谓的“客服”取得了联系，在骗子的诱导下开通了支付宝“亲密付”功能和银行卡的网银功能，先后被转走近12万元。事后，申女士将携程公司和支付宝公司一并诉至法院。

法院调查发现，大量机票退改签短信诈骗案被媒体报道后，携程公司对于订单信息的保护反而从2014年的二级加密保护降低为2018年的一级不加密传输，应用界面及短信确认内容中也没有充分明显地告知消费者对于航班信息诈骗的注意。对于是否为公司内部人员泄露客户信息的疑问，携程公司也无法提交其内部员访问敏感信息的授权记录、监控情况、操作记录等证据。经过审理，朝阳法院对此案作出了一审判决，由于携程公司在信息安全管理的落实方面存在漏洞，未尽个人信息保管及防止泄露义务，具有过错，应承担侵权责任。支付宝不存在漏洞，在亲密付开通的过程中已经尽到了充分的告知义务，无须承担连带责任。

评析：本案中，申女士通过携程公司手机 App 订购机票，因订购机票行为而产生的出行人姓名、航班日期、起落地点、航班号、航空公司信息、订票预留手机号信息被整体泄露，最终导致申女士银行卡内个人财产受损。申女士将个人信息委托给携程公司用于订购机票，而携程公司没能保护好申女士的个人信息，侵犯了申女士的个人信息权，应依法承担相应的责任。

（资料来源：https://new.qq.com/omn/20181231/20181231A0P34S.html，有改动）

九、消费者的其他权利

根据《消费者权益保护法》及相关法律法规的规定，消费者还享有以下权利。

1. 消费者结社权

消费者享有依法成立维护自身合法权益的社会组织的权利。消费者协会和其他消费者组织是依法成立的对商品和服务进行社会监督的保护消费者合法权益的社会组织。

与消费者相关的最为耳熟能详的社会组织是中国消费者协会，成立几十年来，为我国消费者权益保护工作做出了巨大的贡献。

2. 消费者知识获取权

消费者享有获得有关消费和消费者权益保护方面的知识的权利。消费者应当努力掌握所需商品或者服务的知识和使用技能，正确使用商品，提高自我保护意识。消费者知识获取权是权利，也是义务，掌握相关知识有利于消费者维护自己的合法权益不被侵害。

3. 消费者监督权和检举权

消费者享有对商品和服务及保护消费者权益工作进行监督的权利。消费者有权检举、控告侵害消费者权益的行为和国家机关及其工作人员在保护消费者权益工作中的违法失职行为，有权对保护消费者权益工作提出批评、建议。

任务实施

阅读“淘宝网”有关消费者保障服务的规定，结合所学知识，以小组为单位探讨“淘宝网”的消费者保障服务策略有哪些优点，又有哪些需要改进的地方，以及电子商务经营者应当如何保护消费者权益。

任务评价

请根据表 8-2 对上述任务实施的结果进行评价。

表 8-2 任务实施评价表

评价内容	分值	自评分	小组评分	教师评分	实得分
能够理解电子商务消费者享有的各项权利	40				
能够结合所学知识为电商企业消费者保护提出建议	40				
能够借助互联网获取自己所需的信息	10				
小组成员间协作良好	10				

任务三 了解电子商务在线争议解决相关法律法规

引导案例

eBay 在线纠纷解决中心的设计理念与机制

eBay 成立于 1995 年，是一家提供 C2C 在线销售服务的跨国电子商务公司，也是全球最大的电子商务平台之一。在快速增长的解决纠纷需求之下，eBay 根据互联网平台纠纷的特点，于 2010 年创建了 eBay 在线纠纷解决中心，为客户提供便捷、高效的在线解决服务。eBay 在线纠纷解决中心的科学设计和有效运行，保证了 90%以上的纠纷都可以通过买卖双方自动化协商方式解决。

eBay 在线纠纷解决中心的成功在于：① eBay 本身不参与交易活动，可以保证其纠纷解决过程中天然的公正和中立。② eBay 平台属性让它可以全面掌握双方的用户信息和交易信息，从开始交易到最终纠纷化解都与当事人保持良好的沟通。同时，它还能通过自动追踪系统预防纠纷产生及矛盾升级。③ eBay 旗下的 PayPal 是 eBay 的第三方交易平台，为交易安全保驾护航。此外，PayPal 也可以强制划款，确保纠纷解决结果顺利执行。

eBay 和 PayPal 在线纠纷解决平台设计者及主要运行执行官科林·鲁尔认为，eBay 在线纠纷解决机制的创设，其难度和重要意义相当于在互联网帝国里建立了一套全新的民事纠纷解决体系。

（资料来源：http://rmfyb.chinacourt.org/paper/html/2017-10/13/content_131005.htm?div=-1，有改动）

想一想： 什么是电子商务在线纠纷解决？这种纠纷解决方式的产生有怎样的意义？

一、电子商务在线争议解决方式的定义

电子商务活动中，交易标的的金额通常较小，交易量却非常大，发生纠纷时，即使采用替代争议解决的调解、投诉等方式进行处理，也会遇到解决纠纷成本高昂、管辖权难以确定等问题。因此，应当充分发挥互联网的优势，建立在线争议解决机制，为当事人提供多种解决途径，提高纠纷解决的效率。

在线争议解决方式，是指利用互联网虚拟性、全球性进行的争议解决方式，包括在线调解、在线投诉、在线仲裁、在线诉讼等方式。

《电子商务法》第六十三条规定，电子商务平台经营者可以建立争议在线解决机制，制定并公示争议解决规则，根据自愿原则，公平、公正地解决当事人的争议。

在线争议解决方式适用于电子商务纠纷及包括传统商务活动在内的各种争议，电子商务纠纷也可以通过传统的争议解决方式来解决，究竟选择哪种解决方式，应根据实际情况进行判断。

扩展阅读

替代争议解决方式

替代争议解决方式，又称选择性的争议解决方式，是非诉讼、非仲裁的争议解决方式的统称，包括调解、调停、法院附属仲裁、租借法官、监察专员制度等多种方式。替代争议解决方式起源于20世纪60年代的美国，产生原因主要是法院积压了过多的诉讼，律师和当事人也感到诉讼成本过高，对于一些规模较小、较易于解决的争议，可以采取步骤更加简略、效率更高的方式来进行解决，对法庭诉讼进行补充。

《消费者权益保护法》第三十九条规定，消费者和经营者发生消费者权益争议的，可以通过下列途径解决：① 与经营者协商和解；② 请求消费者协会或者依法成立的其他调解组织调解；③ 向有关行政部门投诉；④ 根据与经营者达成的仲裁协议提请仲裁机构仲裁；⑤ 向人民法院提起诉讼。

《电子商务法》第六十条规定，电子商务争议可以通过协商和解，请求消费者组织、行业协会或者其他依法成立的调解组织调解，向有关部门投诉，提请仲裁，或者提起诉讼等方式解决。

课堂互动

你认为在线争议解决方式与传统的诉讼方式有哪些不同？有何优点，又可能会有哪些不足？

二、电子商务在线争议解决方式的类别

1．在线调解

调解，是指中立第三方为双方当事人调停疏导，帮助交换意见，提出解决建议，促成双方化解矛盾的一种争议解决方式。

在线调解，是指中立第三方通过互联网等信息网络为双方当事人调停疏导，帮助交换意见，提出解决建议，促成双方化解矛盾的一种在线争议解决方式。

在程序上，由一方当事人向调解中心提出调解申请，调解中心联系双方当事人，通过电子邮件、聊天室、视频会议等方式进行调节。与传统线下调解相比，区别只在于交流方式转移到了线上。

2．在线投诉

网购投诉量激增
重灾区为假冒伪劣

消费者投诉，是指消费者购买、使用商品或者接受服务，与经营者之间发生消费者权益争议后，请求消费者权益保护组织保护其合法权益的行为。

在线投诉，是指消费者通过互联网中的投诉系统，向有关组织或部门提出诉求，维护合法权益的一种在线争议解决方式。

例如，中国消费者协会的“中国消费者协会投诉和解监督平台”便是为广大消费者设立的在线投诉平台，通过平台，消费者可以向包含电子商务经营者在内的经营者提出诉求，维护自身权益。

3．在线仲裁

仲裁，是指由双方当事人协议将争议提交第三者，由该第三者对争议进行评判并作出裁决的一种解决争议的方式。仲裁裁决是终局性的，具有强制执行力。

在线仲裁，是指纠纷双方当事人将争议提交第三者，由第三者通过互联网等信息网络对争议进行评判、做出裁决，并约定自觉履行裁决的一种在线争议解决方式。

在线仲裁中，仲裁机构、仲裁员、当事人之间的信息传递，如仲裁文书、证据提交等都是通过互联网进行的，同时还可以通过视频会议等方式实现网上虚拟庭审、网上虚拟合议等事项。

4．在线诉讼

诉讼是指国家审判机关即人民法院，依照法律规定，在当事人和其他诉讼参与人的参加下，依法解决讼争的活动。

在线诉讼，是指依托互联网等信息网络，在网上法庭中进行在线起诉、立案、举证、审理、裁判等庭审工作的一种网络司法方式。

在线诉讼的程序与法院庭审的程序是相同的，原告应准备起诉状、证据等材料，在线立案。被告会收到法院送达的应诉短信通知，在线接收起诉状、提交答辩状或提起反诉。庭审过程也通过网络进行，并在线接收裁判结果。

扩展阅读

“互联网+司法”：北京互联网法院平均庭审时长 37 分钟

2019 年 9 月 3 日，北京互联网法院成立一周年新闻发布会上发布了《北京互联网法院审判白皮书》。白皮书显示，2018 年 9 月 9 日至 2019 年 8 月 31 日，北京互联网法院共收案 34 263 件，结案 25 333 件，庭审平均时长 37 分钟，平均审理周期 40 天。

从案件类型来看，北京互联网法院受理的案件以著作权权属及侵权纠纷、网络购物合同纠纷、网络侵权责任纠纷等为主。案件呈现出三个特点：一是收结案数量双高，互联网技术在便捷诉讼、增效审判方面成果初显；二是知识产权案件占比高，直接反映北京科技创新中心及文化中心定位；三是新类型案件多，折射出互联网新技术、新业态、新模式、新内容发展蓬勃，亟待规范。

北京互联网法院通过建立“1 名法官+N 名法官助理、书记员、调解员+技术、多元调解、外包服务”的诉调对接团队，实现了各类人员协调配合，线上线下无缝衔接，案件流转高效规范。此外，北京互联网法院还为当事人提供了 12368 热线、移动微法院、AI 虚拟法官智能问答、淘宝微淘账号等多种智能化诉讼服务。

（资料来源：http://www.chinaeclaw.com/show.php?contentid=24010，有改动）

三、网络纠纷的管辖权

1. 国内纠纷管辖权

除法院明确规定外，一般民事案件由基层人民法院管辖。民事案件通常由被告所在地的人民法院管辖；被告的户籍所在地和经常居住地不一致时，由经常居住地人民法院管辖。法人被告，由营业执照上的注册地址所在地人民法院管辖；非法人组织被告，由注册登记地人民法院管辖。

除此以外，还有一些特殊的管辖权规定。合同纠纷中，由被告所在地或合同履行地人民法院管辖；侵权纠纷中，由被告所在地或侵权行为发生地人民法院管辖，其中侵权行为发生地可以分为侵权行为的实施地和侵权行为结果发生地，两地人民法院都有管辖权。

电子合同纠纷管辖权的关键，在于对合同签订地和履行地的确认。《合同法》中规定，收件人的主营业地或经常居住地是合同成立的地点。对于合同的履行地，如果电子合同的双方当事人提前做出了约定，则由约定地点所在地的人民法院管辖；如果没有约定地点，则交货地点为合同履行地。电子商务中，交货地点可以分为两类。第一类是使用传统货物运输方式完成交货的，交货地点为标的物第一承运人营业地。第二类是通过互联网传递的信息产品，根据《合同法》的规定，履行地点不明确，给付货币的，在接受货币一方所在地履行；交付不动产的，在不动产所在地履行；其他标的，在履行义务一方所在地履行。

也就是说，网络合同的履行地通常为卖方所在地。

根据《最高人民法院关于审理侵害信息网络传播权民事纠纷案件适用法律若干问题的规定》第十五条规定，侵害信息网络传播权民事纠纷案件由侵权行为地或者被告住所地人民法院管辖。侵权行为地包括实施被诉侵权行为的网络服务器、计算机终端等设备所在地。侵权行为地和被告住所地均难以确定或者在境外的，原告发现侵权内容的计算机终端等设备所在地可以视为侵权行为地。网络域名侵权纠纷的管辖权在项目六中已详细介绍，此处不再赘述。

2. 涉外纠纷管辖权

根据《民事诉讼法》第二十四章“对涉外民事诉讼”的规定，因合同纠纷或者其他财产权益纠纷，对在中国境内没有住所的被告提起的诉讼，如果合同在中国境内签订或者履行，或者诉讼标的物在中国境内，或者被告在中国境内有可供扣押的财产，或者被告在中国境内设有代表机构，可以由合同签订地、合同履行地、诉讼标的物所在地、可供扣押财产所在地、侵权行为地或者代表机构住所地人民法院管辖。如果上述地点都不在中国境内，只能向国外有管辖权的法院提起诉讼。

任务实施

了解国内在线争议解决平台

以小组为单位，搜集国内一些在线争议解决平台的相关资料，以 PPT 展示的形式分享给全班同学，对平台的优缺点进行分析，并尝试为平台的改进提出建议。（在线争议解决平台可选择“12309 中国检察网”“中国消费者协会投诉和解监督平台”“北京/浙江/广州互联网法院”“人民法院调解平台”“中国国际经济贸易仲裁委员会”等。）

任务评价

请根据表 8-3 对上述任务实施的结果进行评价。

表 8-3　任务实施评价表

评价内容	分值	自评分	小组评分	教师评分	实得分
能够掌握电子商务在线争议解决的方式	40				
能够了解国内各个在线争议解决平台及各平台的管辖范围	40				
能够借助互联网获取自己所需的信息	10				
小组成员间协作良好	10				

素质园地——辉煌中国

火热购物节，浓浓家国情

2021年9月2日，首届“粤港澳大湾区购物节”开幕，各大电商平台踊跃参与，品牌商品琳琅满目，折扣优惠丰富多样，物流服务快捷便利，让消费者足不出户享受满满获得感。

此次购物节的组织别具匠心。9月2日开幕，92件“湾区好物”亮相，还有谐音“92”的“就爱大湾区”主题，寓意粤港澳大湾区“9+2”城市群携手前行，融合共赢。粤港澳大湾区是我国开放程度最高、经济活力最强的区域之一，这里既是制造业的高地，也是引领消费潮流之地。

购物节并不鲜见，但大湾区购物节的举办是首次以一个节日的名义，将粤港澳三地的优质商品置于一个购物场景中。消费者在享受购物便利的同时，可以品味大湾区11个城市的不同特色，感受大湾区城市群整体的繁荣和活力。

受新冠肺炎疫情影响，香港、澳门的零售业进入低迷期，许多商铺面临巨大的经营压力。大湾区购物节的举办可谓恰逢其时，对接大湾区内地城市的旺盛消费需求，港澳商品就有了源源不断的活水。

火热的购物节背后是发达的制造业体系，活力十足的营销新模式，完备便利的物流配套。购物节上亮相29.8万个品牌，1 300多万件商品，覆盖了100多个产业。由于许多平台在深圳和港澳设置了前置仓，600多万种商品直供港澳，消费者不必选择转运商，便可以直接享受满额包邮的次日达、隔日达服务。内地城市的直播、短视频等营销新模式也为港澳卖家提供了借鉴。

大湾区购物节不只是物质的享受，还有文化的体验。共同的广府文化、岭南文化基因，让大湾区消费者对很多老字号商品产生强烈的情感共鸣。广州酒家的月饼、香港的马百良牛黄丸、澳门的永辉蛋卷，一家家老字号品牌商品成为购物节上的热卖品。

粤港澳大湾区不同于国内其他城市群，也不同于世界上其他湾区，涉及一个国家、两种制度、三个关税区、三种货币，粤港澳之间的商品流通需要三地在商事规则、通关便利方面做出更多机制化的创新。购物节的举办涉及商务、海关、税务、邮政、网信、市场监管等多个部门的沟通协调，这种保障购物节顺利开展的协同机制将为三地有机融合积累有益经验。

大湾区购物节为粤港澳三地带来了满满的获得感，浓浓的家国情，也让人们看到了三地融合发展的光明前景。

（资料来源：
http://dzsws.mofcom.gov.cn/article/d/202109/20210903199176.shtml，有改动）

知行合一

一、名词解释

电子商务消费者　在线争议解决方式

二、单选题

1．下列不属于电子商务消费者权益保护的难点的是（　　）。

A．经营主体难以确定　　B．证据难以保留

C．消费过程简单快捷　　D．侵权极易发生

2．某报记者采访一家顺丰速运营业网点时，看到“丰密运单”中寄件人的个人信息全部隐藏，收件人的电话信息也已隐藏，只显示姓名和地址，派件时负责派送的收派员通过手机智能终端扫描运单上的二维码，才能看到收件人的电话号码，这确保了快件在运输过程中，包括顺丰速运的工作人员在内，没有人能够看到隐藏的信息。顺丰速运这一做法保障了消费者的（　　）。

A．个人信息权　　B．公平交易权

C．监督权　　D．受尊重权

3．经营者的下列行为中，侵犯了电子商务消费者合法权益的是（　　）。

A．某旅行 App 在出售机票时，将退票险和航延险列为可选择搭售产品，消费者主动勾选后才能购买

B．某电商平台根据《网络购买商品七日无理由退货》的相关规定制定了平台协议

C．某购物网站为卖家后台提供了屏蔽差评的功能

D．某社交 App 在读取用户设备通讯录时，弹出对话框请求用户的同意

4．消费者的下列行为中，没有采用在线争议解决方式解决纠纷的是（　　）。

A．小张在淘宝网买到了有质量问题的商品，申请退货，但被卖家拒绝，便根据《淘宝平台争议处理规则》请求淘宝平台协助进行调解

B．小王通过代购购买到假冒伪劣化妆品后，及时在中国消费者协会的投诉平台中对不法商家进行了投诉

C．小赵是一名网络作家，出版了多本小说作品，某在线阅读平台未经许可上架了小赵的作品，小赵通过互联网法院将阅读平台告上法庭并提交了相关证据

D．小李通过 B2B 平台为公司购买了一批原材料，收到之后发现商家漏发了很多，联系补发无果后，小李前往当地法院提起了诉讼

三、简答题

1．简述电子商务消费者权益保护的意义。

2．简述电子商务在线争议解决方式的类别。

四、案例分析

2006 年 7 月，杭州的一名律师郭某使用在万网网站注册的电子邮箱发送了一封私人邮件。一个月后，他使用百度搜索引擎搜索“浙江某某律师事务所郭某”时，在搜索结果中看到了该邮件附件的标题链接，点击进入链接后，郭某大吃一惊，自己发送的邮件全文被公开发表于“百度快照”上，可供任何人阅读。直至 9 月 11 日，郭某的这封私人电子邮件方被删除，而此时邮件正文已在互联网上公开长达 30 天之久。郭某遂将百度公司及万网告上法庭，要求两者公开道歉并赔偿精神损失。

结合所学知识回答以下问题：

1．万网侵犯了郭某作为消费者的什么权利？

2．郭某的损失应当由谁来承担？

3．除亲自前往法院提起诉讼外，郭某还可以采用哪些方式解决纠纷？为什么？

参考文献

[1] 温希波，邢志良，薛梅. 电子商务法：法律法规与案例分析［M］. 北京：人民邮电出版社，2019.

[2] 赵旭东. 中华人民共和国电子商务法释义与原理［M］. 北京：中国法制出版社，2018.

[3] 王庆春，王晓亮. 电子商务法律法规（第 2 版）［M］. 北京：高等教育出版社，2018.

[4] 张楚，李晓慧. 电子商务法教程（第 2 版）［M］. 北京：首都经济贸易大学出版社，2017.

[5] 杨坚争. 电子商务法教程（第 3 版）［M］. 北京：高等教育出版社，2016.

[6] 钟慧莹. 电子商务法律法规（第 2 版）［M］. 北京：电子工业出版社，2016.

[7] 刘志慧. 电子商务法律法规［M］. 北京：清华大学出版社，2015.

[8] 李俊平，曾芳芳. 电子商务纠纷案例与实务［M］. 北京：清华大学出版社，2015.